구상문학총서
제7권 사회평론

민주고발 民主告發

구상문학총서
제7권 사회평론
민주고발

글쓴이 **구상**
펴낸이 **정애주**

편집 **이현주 한미영 한수경 김혜수 최강미 김기민 신지은**
미술 **권진숙 서재은 조은애 문정인**
제작 **홍순홍 윤태웅**
영업 **오민택 국효숙 이재원 김경아 이진영**
관리 **이남진 박승기 안기현**
총무 **정희자 마명진 김은오**

펴낸날 **2008. 3. 7. 초판 1쇄 인쇄**
       2008. 3. 20. 초판 1쇄 발행
펴낸곳 **주식회사 홍성사**
       1977. 8. 1. 등록 / 제 1-499호
       121-883 서울시 마포구 합정동 196-1
       TEL.02)333-5161 FAX.02)333-5165
       http://www.hsbooks.com E-mail:hsbooks@hsbooks.com

ⓒ 구상, 2008

ISBN 978-89-365-0774-9

값 20,000원 ※잘못된 책은 바꿔 드립니다.

제7권 사회평론

민주고발 民主告發

홍성사

차례

책머리에 7

제1부 **민주고발**   고현잡화 11   종신형제 13   문둥이 쌀 15   민주고발 17   민의소재 20   유령후보 23   낙동강까지 또 와야 25   병존론 28   전쟁희망자 30   양창입구 32   생존경쟁자 34   참호생활 37   공비선정 39   우이송경 41   언론인의 협심증 43   교수완비 45   근사 47   왜기여문 49   자유의 꼽추 51   곰의 다리 53   인류의 맹점에서 55   생활문답 58   상이독성 60   불시검문 64   자유의 실고 67   죄짓는 목구멍 70   생각하는 갈대 73   정당소고 75   승어호랑 78   은인 '놈' 80   올 스톱 83   제후지병 85   봉사의 자유 87   민족의 금도 90   송영무감 93   고민의 과대망상 95   한자제한론 98   종군작가의 변 101   토비후문 104   정화여난 112   대통령 선거일 119   인심2태 121   휴전과 종전 123   비평의 맹점 125   조국의 뿌리 127

제2부 **대화와 독백**   죽일 놈 살릴 놈 131   정부를 사랑하고 싶다 134   견월망지 136   대화와 독백 138   노두수첩 140   만우절교서 147   관사시비 151   삼인칭 153   소탐제상 155   감투보험 157   필요악 159   전우의 시체를 넘고 넘어 161   민주창망 163   불가침조약 고려? 164   주택소고 166   또 통일기구상설을 촉한다 168   혁명투사와 현실 171   '혁명재판' 방청기 174   친화의 묘리 177   대화의 요체 179   고운말 쓰기 181   단순화의 일면성 183   법의 혼효 185   4색의 징후 187   약자의 변 189   긴박감 191   패배의식 193   양곡 출하금지 195   국토애 197   절망을 안 주는 신문 199   선량과 의범 201   초인간적 능력 203   일본 수상의 내한 205   어느 추억 207   등전 만리심 209   케네디 대통령의 흉사 211   민주통일의 특공부대 213   시류여성 소고 216   보이지 않는 필수품 218   기술과 정신 219   노사의 인간존중 221   무직인생 223

제3부 **성급과 나태**　맹목의 삶 227　인간왜소화 229　알다가도 모를 생태 231　박애 교육 233　푸른 노인네들 235　기예와 선 237　도로변의 광고판 239　국책의 인문 과학기구 241　카터의 대한자세 243　프레이저 발언 245　문인생활의 고경 247　출판인들에게 바란다 251　성급과 나태 255　참된 휴머니즘 257　일면성의 위험 260　소크라테스의 국가관 262　법의 새 인식 264　힘과 정의 266　선량의 선행 요건 268　대통령 못지않게 270　질책과 격려 272　언령 274　서비스업의 낙후 276　기술자의 타성 278　정신적 고려장 280　장식 소고 282　여성의 매력 284　정치발전의 요체 286　정치가의 용기 290　9대 대통령에게 바란다 295　주간 뉴스를 보고 300　예술 창작가로서의 백서 306　소유의 행·불행 310

제4부 **뿌리의 공덕**　고민의 과대망상증 317　식자우환의 세상 321　보라, 자기 눈의 대들보를 324　인간의 감정 이야기 328　개체와 전체의 평형 333　여성을 위한 인생론 337　인간의 수치심 344　마음의 두 가지 컨트롤 349　한국인의 인정 352　뿌리의 공덕 354　기성세대의 성찰 355　젊은 세대들에게 359　한 푼 벌고 열 푼 쓰는 삶 363　인격적 성인사회 367　우리의 시비와 대화 369　경제인들의 정신적 자세 373　참된 '자유' 교육 377　사회악을 퇴치하려면 380　TV 방송 질적 향상 있어야 384　나의 인문적 치세 방안 388　남북 겨레가 어울려 살려면 392　전 북한 고관의 술회 음미 396　재소 한인 교수를 만나 보고 400　6·25의 현실적 인식 404　일제 낙인 총독부 청사를 헐자 407

저작연보　412
일반경력　414

일러두기

1. 이 책에 실린 글의 주요 출처는 다음과 같다. 제1부 《민주고발》(1953, 남향문화사), 제2부 《영원 속의 오늘》(1975, 중앙출판공사), 제3부 《실존적 확신을 위하여》(1982, 홍성사), 제4부 《우리 삶, 마음에 눈이 떠야》(1995, 세명서관). 이에 해당하는 책에 수록된 글은 본문에서 따로 출처를 밝히지 않았고, 그렇지 않은 글은 그 출처와 출처의 간행 연대를 해당 장의 끝 부분에 밝혔다.
2. 원문에서 한자로만 표기된 글자는 한글과 병기하였고, 의미 소통에 문제가 없는 부분은 한글로 바꾸었다.
3. 한글 맞춤법과 외래어 표기법에 맞지 않는 부분들은, 저자의 의도를 최대한 살리는 데 원칙을 두되 일부 수정을 거쳤다.
4. 저자가 생전에 수정하기를 원하였던 부분은 저자의 의도를 따랐으며 당시 기록상의 착오 혹은 출판상의 오·탈자라고 판단되는 부분은 확인을 거쳐 수정하였다.

책머리에

나는 기자로서 행세한다.

때로 신문기자를 직분(職分)하여 온 연유도 있지만 나는 최상급의 기자란 시인일 줄 믿는다.

나는 천주교 신자다.

구제원리(救濟原理)에 회의가 없는 나를 고민시키는 것은 생활양식의 문제다. 즉 역사적 양심을 어찌 충족시켜 가느냐 하는 것이 나뿐이 아니라 현대지성들의 과제일 것이다.

이런 의미에서 현실혁정감(現實革正感)에 나의 눈은 항시 충혈하여 있다.

기실 조국이란 나의 의식 속에서는 어머니보다도 더 비참하게 소중한 것으로 길리워 왔다.

지금도 어디서든지 기적(汽笛)소리만 들으면 저 열차는 북간도행이려니 하고 아스라한 노스탤지어에 잠기는 이런 감상성마저 가지고 있다.

이래서 나는 이러한 작업이 나의 청춘과 문학에 어떤 손득(損得)을 주는지 계획하지도 못하는 채 그대로 어쩔 수 없이 보면 보이는 대로 들으면 듣는 대로 붓을 들어 왔다.

여기에 수록하는 잡화(雜話)들은 작년 10월부터 금년 8월까지 약 10개월간 주로 대구 각지(各紙)에 '고현잡화(考現雜話)', '역외춘추(域外春秋)', '각설(却說)' 등이라 제(題)하여 집필한 사회시평들이다. 아니 그야말로 나의 세상이야기다.

시집이 나온대도 이 땅 이 판국에선 별무감흥(別務感興)이겠거늘 이런 잡화집(雜話集)을 엮으면서 신명날 것 하나도 없다. 그저 위식천만사(爲食千萬事) 중에 매문(賣文)하는 동물된 죄로 이것도 소업(所業)이라고 세상에 엮어 내놓는 바다.

(1953년에 출간된 《민주고발》의 '발문'을 재수록한 것임. – 편집자)

제1부

민주고발

고현잡화
종신형제
문둥이 쌀
민주고발
민의소재
유령후보
낙동강까지 또 와야
병존론
전쟁희망자
양창입구
생존경쟁자
참호생활
공비선정
우이송경
언론인의 협심증
교수완비
근사
왜기여문
자유의 꼽추
곰의 다리
인류의 맹점에서
생활문답
상이독성

불시검문
자유의 실고
죄짓는 목구멍
생각하는 갈대
정당소고
승어호랑
은인 '놈'
올 스톱
제후지병
봉사의 자유
민족의 금도
송영무감
고민의 과대망상
한자제한론
종군작가의 변
토비후문
정화여난
대통령 선거일
인심2태
휴전과 종전
비평의 맹점
조국의 뿌리

고현잡화(考現雜話)

 전반기(前半紀) 말엽 서구서창(西歐書窓)에서는 고현학(考現學)이라는 새로운 학문이 성립되다가 중단되었다. 이는 고고학(考古學)과 대조되는 것으로 현재의 일체(一切) 사회현상을 소재로 삼아 과학적 체계를 세우려는 노력이었다.
 그래서 오늘에 우리가 살고 있는 이 사회가 무엇이며 어떻게 형성되어 있는가를 측정하자는 것이다.
 그러나 내가 이제부터 써 가려는 〈고현잡화〉는 여상(如上)과 같은 논리적 체계를 갖추려는 것이 아니라 우리가 오늘날 이루고 있는 이 사회현상을 만백성이 공유공감(共有共感)하고 있는 범상(凡常)한 지각(知覺)으로서 다시 한 번 고찰하여 보자는 의도다.
 그러므로 이삼지우(二三知友)가 원탁(圓卓)에 둘러 흔히 할 수 있는 '세상이야기'를 하여 가자는 것이다.
 어느 인류사회든지 선(善)의 의지와 악(惡)의 의지가 구체적으로 발동되고 있으며 이 양의지간(兩意志間)에는 치열한 투쟁이 전개되고 있다.
 더욱이나 우리 한국은 인류사조(人類思潮)에 있어 악의 의지의 상징인 공산주의와 선의 의지의 상징인 민주주의와 무력적 충돌까지 하고 있으며 우리는 다행히도 인류의 바른 의지에 가담하여 혈투하고 있는 것이다.
 그러나 이 판국에서도 악의 의지의 형형색색의 독소는 이 커다란 화란(禍亂)을 기화(奇貨)로 이 사회를 좀먹어 가고 있다.

악화(惡貨)가 양화(良貨)를 구축한다고 의기인사(意氣人士)들은 절규한다.

더욱이나 기아(飢餓)와 질병과 전쟁이 심각하여 갈수록 국민 각자는 생활윤리를 잃고 각자가 파스칼의 ―양면(兩面)의 싸움에서― 져 가고 있다.

그러면 우리는 우리의 눈이 죄악으로 삼손이 되고 이 사회가 멸망의 도시 소돔성이 되어도 묵과할 것인가!

아니다! 우리는 국민 각자가 연대책임을 지고 악을 적발하여 정의 앞에 고발하고 이를 방지하고 축출하여야 할 것이다. 또한 선의 싹[芽]을 발견하여 육성(育成) 추장(推獎)하여야 할 것이다.

그럼으로써만이 이 사회는 멸망에서 구출될 것이요, 멸공(滅共)이라는 인류적인 선악투쟁에도 승리할 것이요, 자유조국의 영예를 자손만대 누릴 것이요, 신의 의지 속에서 가나안 복지화(福地化)할 것이다.

실로 고현의 목적은 여기에 있으며 잡화의 사명 이에 어긋나지 않을 것은 자명한 일이다.

종신형제(終身兄弟)

준장(准將)이 되면 자전거에 별을 달고 다니겠다는 도보대령(徒步大領)에게 들은 이야기—

어느 전초고지(前哨高地) 참호(塹壕) 속에서는 흑인 이등병과 우리 국군 이등병들이 어울려 막걸리판이 벌어져 있었다.

이 탁주는 참호 속에서 만들어진 우리 병정들의 자양품(自釀品)이었다.

한 잔 두 잔 권커니 잣거니 하는 사이에 거나해진 병정들은 인젠 한두 마디 단어 "드링크·오케·기부 미"와 벙어리 손시늉을 가지고도 서로의 가슴에 지닌 정회를 쏟아 놓기에 아무런 불편도 없어졌다.

흥이 이렇게 최고조에 달했을 무렵 흑인 병정 한 명은 옆에 앉은 우리 병정을 껴안으며 아주 우정과 감격에 못 견디겠다는 표정으로 무어라고 자꾸만 반복해서 말과 형용을 하는 것이었다.

그런데 이 대구(對句)엔 우리 병정의 "오케"의 연발만으로는 흑인 병사는 자못 불만스러운 모양이었다.

이때에 마침 단독으로 각 참호를 놀러 두르고 (순찰도 겸했으리라고 추측되나 본인의 말을 존중하여) 있던 동부대장(同部隊長) R대령은 이 광경을 목격하고 통역을 자원했다.

그러나 흑인 병사에게도 이런 때 상관(上官)이란 귀찮은 존재이어서 그렇게 안타까워하던 이야기건만 중계(中繼)시키기를 꺼려하는 것이었다.

그래도 원체 R대령이란 위인이 후방에 복귀된 오늘도 지프차 한 대 없고 그 흔한 장화 한번도 못 신고 이등병 그대로 몰골도 차림도 같은 데다 성품 역시 파격의 진인(眞人)이라 경계하는 흑인 병정을 농(弄)과 정(情)으로 어떻게 구슬러 놓았던지 마침내 그 병정도, 일동도 그만 또다시 어울려 신명이 나게끔 되니 그제사 흑인 병정은 아까 중단한 자기의 애타는 통정을 전달해 줄 것을 자청해 왔다.

그 흑인 병정이 우리 병정에게 그리 하고 싶던 말이 무언고 하니, "너나 나나 어머니가 다르고, 고향이 다르고, 나라가 다르고, 인종이 다르고, 생일이 다르고, 또 모두가 다른데 오직 같은 게 있으니 그것은 이등병이라는 것과 죽을 날짜가 똑같다. 그러니 무엇이 다 달라도 '죽을 날짜'가 똑같은 이렇게 가까운 사이가 어디 있겠느냐, 그러니 너와 나와는 종신형제다"라는 것이었다. 그래서,

"부모보다도 고향보다도 국가보다도 형제보다도 애인보다도 얼굴색이 검고 누른 그런 것도, 무엇도 무엇보다도 더 넘은 가까운 사이요 형제다"라는 것이 그의 하고픈 말이었으며 그러하니 그는 자기와 옆에 앉아 대작(對酌)하고 있는 우리 병정 친구가 좋아서 못 견디겠다는 것이었다.

위대한 발견이요, 위대한 잠언이다. 흑인 이등병의 입에서 우연히 튀어나온 이 잠언은 어느 위대한 철학가의 예지나 민주사상가의 그 입을 빌리기보다도 우리 대공투쟁(對共鬪爭)을 하는 민주세계와 전(全) 자유인민에게 산 교훈이 될 것이다.

종신형제! 이 정신의 생명 있는 약동만이 민주우방단결(民主友邦團結)의 원동력이 될 것이며 또한 종국(終局)의 영광을 초래할 것이다.

문둥이 쌀

"좀 보태 줍쇼."
대문간에 문둥이 걸인이 왔다.
"요샌 보릿금도 하두 올라서 원 당할 수가 있어야지."
안집 할머니가 보리를 한 됫박 내다 주며 하시는 말씀이다.
"올르긴 무엇이 올랐어요. 지난 장날 한 되 이천 원 금에 우리가 팔았는데요."
문둥이의 서슴없는 대답이었다.
그다음 날부터 이 집 밥 짓는 계집애가 보리쌀을 씻을 때마다 안 노인은,
"박박 다시 한 번 더 일어라, 문둥이 쌀이 섞였을라."
고 주의(注意)를 시켰다.
나는 안노인의 예방위생(豫防衛生)이 어느 정도 효력을 내고 있는지 알 바이 없으며 문둥이에게 적선미(積善米)가 어떤 병균을 어찌 묻혀 가지고 돌아오는지 안 오는지도 모른다. 또한 우리 서글픈 당로자(當路者)들에게 어떤 조처를 구해 볼 그런 부질없는 생각은 없고 다만 이 문둥이 쌀과 연상되는 것이 몇 가지 있다.
어떤 신문기자에게 들으니 이번 추석 전날, 시장에 나온 우육(牛肉)들의 일제압수(一齊押收)가 있었다 한다. 도살금지령이 내려 있는 오늘 당연한 일이다.
때마다 우리는 길거리에서나 장터에서 전매품(專賣品)의 사제(私

製)와 자유매매의 관헌압수(官憲押收) 광경을 보며 또한 당하며 생활하고 있다.

그런데 문제는 그 부정품(不正品)들의 그 후 행방과 처분이 궁금해지는 것이다. 솔직히 말하자면 행문여서혈격(幸門如鼠穴格)으로 당해부정품(當該不正品)이 머지않아 재출현하는데 이 때문에 오히려 자유시장의 인플레만이 조장되고 있는 것이다.

여기까지도 또 약과다!

여기에 한번 상상을 불령(不逞)하게 돌려 볼 것 같으면 CAC 물자나 외국 선교회의 의연물자니 또 국내 피난민 구호 배급물자들이 우리 생활에 쓰여지기까지의 경위를 한번 관찰해 볼 때 문둥이 쌀을 먹는 이상으로 구역질이 난다. 그 물자가 지닌 본래의 목적과 사명은 벌써 수많은 문둥이(권세도[權勢徒]나 모리배)들 손에서 오손(汚損)되고 횡류(橫流)된 연후에야 겨우 핥다 남은 뼈다귀만이 우리의 손에 들어오고 있지 않은가?

그러면 우리는 나병을 무기처럼 삼고 강걸행(强乞行)을 하는 문둥이들의 적선미의 역매(逆賣)를 기(忌)하는 이상으로 우방의 원조가 어떻게 우리 사회에 유용(流用)되고 있는가에 통탄과 더불어 국민감시가 있어야 할 것이다.

민주고발(民主告發)

1. 정치부역(政治賦役)

서울집엘 들렀다가 동네 노인을 보고 서울은 번잡하지 않고 조용하여 살기 좋다고 하니,
"사람 사는 덴 다아 마찬가지지요. 그저 부산 같지야 않지만 여기두 나오라는 게 사흘돌이랍니다."
"아니 무슨 부역이 그렇게 많습니까?"
"모르죠, 무어 국회의원 반대대회(?)라나요, 뭐라나요, 그저 그런 따위죠."
나는 노인의 동문서답을 듣다가 흠칫 놀라고 말았다.
정치부역!
정치부역이란 공산당 정권하나 전제주의 사회에 있는 것이지 대한민국 민주주의 사회에 어찌 존재할 수 있을까 보냐.
그러나 우리는 이 노인의 무의식적인 민주고발을 흘려넘겨 버릴 수는 없다.

2. 의법처단(依法處斷)

"서 의원을 죽여라, 국회에서 몰아내라."
이것은 19일 임시수도 부산서 반민족 국회의원 성토대회라는 것

을 끝마친 군중들이 중앙청 앞에 그 채로 몰려와 외친 시위의 구호다.

서민호(徐珉濠) 의원은 국가석방결의로 부산지방법원 형사회의부에서 19일 구류정지가 되었던 것이다.

이제 서 의원을 내놓든 가두든 죽이든 살리든 이것은 공명정대한 법에 의거할 뿐이다.

군중의 정치적이며 감정적인 구호에서 좌우되는 것은 공산당의 소위 인민재판이다.

3. 민주무법(民主無法)

매국매족(賣國賣族)의 반동 국회의원을 전 선거민의 명의로 소환하니 대통령께서는 선처하여 달라는 국회의원 소환운동은 이제 최고조에 달하여 부산서는 성토대회를 열고 의사당 앞에 몰려와 국회는 소환장을 받은 의원을 추방하라고 요구하게끔 되었다.

글쎄 헌법에 없는 것을 민주법치국가에서 아무리 대통령인들 어찌할 것인가.

병(病)은 이(李) 대통령이 대(對) 국회서한에서 "민의는 헌법에 선행한다"는 초논리적인 국민주권론에서 발단된 것이다.

그래서 맹목(盲目)한 정상배(政商輩)들은 말이 떨어지자마자 국민주권자강회(國民主權自彊會)라는 기괴한 간판마저 붙여 가며 국회의원 소환, 무슨 투쟁 등으로 일부 국론(國論)을 말살하려 들고 있다.

심지어는 국회에 멀쩡한 의원을 두고도 보선기세(補選氣勢)를 보이는 선거구가 있다 한다.

이러다간 만약 대통령 직선제가 안 된다면 국회에서 선출한 대통령과 국민이 선출한 대통령과 대통령 2위(位)가 출현될 우려가 있다고 식자 간의 실없는 소리가 돌고 있다.

  소위 소환의원을 장관으로까지 기용하고 있는 현명한 행정부는 이러한 무지의 민주불법을 "민중의 의사 반향"이라는 구실 아래 최대한 이용하여 그저 모르는 체다. 이것은 정치의 정도(正道)가 아니다.

  이불리(利不利)를 초월하여 막을 것은 막고 그래야 이 땅의 무지한 민주불법천지가 시정될 것이 아니겠는가?

  지금 이대로써는 입법권도 사법권도 국민 전체, 아니 국민 각자에게 분양되어야 끝장을 낼 것 같은 기세다.

  이것은 뒤집어 생각하면 무정부 상태로 나아가는 길이다.

민의소재(民意所在)

1. 민의조작(民意造作)

수일 전 신문지상에는 경상북도 공보과의 여론조사 통계표가 발표되었다.

개중 당면한 대통령 선거에 있어 도민여론(道民輿論)은 직선찬성(直選贊成)이 63퍼센트요 간선찬성(間選贊成)이 28퍼센트였다.

또 한편 정부조직에 있어서는 대통령중심제 찬성이 28퍼센트에다 내각책임제가 51퍼센트였다.

그러니 경북도민의 대체적인 소망은 대통령 직선과 내각책임제의 양 개헌안 절충인 것을 도 공보과(道公報課)의 공정(公正)과 신중을 기했을 민론(民論)조사로써 알 수 있다.

그런데 경상북도 각급의회는 그 제1차 회의에서 정부 개헌안 '전적 지지(全的支持)'와 국회 개헌안 '전적 반대'를 (혹 그 방향을) 결의하고 이것을 '도민전의(道民全意)'라고 봉함(封緘)하여 대통령에게 바쳤다.

여상(如上)과 같이 오늘날 '대변된 민의' 속에는 본연의 민의가 가감(加減)되고 조작되고 나아가서는 왜곡되고 있는 것을 우리는 똑똑히 본다.

2. 민의남용(民意濫用)

그러면 여기에서 다시 전기조사(前記調査)에 의하여 경상북도 각급의원들에게 향한 선출신망(選出信望)을 규시(窺視)해 보면 가(可)가 51퍼센트요 부(否)가 49퍼센트로서 거의 반 수(半數)의 불신이 의표(意表)되어 있다.

이런즉 가상을 불령(不逞)하게 하여 부 49퍼센트의 대상이 될 의원들의 국민소환운동을 만일 어느 관제단체가 '필요에 응해' 일으키자면 용이사(容易事)일 것이요, 또 이러는 대로 소환이라든가 해산이 성사된다면 이 의회와 의원은 어찌될 것이냐.

이러한 지방의원들이 국회의원 소환 또는 국회 해산을 요구하고 있다는 사실을 부 49퍼센트 편(便)으로서 볼 때 소지천만(笑止千萬)이라 아니할 수 없다.

국회에 향한 자의적인 민의남용은 바로 그들에게도 해당되는 것이어서 '뒷간 기둥이 잿간 기둥 욕하는' 격이 안 되기를 선거민(選擧民)의 일인(一人)으로 경고한다.

3. 민의타력(民意他力)

"아침에 반장이 돌아다니며 나오래서 ○○광장(廣場)엘 가네."
정치적인 군중대회나 시위 행렬에 가는 장삼이사(張三李四)들의 부역변(賦役辯)이다.
"이젠 배고프니 무얼 먹고 합시다. 점심 주시오."
이것은 작금(昨今) 부산 데모 행렬에서 견문(見聞)하였다는, 지휘자들에게 연발(連發)하는 행렬군(行列群)들의 구송(口誦)이다.
여기에서 우리는 어떤 군중대회나 시위에서 절규되는 구호와 요구가 그 민중의 자연발생적 소산만이 아니요, 타력적인 요소가 개재되어 있음을 충분히 인식할 수 있으며 그 비중에 누구나 회의를 갖는 것이다. 그러길래 어느 외인(外人)은 "한국엔 쌀값이 십 만원 대나 오르내리는 이즈음, 살게 하여 달라는 데모는 안 일어나고 어찌 정치적 데모가 연일 일어나는가?"라고 야유를 하더라는 것이다.

4. 민의소재(民意所在)

여상(如上)과 같이 민의와 민론은 몰지각한 정치가(대변자나 지도자도)들에 의하여 가감조작(加減造作)되고 남용되고 심지어는 매매까지 되어 오늘의 정치혼란의 화근이 되고 있다.

그래서 대통령에 진상(進上)받은 불가침의 '국민전의(國民全意)'와 국회에서 양성(釀成)하고 있는 불가결의 '민주공론(民主公論)'이 배치(背馳)되고 여기에다 여야당(與野黨)의 대결가세(對決加勢)와 정상배(政商輩)들의 발호는 마치 민의를 국회 해산이나 현 행정부 타도의 화약으로 변질시키기에 이르렀다.

이제 이로(理路)를 중단시키고 사필(史筆)을 위해서라도 여기서 명백단정(明白斷定)하여 둘 것은 행정부나 국회를 폭발시키고 있는 것은 오늘의 해정치가(該政治家)들이 변질시킨 민의지 오늘 민의의 본연소재(本然所在)는,

"정치 싸움이 끝내 무슨 일을 내고야 말려는군, 이러다간 나라 망하지, 고래 싸움에 새우 등은 다 터지고, 이 원수 같은 당파싸움 좀 그만들 두려마!"

이렇게 통탄과 불안과 분노가 섞인 불가피의 비판 속에서 방황하고 있는 것이다.

유령후보(幽靈候補)

 이즈음 우리 신문지상에는 연일 미 대통령 예비선거 전황(戰況)과 그 후보자들 아이젠하워, 태프트, 러셀, 스티븐슨 등이 국민에 천명(闡明)하는 각자의 정견정책(政見政策)이 보도되고 있다.
 이와 호대조(好對照)로 이미 대통령 선거일에 돌입한 우리 한국에서는 차기 대통령 물망자나 입후보자들의 정견정책은커녕 출마를 표명한 인물들의 정체조차 국민은 모르고 있다.
 차기 대통령에 이승만 박사가 재선되면 여하(如何)히 정치를 개선해 갈 것인가는 불문하고라도 김성수(金性洙), 장면(張勉), 신익희(申翼熙) 제씨(諸氏)나 이시영(李始榮) 옹 또는 무명거사(無名居士) 노정일(盧正一) 씨에게 이르기까지 그들이 어떠한 정책과 그 실천방안을 가지고 오늘의 민생과 이 난국에 임하려는지 국민에게 알려져야 국민은 지대(支待)도 반대(反對)도 하지 않느냐는 말이다.
 그럼에도 불구하고 대통령 선거전은 그 서단(緖端)부터 취기분분(臭氣紛紛)한 당파정쟁화(黨派政爭化)하여 마침내는 민족국가의 위기를 고(告)하고 있으며 심지어 모모 후보자들은 도피하여 행방을 불명시키고 함구불언(緘口不言)이니 이렇게 비겁한 피신객들이나 그를 가해하려는 비열한 정쟁자(政爭者)들의 안중에는 그래 싸움판이 된 국회집세(國會集勢)나 집권만이 있지 국민이란 보이지도 않는 모양이니 이렇게 국민을 모독하는 대통령 선거전이 민주천하에 또 어디 있단 말인가!

유령후보의 출현 곡절이나 국민모독의 곡직(曲直)은 사필(史筆)이 이를 고문(拷問) 심판해 줄 것이나 지금이라도 오직 명백히 할 수 있는 것은 대통령 선거란,
　"국민이 그의 정책과 실천력을 계량하여 국가의 행정수반을 택일하려는 것이지 어떤 정쟁의 승리자를 국가우상으로 봉대(奉戴)하려 드는 것은 결코 아니다."
라는 것이다.

낙동강까지 또 와야

 일본 기자들이 한국에 와서 제일 놀라는 것은 시장에 쌀이 수북이 쌓여 있다는 거다.
 제2차대전 중 영경(英京:영국의 수도) 윤돈가(倫敦街:런던 거리)에는 쇼윈도 장식용 외에는 사과를 구경도 못하였다 한다.
 외국인들은 한국거리를 화려한 성장(盛裝)으로 활보하는 여인들의 정체가 그 무엇인지를 제일 궁금히 여긴다고 들었다.
 한마디로 말하면 그들에게 비치인 한국의 인상이란 도대체가 싸우는 나라 같지 않고 싸우는 나라 국민 같아 보이지 않는다는 이야기다.

 이즈음 찻집 막걸리집을 다니면서 대화들을 주워들어 보면,
 "사는 날까지 살다 죽는 날 죽지"가 항용(恒用)이요 심지어는
 "지든[敗] 동, 이기든[勝] 동 어서 싸움이 끝나야지."
하는 패들이 수두룩하다.
 몸서리칠 염전사상(厭戰思想)과 패전의식(敗戰意識)이 거리에 충일(充溢)하다.
 그래도 전시국민선전대책(戰時國民宣傳對策)에 행정부나 국회나 사회 각 기관은 무심하다.
 거리에는 정훈국(政訓局)이 대민공작(對民工作)을 철수한 후로는 전쟁 수행에 대한 벽보 하나 안 내붙인다.

이즈음 가두(街頭)에는 범람하는 외국영화의 간판과 선거벽단(選擧壁單)만이 춤을 춘다.
심지어는 각 신문들은 종군기(從軍記)나 전선기사(戰線記事)는 독자가 염증을 낸다고 기피하고 좀더 독자를 흥분시키는 관능적인 애욕소설만을 다투어 사들인다.

민주주의와 자유향락이 여기에까지 이르면 그야말로 철저하다 랄까!
중구난방격으로 스스로가 애국자요, 스스로 말하는 것이 민의(民意)요 천의(天意)다.
백성들은 지금 고개를 푹 숙이고 말은 안 해도,
'너희들 복장(腹臟)엔 우리가 들어갔다 나온 듯이 잘 안다. 어서 잘들 놀아 보아라'고 엉뚱한 생각을 하고 있는데 여기에는 맹목하고 그저 집권만 하면 다 따라오리라는 생각들인 모양이요, 전쟁은 미국이 안 해 주면 천운(天運)에 맡긴다는 뱃심들이다.

그래서 뜻 있는 사람들은,
"이놈의 공산군이 낙동강까지 또 한번 와야지, 좀 정신들이 바짝 들게."
하는 자기적(自棄的)인 혹언마저 배알으며 어느 병사의 말을 빌면,
"우리는 앞에 있는 적(敵)보다 후방이 더 무섭다"는 것이다.
민주선거를 위하여 술동이를 집집에 받아다 놓고 흥청거리고 민주정치를 위하여 정당을 두 개 만들고 무슨 장(莊) 무슨 구락부(俱樂部)에서 개헌모의(改憲謀議)를 하고 또 반대를 하고 헌법이 민의를 제약하느니, 민의가 헌법을 선행하느니 논쟁을 하고 무슨 단(團) 무슨 자강회(自彊會)란 해괴한 간판 등이 하루에도 몇씩 붙였

다 떼었다 하기보다 조국의 민주투쟁과 자유획득을 먼저 하여야 할 것이 아닌가.

그러기 위하여는 이 해이(解弛)하고 분체(分體)된 국민조직을 재편(再編)하고 민심을 전쟁에 응집(凝集)시키는 것이 급선무가 아니겠는가.

그렇지 않으면 민주주의고 자유고 정치고 머지않아 붉은 개가 다 물어 갈 것이요, 이 땅 백성들은 고래 싸움에 새우 등이 모조리 터지는 격이 될 것이다.

정말 낙동강안(洛東江岸)에 공산군 포성이 가까이 와야 비전국민(非戰國民)에서 결전국민(決戰國民)이 되려는가.

병존론(併存論)

제2차대전 후에 세계적 최대 과제요, 국제적 제문제(諸問題)의 암은 공산주의와 민주주의의 대립이요 동서간(東西間)의 상극(相剋)이었다.

또한 국제적 과반(過半)의 정치노력은 양 세계를 공존병립(共存併立)시키려는 것이다.

그러나 한 번도 어느 지역을 막론하고 양 세력이 일시적이나마 중화(中和)의 결실을 맺은 예가 없다.

그래도 이 병존사상(併存思想)에 반대론자나 그 경고가(警告家)들은 과격파(過激派, 극우)나 심지어 전쟁 도발자로 불리워지기까지 하였으며 병존론자들이 진보주의자요 평화주의 사상가들로 추앙을 받기까지도 하였다.

우리 한국에도 이러한 한 시기가 있었으니 즉 기회주의자, 중간파들의 발호시대(跋扈時代)가 바로 그때였다.

우리 한국은 이 대통령이 이미 이 병존사상에 대한 세계적인 경고가(警告家)요, 우리 국민은 저 6·25사변으로 삼천만 하나도 빠짐없이 결사토공대(決死討共隊)가 되었다.

그런데 문제는 아직도 전 세계에 이 병존론이 '전쟁회피(戰爭廻避)' 또는 '인류의 참극을 구출키 위하여'라는 구호 아래 상존(尙存) 미만(彌蔓)하고 있으며 그 기형적인 산물로는 이 땅에다 군사적인 병존을 성립시키려 들고 있다.

가소로운 일이지만 가까운 예로는 일본 언론의 논조를 보면 가장 저희들이 병존론을 고창(高唱)하고 양 세계의 눈치를 보며 우리의 현실(現實)을 긍정적으로 척도(尺度)하고 있다.

우리는 이러한 병존론의 현실적 계산이나 그 말로가 무엇인지를 몸소 체험한 터이라 논외(論外)로 하고라도 현재 병존론이 가지는 현실적 가치, 즉 빚어지지 않은 인류의 참극을 전쟁 회피로 방지시킨다는 이 효능(效能)은, 이미 빚어진, 공산주의 지배세력하에 벌어진 저 인류의 참극은 어찌할 것인가는 말이다.

그러면 저 철의 장막 속에 벌어지고 있는 인류 참극을 민주세계 지도자와 자유인민들은 그 언제까지나 맹목하고 말 것인가!

그렇지 않으면 자본주의의 필연적 붕괴를 기다리는 스탈린의 꿈과 같이 우리도 철의 장막 내의 자연발생적 혁명의 농숙(濃熟)만을 기다리고 속수방관(束手傍觀)할 것인가!

자유를 향유하는 우리 십자군의 발동이 병존론으로 합리화되어 공리적으로 제한되고 있는 한, 자유의 실고(失苦) 중에서 '전쟁이라도 고대'하는 가련한 우리 인류형제들을 영원히 구출하지 못할 것이다.

병존론에는 이러한 무서운 고립주의와 패배사상(敗北思想)이, 나아가서는 또한 절망사상(絶望思想)이 내포(內包)되고 있다.

스탈린은 이러한 병존론의 독소를 허위의 평화간판(平和看板)으로 최대한 이용하고 있기도 하다.

전쟁희망자(戰爭希望者)

　6·25 때 서울에 잔류되었던 애국시민들은 B29의 폭격이 오는 날이야 사는 것만 같았고 폭음(爆音)도 포성도 들리지 않는 날은 생명의 불안과 절망 속을 헤매고 있었다 한다.
　북한에 있다가 12월 철수 때 남하해 온 피난민 이야기를 들으면 해방 후 5년 동안 일구월심(日久月深) 북한 동포들이 고대한 것은 '어서 삼팔선(三八線)이 터져' 국군이 진격해 오는 것이었다는 이야기이다.
　중공 포로를 붙잡고 물어보면 중국 민중들은 3차전(三次戰)이 일어나는 것과 국부군(國府軍)의 본토 상륙에다 희망을 붙이고 산다고 한다.
　오늘 내가 읽은 애처카 라쓰라는 전 흉아리(匈牙利:헝가리) 국립은행 총재의 '철의 장막 내의 탄압과 항쟁'이라는 글에서,
　"철의 장막 속에 폐쇄되어 있는 대중의 원망이란 오직 현 조직의 질곡에서 어떻게든지 벗어나려는 것뿐이다. 그렇기 때문에 철의 장막지구(帳幕地區)는 전 민중이 전쟁의 공포보다도 전쟁을 고대하고 있는 유일의 토지인 것이다."
라고 갈파(喝破)되어 있었다.
　전쟁의 공포보다도 전쟁을 고대하는 이 인류사적인 심정은 자유의 실고를 맛보지 않고는 모를 것이다.
　한국민은 지금 정전(停戰)을 한사(限死) 반대하고 결사적인 진격

(進擊)을 절망절규(切望絕叫)하고 있다.

그러면 과시(果是) 우리 한국민은 이성을 잃은 백성이요, 전쟁 애호자요, 선동자요, 평화 파괴자들인가?

세계 민주지도자들이여 답하라!

제2차대전 후만 해도 민주세계는 수 많은 자유의 양(羊)들을 공산당 시랑이들에게 오직 '전쟁 회피'라는 구실 밑에 동네 집 개 물려 가듯 넘겨주었다. 여기에 한국만은 물려 가면서도 제정신만은 챙기는 너무나 영악한 양이기에 아직도 반신(半身)을 잃지 않은 채 있다.

저 철의 장막 시랑이 굴 속에는 자유의 양들의 신음 소리가 천지를 뒤집는 듯해도 '전쟁 회피' '전쟁 공포'라는 구호는 이를 구출하려 들기커녕 오히려 될 수 있는 한 맹목하려 들고 있다.

성서에 부자 천국행이 낙타가 바늘 구멍을 지나가기보다 어렵다는 '부자의 함정'이 여기에 있는가 보다.

그러면 차라리 주여!

우리만이라도 죽으나 사나 저 자유의 생령(生靈)들과 한가지로 있게 하옵소서.

이 가련한 전쟁희망자들에게 특별한 자비 드리옵소서.

양창입구(洋娼入口)

여의(女醫) T양에게서 들은 이야기.
어느 날 아침 T양은 병원 출근의 행로인 문화극장 옆골목을 빠져 나오고 있었다. 때마침 그의 앞을 다가오던 낡은 인조견을 걸친 28, 9세의 부인이 앞을 가로막으며 기진맥진한 음성으로 "여보세요, 여기 저어, 양(洋)사람 붙이는 집이 어디죠?"
"네에?"
"저어, 저어, 미군을 받으려면 어떻게 하죠?"
"아아니 뭐에요?"
하고 창녀로 오인당한 불쾌와 자기 노여움에 날카롭게 반문하려던 T양은 그 부인의 누렇게 뜬 얼굴이며 시방 곧 쓰러질 듯한 다리 가늠이며 그의 눈에 비치고 있는 절망도 넘은 실성 상태를 직각(直覺)하고는 곧 이성과 직업의식으로, "어디 몸이 편치 않으시죠? 곧 쓰러지실 것 같은데 ……."
물으니,
"아니에요. 실례했습니다. 정말 용서하세요."
하고 비슬비슬 돌아서는 것이었다.
T양은 그 정경을 보고 그대로 스칠 수 없는 어떤 압박감에 굳이 사양하는 그 부인을 끌고 그 옆 대중식당엘 들어가 국밥 한 그릇을 시켜 권하니까 게눈 감추듯이 먹고 난 부인은 눈물 절반 말 절반으로 털어놓은 하소연은,

"피난 와서 날품팔이 남편이 늑막염인가로 드러누운 지 벌써 4개월, 그동안 냄비만 내놓고는 다 팔아 문자 그대로 삼순구식(三旬九食)을 해 왔으나 이제는 그도 억지여서 4, 5일 전부터는 그대로 물만 마시다가 간밤엔 남편과 상의 끝에(?) 도적질을 할래야 기운이 없으니 양갈보가 되어 보겠노라고 하구 오늘 아침 나섰던 것이 내 눈이 삐어 아가씨같이 점잖은 양반을 고만 오해하고 말았으니 용서하여 달라"는 이야기였다.

그래서 T양은 자기 집으로 끌고 가 헌옷 몇 가지와 쌀 몇 되를 들려 보냈는데 보내며 아무 말도 못해 보냈다 한다.

T양은 여기까지 이야기를 하더니 나보고,

"선생은 이런 경우 어떻게 하시겠어요?"

반문이었으나 나는 냉가슴 앓는 벙어리 모양 끙끙만 거리면서 나도 고작해야 아무 말도 못했으리라고 생각하는 것이었다.

윤락(淪落)의 봄은 춘궁과 더불어 기아(飢餓)에서 온다.

아무 말도 않고 모르는 체, 이 지옥의 봄은 짙어 간다.

생존경쟁자(生存競爭者)

지리산 지구를 갔다가 광주엘 들러 귀로에 올랐다.

송정리역(松汀里驛)에서 열차를 바꿔 타고 호주머니를 뒤지니 담배가 마침 떨어졌기에 앞에 섰던 꼬마 장수에게 한 갑 샀다.

대전에서 막부득(莫不得) 하룻밤을 자고 그 이튿날 부산행을 탔는데 또 담배가 떨어져 한 갑 사려니까 어디서 기다렸던 듯이 담배 상자를 내미는데 쳐다보니 어제 산 바로 그 꼬마 녀석이다. 나는 무심코 또 한 갑 샀다.

차가 추풍령을 넘는 그 무렵 나는 여곤(旅困)에 기지개를 쓰는데 내 옆으로 그 꼬마가 와서 껌을 사라고 권하더니 허겁지겁 내 다리 아래를 파고들었다.

앞쪽을 보니 헌병과 차장 등이 승차권 검사를 하며 온다.

다가와서 헌병은 벌써 이 꼬마 숨는 것을 보았던지 내 다리 밑에서 녀석의 다리 하나를 끄집어내 치키니 질질 끌려 올라왔다.

그러나 이 헌병은 생긴 대로 사람이 호한(好漢)이어서 객들과 같이 따라 웃으며,

"인마, 여기는 군경전용차(軍警專用車)이니 다른 칸에나 가서 팔아."

하고 그대로 가 버리고 만다.

그랬더니 꼬마는 안도의 한숨을 휘이 쉬고 나서는 이제는 아주 한참 쉴 작정인지 내 앞 빈자리에 가 털썩 올라앉아 뭐라고 저 혼

자 흥얼거렸다.
 나는 아까 하도 녀석의 하던 것이 어이가 없어 말을 걸었다.
 "너 어디까지 가니?"
 "약목(若木)까지요."
 "약목이 집이냐?"
 "아녜요, 이리(裡里)가 집예요."
 "그런데?"
 "약목서 올라가는 열차를 바꿔 타지요."
 "그러면 집에는 언제 가고 어디서 어디까지 장사를 다니는 셈이냐?"
하고 물으니 꼬마의 대답을 종잡으려고 하면 행상 코스는 목포–대전–약목 간인데 일정은 약 4일, 숙박비는 조반 함께 일당 육천 원, 낮과 저녁은 빵이나 우동으로 대용식이니 3, 4천 원, 그래서 하루 만 원 정도, 그러니 삼 일에 순리수(純利收)가 오만 원은 되어야 우선 최소한의 수지를 맞출 수 있다는 것이다.
 그러나 기차시간의 지연변동과 아까 같은 봉변이 심하여 도중하차를 당하면 일정도 경비도 무기약(無期約)이요 더욱이나 꼬마의 말로 악질(?)을 만나 상품(商品)의 일부를 강압(强押) 당하는 때는 쫄딱 망하기가 일쑤라 한다. 오늘도 하마 재수가 없어서 걸상 밑에서 발각되어 얻어 맞을 뻔 했다는 것이다.
 "너 몇 살이지?"
 "열한 살이에요."
 대륙을 발견한 로빈슨 크루소도 열한 살에 이런 창험행상(昌險行商)은 감불생심(敢不生心)이었으리라.
 나는 구겨진 돈을 펴며 아마 수지계산(收支計算)을 맞추고 있는 꼬마 장수를 바라보며 이 가련한 열 살짜리를 생존경쟁의 상대자로 삼아야 하는 이 세기(世紀) 비극에 그저 소태 씹어 먹은 사람처럼 입맛만 자꾸 썼다.

참호생활(塹壕生活)

　우리의 수필가 마해송(馬海松) 씨는 "한국민은 민주전장(民主戰場)의 참호 속에 있다"고 갈파하였다.
　이는 한국에서 귀환한 모 외인(外人) 기자가 일본 〈선데이 마이니치(每日)〉지 좌담회 석상에서,
　"한국같이 더러운 나라는 소련에게 주어 버리는 것이 오히려 소련을 골리는 방법일 것이다."
라는 망언에 답한 당대명구(當代名句)다.

　"아이고 몸서리야 피난민 등쌀에 우리도 못살겠구만."
　이것은 토착민의 비명이다.
　"어쩌나 텃세들을 쓰는지 서러워 못 살겠어."
　이것은 피난민들의 탄식이다.
　이런 대화가 극단에 이르면,
　"누가 피난을 오래서 왔나."
　"그저 왜놈들이라도 한번 다시 쳐 올라와서 저희들도 한번 당해 봐야 알지."
　이런 어불성(語不成)의 악의에 찬 욕설이 교환되기까지 한다.
　여상(如上)과 같은 토착민과 피난민들의 감정충돌은 생존경쟁도 경쟁이려니와 흔히 주택문제에서 일어난다.
　남남끼리 한울 안에서 산다는 것만도 좀체 쉬운 일이 아닌 데다

"당분간만이" 벌써 십여삭(十餘朔)이요, 앞으로도 기약이 난망(難望)이고 보매 주인 편은 부지깽이 하나라도 피해가 늘어가는 판이니 그래서 '곡간인심(穀間人心)'이 줄어들밖에 없고 객은 없는 것이 죄라 '빈자소인(貧者小人)'의 역정이 날 밖에 없다.

그래서 공론(公論)은 동족애의 발로와 주객(主客) 각자의 도의적 호양정신(互讓精神)에 호소하고 있다.

그러나 이것보다 저 마해송 씨의 잠구(箴句), 우리 오늘의 생활을 참호생활로만 친다면 모든 주객 간의 문제는 무소(霧消)될 것이니 참호 속에서 그 누가 저에게 냄비 하나 있다고 제 밥만 끓여 먹을 것이며 제가 담요 하나 가졌다고 서 혼사만 넢고 잘 것인가!

현대전(現代戰)에 있어 서울이 전선이면 대구나 부산도 전선이요 전선의 동포 집이 참호화하여 있다면 나의 집도 참호밖에 아무것도 아니다. 그러므로 누가 참호 속에서 생활의 상호불편(相互不便)이 있단들 불만할 수 있을 것인가!

또한 이렇지 않더라도 정말 전선 참호 속에 우리 자제들이나 남편들의 전우애를 총후(銃後)에서도 살린다면 그만일 것이다.

만일 이를 거부하는 자 있다면 조국전쟁의 성격과 의의를 모르는 자이며 총력전에서 이탈하려는 자이며 비국민임에 틀림없다.

공비선정(共匪善政)

 이건 평민(平民) A에게서 들은 고대로의 이야기……
 자기 고향은 현재 경상도에서 공비가 제일 많이 출몰하는 M사촌(寺村)인데 그 촌락에 사는 백성들은 공비의 출몰보다도 공비들이 도주한 후 오는 토벌대들을 더 무서워한다는 것이다.
 그도 그럴 것이 공비들의 술책은 현재 민심을 먼저 사는 것을 제일목적(第一目的)으로 하기 때문에 부락 습격을 와서도 자기네 병양결핍(兵糧缺乏)을 순순히 호소하며—이 감언이설(甘言利說) 뒤에는 총칼의 무언협박(無言脅迫)이 있으나— 어떤 때는 기만금(幾萬金)의 대가마저 지불하고 돌아가는 약탈 방법을 쓰는데 이들이 거의 도주했을 즈음 우리 토벌대들이 와서는 그들에게 약탈당한 부락민들을 공비들과 밀통(密通)하고 협조하였다고 구속인치(拘束引致)해 가게 되니 그때마다 부락민들은 공동거출(共同據出)로써 돼지를 잡는다 닭을 잡는다 하여 향연을 베풀어 이들의 노고를 위안한다기보다 소위 공비출몰죄(共匪出沒罪)를 사과함으로써 요행(僥倖)이면 부락민 인치(引致)가 없기도 하고 대접이 소홀하였다든가 하여 감정이 상케 되면 부락에서 끌려간다는 불상사가 난다는 것이다.
 더욱이나 한심한 것은 악질 동리구장(洞里區長)들의 소행인데 이 공동거출 교제에서 한몫 보는 재미에 '점심'을 싸 가지고 조사를 오는 이런 양심적인 순경은 무능하다고 몰아냈다는 삽화(揷話)가 첨부되어 있었다.

이번엔 토벌대 경관으로 있는 B에게서 들은 이야기…….

공비놈들의 마수(魔手)란 형형색색이어서 이제는 참으로 우리는 상상도 못할 간계를 쓴단 말이야.

놈들은 어디서 주워 입었는지 대한민국의 군경 정복을 입고서는 군경을 가장하고 장날 같은 날 산에서 내려와 소나 돼지 같은 것을 압수한다고 가지고 도망을 친단 말이야.

그리고서는 그 다음 장날은 다시 계획적으로 쳐들어와선 약탈했던 소를 정당한 값을 받고 도로 임자에게 주며 경찰서에서 빼앗아 왔다고 팔기도 하지.

더욱이나 이런 방식으로 놈들은 저희들이 약탈하고 간 즉후(卽後) 그 부락에 대한민국 군경이 되어 다시와 가지고선 조사를 한다고 부락민들을 총으로 쏘아 죽이고 때리고 한바탕 연극을 하곤 돌아가네그려.

이렇게 해 가지고 우리 군경과 민심을 이간하러 드네. 참 놈들은 악랄한 독종들이야! 이래서 간혹 백성들에게 오해를 받지!

두 이야기가 다 있을 법한 이야기요, 또 나에게 이야기를 들려준 당자들의 인격으로 보아 사실임에 틀림 없다.

좌우간 대한민국 속에서 연극이든 실상이든 공비선정(?)만은 없어져야겠다.

우이송경(牛耳頌經)

언론이 정치에 선행한다는 것은 민주주의의 기본형태다.
 그래서 언론은 민중의 공론을 응집대변하며 국가의 시책을 검토 분석하며 모든 현상을 정리추진하며 나아가서는 지도편달과 그 육성을 사명으로 삼고 또 이를 직분하고 권리하는 것이다.
 그러나 제아무리 언론이 자체의 사명을 직분수행(職分遂行)한다손 그 위정당사자(爲政當事者)들이나 모든 사회조직의 구성분자 또는 그 지도층들이 이에 몰관심하고 맹목하고 청이불문(聽而不聞)하는 데야 언론은 필시 우이송경의 도로(徒勞)를 거듭하는 수밖에 없다.
 우선 연일 국내 50여 개의 일간신문들은 그날그날의 우리 모든 정치, 경제, 문화, 사회의 제반 현상을 보도, 전달하는 동시에 각기 주체적 지도성을 가지고 문제를 제기하고 시비하며 공론(公論)하고 있다.
 그러나 솔직히 말해 그 반응에 있어 얼마나 시정(是正)의 결과를 내고 있는가를 상도(想到)해 볼 때 개탄을 금할 바이 없다.
 극단적인 예로는 신문이야 '혼자 떠들다 제풀에 사라지겠지' '그까짓 신문 지껄이는 것 다 듣다 신경쇠약 들게' 등이 언론에 대한 위정자들이나 사회의 태도요 '시끄럽고 귀찮은 존재'가 기자라는 것이다.
 그래서 활자를 메꾸어 종이를 더럽혀 주기보다는 백지배포(白紙

配布)가 오히려 좋겠다는 어불성의 혹언마저 있다.

그런데 이렇게 언론에 대하여 무관심하고 혐오(嫌惡)까지 느끼는 자들도 자기의 성명 석 자나 자신의 명리나 금권에 관해서만은 신경을 쓰며 공포하며 언론에 의지하려 든다.

그들은 언론이 자기가 직장(職掌)하고 있는 기관이나 또 조직을 국가적으로 민족적으로 어떻게 성취해 가느냐 하는 공부라든가 그 문제의 시비에 귀 기울임보다도 언론으로 말미암아 자기의 명리나 금권이 지면에 의하여 침해되지 않는가 하는 것을 더 공포하는 까닭에 이를 교묘히 이용함으로써 자신의 명리를 획득하려 들고 금권을 확대하려 드는 것이다.

이러한 데서부터 모리정상신문(謀利政商新聞)의 출간과 악덕기자의 발호가 생기(生起)하는 것이다.

'그저 그자 한번 때려야 국물이 나오지' '쳐라 쳐' 등의 무판단의 비방을 감행하여 부당한 권세가나 모리배들의 등을 쳐 먹으려는 악덕기자의 소행이나 '그 사건은 사운영(社運營)에 있어 지장이 있으니 정치적으로 해결해야지' 또는 '적당히 쓰지' 등의 정상모리신문경영자(政商謀利新聞經營者)들의 야합은 저간소식(這間消息)을 반증하는 야비한 구호들인 것이다.

여기에서 우리는 민주언론의 육성창달(育成暢達)이 언론인 자신에만 있는 것이 아니라 국민 전체의 연대책임 속에 있는 것이 명백하니 언론에 향한 무시는 즉 민중공론(民衆公論)에 향한 반목인 것이기 때문이다. 이와 더불어 언론기관이나 언론인의 타락은 곧 민주정치 실현에 저해자(沮害者)가 되는 것이다.

여하간 "써야 그 택인 걸!" 하는 기자의 비명만은 하루 바삐 해소되어야 하겠다.

언론인의 협심증

트루먼 미 대통령이 맥아더 장군을 해임하였을 당시 타임지 권두는 트루먼 씨를 비판해 '소인의 만용'이라고 표제(表題)하였다.
아마 이를 읽은 한국 언론인들은 '이런 만용(?)'이 허용되는 미국의 민주주의 언론의 고도성에 삼탄(三嘆)을 금치 못했을 것이다.
오자(誤字) 하나로 불경죄에 걸리기가 일쑤요, 군인 가십 하나 썼다 고문을 당하는 이 땅 언론인으론 꿈에서도 상상치 못할 문자의 열거가 아닐 수 없다.
인도의 네루 수상이 도미 시(渡美時) 트루먼 대통령의 출영(出迎)을 받았는데 거기 출사를 나왔던 사진기자가 촬영을 하면서 트루먼 씨를 보고 "트루먼, 트루먼, 고개를 좀 이리 돌려 줘" 하고 마치 친구를 부르듯 하더라고 미국 어느 대학에서 강연 중 감탄의 술회를 하였다.
물론 이러한 미국 기자가 트루먼 대통령에게 행동할 수 있는 친근성은 그 언어와 풍속에서 초래하였다고도 볼 수 있어 이런 것을 고대로 한국기자들이 모방한다면 그야 방자(放恣)에 떨어질 것이나 내가 이야기하고 싶은 것은 신문기자라면 마치 오뉴월 파리떼를 대하듯 귀찮아하고 또 막연한 적개심을 갖는 우리의 고관대작들에게 한번씩 보여 주고 싶은 풍경이다.
또 한편 생각하면 한국의 언론인들도 언론인들이다.
툭하면 '압력이 심해서 어디 바른 소리를 쓸 수 있느냐'는 것이 구실이요 '잡혀 가면 어쩌나! 그 사람 뒤에는 모 당의 배경이 있으니까 그렇게 배짱으로 나가지' 하는 것이 핑계다.

나는 이제까지 공산당 아닌 대한민국의 언론인이 공론을 밝혀 유치장 신세가 되었다는 소식을 모르고 있으며 또한 일개 정당 배경이 전 국민의 배경보다 더 클 리 만무라고 확신하고 있다.

설령 백 보를 양보하여 천하를 주(誅)하여 필화를 입었다손 직필(直筆)을 생명으로 삼는 언론인으로선 감불사(敢不辭)의 경우가 아니겠는가!

우리 현재 국가 원수인 이승만 박사도 필화로 옥중살이를 하지 않았는가!

붓에 순사(殉死)할 수 있는 한국의 언론인만이 대한족(大韓族)의 정기와 공론을 수호해 가는 것이다.

모름지기 우리 언론인들은 하루 바삐 피해망상증과 협심증에서 치유되어야 한다.

교수완비(教授完備)

"교수완비, 전원등교, S대"
 이것은 저 1947년 맹휴소동(盟休騷動)이 한창이던 종로 네거리 전신주에 첩부(貼付)된 S대학의 등교 권고 전단이다.
 나는 아직까지도 거리에서 학생들을 볼 때마다 나의 머리에 거머리같이 붙어 떨어지지 않은 이 벽단문(壁單文)이 기억되어 그대들은 어느 정도 완비된 교수 밑에 지식을 연마하고 있는가고 앙큼한 반문을 혼자 해 보곤 한다.
 학원의 자유와 민주화가 여기에까지 이르면 사부일체(師父一體)의 태고적 윤리를 설(說)하기는 오히려 무색할 지경이렷다.

 '교수완비'라는 벽단(壁單)이 거리에 나붙을 만큼 오늘의 학원은 확실히 지식의 백화점으로 타락해 버렸다. 학생이라는 고객은 지식이란 상품을 제 구미(口味)에 맞는 대로 대가(수업료)를 지불하고 사 가면 그만이 되고 만 것이다.
 그러기에 극단적인 예로는 금년 입학기 모 대학 교무처장 댁에는 응시자 1명이 찾아와 들고 온 백만금 뭉치를 내놓으며,
 "부탁합니다."
한마디를 하더라는 웃지 못할 소화(笑話)가 있다.

 이런 학원의 타락상은 학생들의 몰지각만에서라기보다 교육자

나 학교 운영자들의 교육정신의 부패에서 기인되는 것이다.

금년 입학기 현상만 보더라도 지방 학원은 고사하고 피난 중 남하해 있는 학원들이 교사(校舍)는커녕 소강당(小講堂) 하나 없으면서 무슨 회사, 공장, 심지어는 어느 점포 한귀퉁이를 겨우 빌려서 N고등학교 신입생 모집이니 M대학 학생·보결생 모집이니 등 대서특필 서로들 다투어 광고를 내고 있는 것이다.

이 무수한 신입생 모집은 그 대부분의 학원이 학생을 수용하여 교육할 대책이나 또 그 교육열정에 있다기보다 단적으로 지적한다면 이렇게 간판이라도 팔아 피난교원들의 호구지책을 삼자는 것이다.

말하자면 중이 염불엔 마음이 없고 잿밥에만 쏠려 있는 격이어서 한편 가련도 하다.

이러한 공공연한 전시학원모리(戰時學園謀利)는 물론 현 문교 당국이 전시교육조치 수립에 백지라 하리만큼 무능하고 미온적인 데 책임이 있다. 외지에 보도된 우리 한국의 노천교육(露天敎育), 천막교육(天幕敎育)이 실상은 자랑이 아니라 현 문교 당국의 수치를 만천하에 폭로한 것밖에는 아무것도 아닐 것이다.

덕성이 빠진 교육은 마치 비타민이 빠진 음식물과 같아서 언뜻 보기에는 맛있어 보이나 아무리 먹어도 영양이 안 되는 법이다.

또한 교육의 효과나 해독은 하루이틀 눈에 안 보이나 십 년 이십 년 가면 현저하게 나타난다.

그러면 한국의 명일(明日) 십 년 후 이십 년 후를 오늘의 교육 상태로 미루어 볼 때 상상해 보기조차 무서운 바 있다.

근사(近似)

이즈음 우리 사회에 저속한 유행어로서 '근사하다'는 용어가 제일 많이 통용될 것이다.

근사란 문자 그대로 비슷하다는 말인데 통용되는 어의(語義)로는 좋다라는 감탄의 최상급 격이 되어 있다.

한마디의 속요나 속어가 유행되기에는 그 시대상과 밀접한 관련 속에서 배태되는 것이니 근사하다는 이 한마디도 깊이 현금(現今) 사회상을 찌르고도 남음이 있다.

즉 근사한 사람, 근사한 행동, 근사한 정치, 근사한 풍경, 근사한 상품, 심지어는 근사한 연애 등등은 비슷만 하지 실상과 진상(眞相)이 아니라는 것이다.

오늘의 일체 사회현상은 실상이나 진상이 아니라 가상이나 위상(僞相)이라는 이야기로 신용할 것이 하나도 없다는 이야기요, 기중(其中) 그럴듯하게만 보여도 다행이라는 기가 찬 절망사상의 논리가 어의 뒤에 숨겨져 있는 것이다.

하도 가짜만이 횡행하는 세상이라 이런 말이 나왔을 것이요, 하도 진짜가 없으니 그 비슷만 하여도 감탄을 금치 못한다는 것이다.

위조 지폐, 위조 신사, 가짜 기자, 가짜 준장(准將)까지 튀어나오는 이 사회상이요, 위선(僞善)이라도 사람, 사람이 그 신분에 따르는 인격이 있으련만 모두 벌거벗고 덤비는 판이니 진가(眞假)를 미분변(未分辨)일 수밖에 당연키도 하다.

이러한 유행어 중에 참말 입에 담기조차 무서운 말은 '빽'이라는 소리다.

이게 무슨 소린고 하니 우리 국군 용사가 산화(散華)할 때 최후에 부른다는 저주요 원성으로서,

"나는 빽(돌보아 주는 사람)이 없어서 이렇게 비명에 죽어 간다"는 자기희생에 향한 거부권인 것이다. 너무나 무엄한 이야기여서 더 쳐들 것을 중지한다.

뜻있는 인사들은 이뿐만 아니라 '사바사바'니 '국물도 없다'는 등(等)의 야비한 속어의 축출을 고창(高唱)하지만 우리는 먼저 이 유행어가 통용되는 이 사회의 부패상을 먼저 시정하여야만 정상하고 밝은 사회가 구현될 것이며 그때에는 이러한 속인 비어가 자연 박멸될 것이다.

왜기여문(倭妓餘聞)

　간밤 술자리에서 어느 친구에게 얻어들은 이야기인데 진주군(進駐軍)을 상대하는 일본 창기들, 소위 '빵빵걸'들은 병정들을 유혹하고 나서는 무슨 구선(口禪)이나 하듯이,
　"나라를 부탁해요."
반드시 한마디 하는데 우리 한국의 'UN마담'들은,
　"그저 자꼬 내라."
는 것이 구송(口誦)이더라는 미 병사의 술회가 있다는 것이다.
　나는 이 이야기를 들으며 패망 일본의 창기까지가 이렇게 나라를 축수(祝壽)한다면 그 민족성이야 비판해 볼 여지가 있든 없든 그 어느 때나 재건재성(再建再盛)하고야 말 것이로구나 하는 판정(判定)을 갖게 되었다.
　동시에 나는 얼토당토않은 연상작용을 일으켜 저 불란서가 독일군에게 점령당했을 때 지드 수기의 일절, "……불란서의 깊은 상처는 드디어 드러나고야 말았다. 우리는 제1차대전에서 결코 승리하는 것이 아니었다. 표면뿐의 승리가 우리를 속인 것이다. 우리는 그 승리를 유지할 수가 없었다. 그 뒤를 따르는 이완과 나태가 우리를 멸망시킨 것이다."
라는 탄식이 불령(不逞)한 환상으로 떠올랐다.
　"이대로 이 꼴대로 가다가는 또 언제 어느 놈에게……."
　술자리의 분위기가 나를 그렇게 만들었는지 어쩐지는 몰라도 오

늘의 공산군에 대한 소승(小勝)도 일본의 패망도 자꾸만 안심이 안 되는 심정이었다.

오늘의 승리 아닌 적격퇴(敵擊退)에 반비례한 국민전의(國民戰意)의 해이 나태가 그저 심상하게 여겨지지 않는다.

나는 불측한 시의(猜意)의 염(念)을 우선 털어 버리기에 막걸리 한 사발을 다시 들이켜는 것이다.

자유(自由)의 꼽추
– 판문점협상(板門店協商)에 보내는 시인(詩人)의 취담(醉談) 기일(其一)

트루먼 선달님, 이 막걸리 한잔 들고서 내 이야기 한번 들어 보소.
어쩌면 그렇게도 우리 봉이 김선달의 소행이 당신의 오늘 소위하고 꼭 같은지, 판에 찍은 것 같구려.
이야기는 어디서부터 시작되어야 하는고 하니 서산낙일(西山落日)하고 허깃증은 나고, 이러한 김선달은 어느 마을 어귀에서 꼽추를 만나는구려.
옳지 살았구나! 김선달 능청도 스럽지, 홀연! 장탄식해 가로되,
"원 저 사람 가련도 하지! 저 굽은 등을 가지고 오늘까지 살아왔담, 일찍 나를 못 만난 탓이지."
이 소리에 홀딱 반한 꼽추는 귀가 반짝 열려 김선달을 자기 집으로 모시어 지극 정성 온갖 주효(酒肴)를 갖추고 환대하며 평생고질(平生痼疾)이 낫기를 빌고, 또 빌제, 김선달 천연히 이 대접 다 받고, 그 이튿날 조반도 잘 얻어 걸치곤 이제 막상 꼽추 등을 펴는 비법을 공개리(公開裡)에 시행케끔 되었나니.
선달 행동 좀 보소, 먼저 주인에게 명하여 마당에 멍석을 펴고 떡메 하나를 준비시킨 후, 꼽추를 그 멍석에 눕히고 나더니 청천벽력이라! 그 떡메로 꼽추의 굽은 등을 냅다 후려치려 드는 게 아니런가?
여기에 놀란 것은 벌떡 뒤껴 앉은 꼽추뿐 아니라, 모여 왔던 이 마을 사람들까지 팔을 걷고 덤비며,
"이놈이 사람 잡[殺]으려 든다."

고래고래 욕 퍼불 제 김선달 태연 대답,

"죽고 살고야 내가 알 바이 아니고, 나는 등만 펴 줬으면 그만이지."

이 소리를 들은 일동 하도 기가 막혀 말문이 막혔다는 이야기인데—.

여보! 트루먼 선달님, 이 술 한 잔 더 받으시오, 그래 당신은 자유의 꼽추 한국이야 두 동강이 나든 말든 전쟁만 끝나면 된다는 그런 수작 누구에게 배우셨소? 우리 봉이 김선달에게 배우셨소?

대답 좀 해 보이소! 트루먼 선달님! 한잔 들고 우리 어디 사나이 대 사나이로 통정(通情)하며 이 한밤을 기분 좋게 놀아 봅시다고녀.

곰의 다리
― 판문점협상(板門店協商)에 보내는 시인(詩人)의 취담(醉談) 기이(其二)

"곰을 그저 엿 먹듯 수월히 잡자면" 하고 명정(酩酊)한 시인은 이야기를 꺼냈다.

그저 지게에다 도끼 한 자루와 밧줄을 메고 곰이 있음직한 산으로 우선 오른단 말일세.
그래 얼마쯤 찾아 헤매노라면 곰 굴이 나지거든.
그러면 일이 됐지. 곰이라는 놈은 만물지중(萬物之中), 호(號)가 난 미련둥이라 굴 속에 몸은 드러앉아서도 뒷발 하나는 제깐엔 대기(大氣)를 쏘인다고 척 내놓고 잔단 말이야.
그러니 그저 지고 갔던 도끼로 뒷발을 뭉텅 잘라 버리란 말이지.
그럴라치면 곰이란 놈은 이번엔 쓰윽 딴 뒷발 하나를 굴 밖으로 내미는 게 아니겠나.
이번에도 뚝, 하면 이 작자 하는 꼴 좀 보지. 이번엔 돌아 누우며 앞발을 내밀지.
딱! 일이 여기에 이르면 그야말로 웅(熊)고집이라 남은 발 하나를 마저 내미네그려.
이렇게 해서 사족(四足)이 없어진 곰을 밧줄로 꽁꽁 묶어서 지고 내려오면 그뿐이야. 그래, 내 포웅술(捕熊術)이 어떤가. 자아 곰 잡았으니 한 잔 더 치게.

허허 이 사람들 웃기는 왜 웃어, 허파에 바람이 들어갔나? 우스울 일 하나도 없으이!
  말 좀 더 들어 보게. 그래 저 판문점에서 UN 측이 하는 태도란 저 곰보다 낫다고 그대들은 생각하고 있는가?
  첫 번엔 선문제(線問題)인가 뭔가로 버티더니 그도 그만, 다음엔 비행장 설치 문제도 흐지부지, 중립국 참여 문제도 감불청(敢不請) 정도요, 포로교환 시비도 야금야금 양보해 가지 않는가!
  그래 곰 다리 내밀기나 다를 게 뭐야. 허허. 내 말이 어떤가?
  그런 의미로 한 잔 더 치게. 어허! 그리 찡그리지를 말고 왜 취중의 진언발(眞言發)이니 듣기 거북한가! 이쯤은 약과일세.
  글쎄, 쉬쉬, 자네들한테만 애기네마는 이 민주주의 곰 역시 그러면서도 몸뚱이만은 안전타고 생각하네. 머지않아 붉은 밧줄이 칙칙 감겨들 것은 모르고서 내 배 다칠랴는 허세만은 부리고 있지 — 흥 —

  그저 여기에 불쌍한 것은 민주주의 곰의 다리 한국일세.
  울어야 옳은가!
  웃어야 옳은가!

인류(人類)의 맹점(盲點)에서

서울행 열차 속이다.

나의 맞은편에 앉은 두 중년 신사는 대화의 실마리가 어쩔 수 없이 판문점 회담에 이르렀다.

"그래 정전(停戰)은 되는 겁니까?"

좌편(左便) 상인이 아니면 무슨 토건업자(土建業者)인듯 싶은 친구가 군복 팔에다 관자표식(官字標識)을 붙인 우편(右便)에다 물었다.

"시방 같아서는 되는 모양이죠, 미국이 그저 양보에 양보를 하니까요."

"정전이 되면 우리는 어쩌죠, 이 대통령은 휴전이 되든 말든 한국군은 끝까지 싸울 것이라고 지난번 발표가 있던데요.

"UN군이 안 싸워 주는데 어떻게 싸워요."

이번엔 우편이 되려 반문이었다.

"글쎄 그렇다고 요 꼴 요 모양이 되어 가지고 정전이 되면 우리는 어찌 삽니까."

"글쎄 말입니다. 미국은 어쩌자는 셈판인지 무슨 국량(局量)이 있기는 있으련만 번번이 공산당에게 인심만 쓰니."

"도대체 민주주의는 약해서 못쓰겠어. 기껏 피를 흘렸다가도 끝장앤 뱃장 검은 것들에게 넘겨주고 말거든요."

이제는 좌우편이 다 공동으로 민주주의와 우방 비난들이다.

그러나 이 대화의 종국은 끝내 판단 정지 상태로 빠져 간다.

"살 때까지 살다가 죽을 때 죽는 거지요!"

"그렇죠."

두 친구는 하품을 하고 기지개를 틀고 눈을 감는다.

나는 그들 얼굴에서 처절(悽絕)이라는 문자를 읽는다.

희망할 수도 절망할 수도 없는 인류의 또 하나, 새로운 표정을 본다.

그리고 농담의 차이는 있을지언정 나의 얼굴이나 표정도 그들과 벗어나지 못할 것을 느끼며 곰곰이 생각에 잠긴다.

생각해 본다. 우리는 바람에 흔들리는 갈대일 수는 없다.

솔직히 우리에게 말을 시킨다면 첫째 판문점 협상이란 봉이 김선달이 꼽추 고치는 격밖에 안된다. 떡메로 굽은 허리를 쳐서 허리가 부러져 사람이야 죽든 말든 싸움만 끝내면 그만이란 수작이 아니겠는가.

그야 현대전(現代戰)이 총소리가 멈췄다 해서 전쟁이 끝날 것도 아니요, 선전포고도 강화(講和)도 없을 이 전쟁이 판문점에서 해결을 지우리라고 믿는 그렇게 어리석은 우리는 아니다.

그러나 이 삼천만 가슴속에 휘이지 못하는, 민족생리(民族生理) 속에 꿈틀거리는 자연율(自然律)이 어찌 일시적이나마 한 개 당위성 밑에 굴복당하며 유란(蹂躪)될 것인가.

UN 측이 주인은 제쳐 놓고 객이 인심을 막 쓰는 격으로 양보(讓步)에 우양보(又讓步)로 정전(停戰)을 성립시킨다 해도 벙어리 냉가슴 앓는 우리가 될지 모른다.

아니 우리 한국군이 설령 휴전이 성립된 후 UN군의 일원으로서의 당위적 제약을 무시하고 공산군을 추격한다 하여 주한(駐韓) 전(全) UN군이 봇짐을 싸들고 현해탄과 태평양을 건너 꽁무니를 뺀

다손 누가 막을 손길이 있겠는가.

그래서 여기에 한번 더 상상을 불령하게 하여 우리 한국은 중과부적(衆寡不敵)으로 공산군 철제(鐵蹄)에 짓밟혀 삼천만이 다 함께 자유의 눈감지 못하는 생령(生靈)들이 되었다 하자.

그래도 오늘은 우리가 누구의 괴뢰도 아닌 이상 우리들 이외에 이 희생의 책임을 질 자는 없을 것이요, 오히려 무참한 희생을 '인류의 다수를 위하여'라는 구실이 이를 변백(辯白)시킬는지 모른다.

물론 우리에게 원자탄을 관리시켜 가며 이 지구와 인류의 위기를 요리(料理)하란들 그렇게 용이한 일은 아니다.

그러나 인류의 총명이 여기에 이르러 우리를 무의미한 혈제(血祭) 속에 잡아 없앨 수만은 없다.

오늘 저 공산주의 이리에게 동네 집 개처럼 훌떡 집어 주어 만일 전기(前記)와 같은 불령한 상상이 실현된다면 오늘의 민주세계 지도자들은 인류사에서 우리 자유의 생령들에게 지옥의 고문과 심판을 받을 것이다.

인류는 다시 자기총명(自己聰明)에 맹목할 수는 없다.

걸핏하면 오늘의 민주세계는 인류 다대수(人類多大數)를 참극에서 구출키 위하여 공산주의와 타협도 하고 유화도 한다고 쳐든다.

그러나 '인류의 다수' 속에는 자유를 향유하는 우리보다 저 북한 애국동포 일천만이 먼저 들어야 한다.

중국의 4억 자유인민이 들어야 한다.

소련 및 그 위성국의 자유의 실고(失苦) 중에 있는 3억이 먼저 들어야 한다.

나는 폐허가 된 서울을 1년 2개월 만에 찾아가며 열차 속에서 생각한다.

우리는 이미 쓰러져도 생각하는 갈대이라고—.

생활문답(生活問答)

　A : "살면 다아 이렇게 만나는군그래, 놈들의 손에 잡히지 않고 목숨만 붙은 게 천만다행이야."
　B : "살면 무엇하나, 처자권속 데리고 앞으로 목구멍에 풀칠해 갈 생각을 하니 눈앞이 캄캄하이."
　C : "세상이 이래서야 위로부터 아래까지 모두가 '사바사바' 핀이니 어디 양심이 제대로 박히고야 눈꼴틀려 살 수 있나."
　D : "별 수 없네, 수염이 닷 자래도 우선 먹구 보아야 한다구 온 세상이 다 돈[轉,狂] 것을 자네 혼자 양심이니 염치니 하였자 자네만 곯지 소용 있나."
　E : "이 판국에도 그저 모두 볶고 서로 물고 뜯으니 이러다간 며칠 못 가 망하지 망해."

　이즈음 항간에서 흔히 들을 수 있는 문답들이요, 우리는 누구나 저 대화들에서 일면적인 공감을 갖고 있을 것이다.
　먼저 우리는 A의 말마따나 적치하(敵治下)에서 벗어나 자유조국의 품에서 생을 향유하고 있다는 안도감 이것은 무엇으로도 바꾸지 못할 대전제가 되고 있다.
　그러나 B에서 느끼는 극단적인 생존위협과 C의 위정자들에게 향한 불신은 D의 타락된 생활윤리를 선언하게 되며 E에 가서는 일체 사회현상을 거부(拒否)절망(絶望)하는 심정에 다다르고 있다.

그러나 한편 돌이켜 생각할 때 이 판국 이 판도, 이 사세(事勢)에서 어떻게 정당한 삶(생존, 생활)을 바랄 수 있을 것인가.
 어떻게 변모될지 모르는 전국(戰局)과 초토가 된 농토와 파괴된 공장과 주초 잃은 생계 속에서 무엇을 가지고 어떻게 잘 살기야 바라겠는가 말이다.
 '가난 구제는 나라도 못 한다'는 속담은 오늘의 우리 현실에 적용되고도 남음이 있어 사실 오늘날 요순(堯舜)을 부활시켜 이 나라 민생을 맡긴대도 국민 각자 소업(所業)에 안거낙업(安居樂業)케 한다는 것은 불가능사(不可能事)이다.

 오직 문제는 소금이 없으면 소태라도 깨물 각오를 국민 각자는 가져야 할 것인데 오늘날 세상은 권세가나 금력가들의 세상만으로 썩어 가고 있어 양심 발라 '못 먹고 헐벗는 것이 병신 격'이 되어 간다는 이야기다. 그러니 요(要)는 권세나 금력을 가진 국민 각급 지도 부유층들이 먼저 전시생활의 실천자가 되어야 하며 국민생활의 도덕적 지표가 되는 수밖에 없다.
 이러지 않고 이대로 가다가는 양심은 우화의 '토끼 간(肝)'처럼 다 떼어 두고 다니는 사회가 될 것이며 싸우는 놈만 싸우고, 죽는 놈만 죽고, 못사는 놈만 못사는 마치 약육강식의 사회가 이루어지고 말 것이다.
 이것은 공산주의 독균(毒菌)이 스스로 배양되는 것이요, 곧 총후(銃後)가 무너지는 날이다.

상이독성(傷痍瀆聖)

신문사에서 돌아오는 십자로에서 친교(親交)의 상이대령(傷痍大領) R씨를 만났다.

"공군에 이등병으로 있는 자식 놈이 늑막이 상해서 병가를 왔길래 장을 보아 가지고 오는 길이야, 하하."

그기 끄는 자전기 헨들에는 참말 갈치 한 미리가 새끼오래기처럼 동여매어 달려 있고 뒤에는 쌀 두 되가 들었을까 말까 한 자루가 얹혀져 있었다.

옷주제 하며 그의 초췌한 행색은 '지게 부대'로 가두징집(街頭徵集)에 안 끌려 가는 게 신기할 정도로서 왕년 포병단장(砲兵團長)으로 적탄(敵彈)에 만신창이가 되어 가면서도 용맹을 떨치던 장한(壯漢)의 패기는 찾을 길이 없었다.

나는 버릇대로 R대령을 끌고 외상 막걸리집을 찾아갔다.

한두 잔에 거나해진 그는, 그의 성품으론 꾸며서 할래도 되지 않을 애조(哀調)가 뚝뚝 흐르는 목소리로,

"나는 아무래도 생활전선에서도 제대(除隊)가 되는 모양이야, 콩나물 장사, 두부 장사 오만 것 다 해 보아도 일곱 식구 먹여 낼 재주가 없어 시골 과수원을 경영하는 친구에게로 낙향하기로 했어, 일가(一家)가 머슴살이를 들어가는 셈이지."

하더니 이어서,

"아주 대포나 한 열 문 있으면 아무 데나 대고 막 쏘고 싶은 고약

한 심정이야."
라는 것이었다.

　나는 그가 경성제대 출신이요, 영독중(英獨中) 3개 국어에나 능통하는 줄 아는지라,
"왜 미군에나 들어가 일해 보지."
하고 물었더니,
"나도 신원을 숨기고 번역관으로 한 달포 다녀 보았는데, 십만 원 좀 넘겨 받으니 내가 물건을 훔쳐 낼 것인가, 계집을 붙여 줄 것인가?"
라고 도로 자조(自嘲)하며 친구와 술이라면 밤새는 줄도 모르던 그가 이날만은 아무리 말려도 장보따리 때문인지 너털웃음만 웃으면서 가 버리고 말았다.

　이건 내가 상이군인의 비참한 생활을 입 담기가 무서워서, 실로 무서워서, 이런 죄 없는 생활삽화 하나를 꺼내 본 것이지 상이군인 당자들에게 한번 솔직한 감정을 물어보면 그들은 이구동성 한마디로 "우리는 누구 때문에 싸웠고 누구 때문에 불구자나 병신의 몸이 되었는지 모르겠다"는 자기희생(自己犧牲)에 대한 회의가 그들의 첫 고백이요,
"차라리 전사를 했으면 나 한 몸은 편안했을 걸, 무엇하러 목숨이 남아 붙어 가지고 이 고생을 하는지 모르겠다"고 자기의 생명 소생을 저주하고 있는 것이 그들 오늘의 처지다.

　나는 거리에서 담배나 책자나 일용품을 들고 이 집 저 집 문전(門前)을 걸행(乞行)하는 상이병들이나 실업(失業)과 곤비(困憊)에 방황하는 상이병을 만날 때마다 우리 한국엔 방위군 의옥사건(疑獄事

件)보다도 더 크고 중대한 비극이 빚어지고 있다고 느껴져 가슴이 선뜩해지곤 한다.

방위군 의옥사건은 그래도 시간의 경과가 이 상처를 어느 정도 치유해 줄 것이나 이 증가(增加)만 하여 갈 상이군인의 참혹을 어찌 할 것이냐는 것이다.

국회는 아직도 방위군사건의 꼬리를 가지고 정쟁에 이용 분규(紛糾)하고 있으면서도 이 새로이 빚어지고 있는 민족의 중대 문제를 보는 둥 만 둥이니 어찌할 거며 방위군사건에 책임을 지고 김윤근(金潤根) 일당은 극형을 당했거니와 이번엔 누가 책임을 지며 또 그렇지 않으면 이런 참변이 곪아 터질 때까지 기다린다는 말인가!

제2국민병(第二國民兵)사건이나 거창사건은 외지에 보도되어 세계여론화하니까 처결(處決)이 있었고 상이군인 문제는 아직 공론화하기엔 멀었단 말인가!

다른 건 고사하고라도 조국전력(祖國戰力)의 제일원소(第一元素)인 병원보충(兵員補充)을 어떻게 앞으로 하여 갈 것인가?

누가 오늘의 상이군인 처우를 보고 아무리 징집 방식이 애국적이요, 민주적으로 변한다손 싸움을 하러 가러 들 것이며 또 이끌려 간다손 그 사기(士氣)의 저하야 명약관화(明若觀火)가 아니겠는가.

국가에서 제정된 군사원호법에는 상이군인 및 그 유가족에 대하여 생활부조(生活扶助), 의료부조(醫療扶助), 생업부조(生業扶助), 육영부조(育英扶助), 조산부조(助産扶助) 등이 나열 명기(明記)되어 있다.

또 이를 가급적 실현케 할 귀속재산의 공장, 기계들이 아무리 파괴된 대한민국 판도 속에서도 아직 남아 있으며 문둥이 같은 정상배나 모리배들 손에서 좌우되고 있음을 우리는 안다.

이런 이 정상(情狀)에 그 흔한 '대통령의 명령에 의하여'는 왜 없는 것일까?

　대한민국의 4등시민(四等市民) 문화인들의 국가(문총[文總])예산도, 다 돌려도 좋으니 저들에게만은 국가에서 일을 주고 먹게 하라.

불시검문(不時檢問)

　나는 어느날 아침 통금시간(通禁時間)이 지나자마자 동산동(東山洞) 쪽에 볼일이 있어 육군본부 정문 앞을 지나치게 되었다.
　그런데 그 정문에 보초를 섰던 위병이,
　"여보, 여보, 이리 오시오."
　종종걸음을 쳐 가던 나를 불러 세우더니 다짜고짜 나오는 말이,
　"당신은 누구요."
하고 불시검문을 시작하였다.
　나는 길이 바쁜 데다 하도 어이가 없어,
　"그건 왜 물으십니까?"
고 반문하니,
　"왜 묻다니! 응 그래 신분을 밝히지 못하겠다는 말이야?"
병정은 노기를 띠우며 도로 힐책을 하길래 내심 시비를 가릴 생각도 없지 않았으나 '약자평민(弱者平民)'이라, 꾹 참고 무언(無言)으로 신분증을 꺼내 막 제시하는 판인데 안에 있던 위병소로부터 웬 하사관 하나가 달려 나오면서,
　"야, 너 영문보초(營門步哨) 서랬지 누가 길 가는 사람 붙들라고 그랬니?"
하고 상급자로서 부하를 꾸짖는 것이다.
　여기에 답이 궁하게 된 당병정(當兵丁)은,
　"이 사람이 좌측통행을 안 하고 우측통행을 하기 때문에 그래요."

얼떨결에 나오는 수작을 하니 나온 상사는,
"교통위반이야 교통순사나 교통헌병이 할 것이지 네가 무슨 상관이야."
쏘아붙이더니 나보고 공손한 어조로,
"미안합니다, 어서 가십시오."
하는 것이었다.
나는 보초병의 불법한 무례가 시정되었다는 쾌감보다도 그 상급 하사관의 맑고 맑은 태도에 어찌나 감복했던지 종일 기분이 좋아 이런 대한민국의 생기를 마음껏 축복하였다.

전란(戰亂)으로 인하여 모든 국민조직이 해이된 연유로 국민생활의 전반적 감시가 없을 수 없겠으나 그렇다고 이즈음 평시민으로선 거리를 안보(安步)하기를 주저하리만큼 불시검문이 횡행되고 있다.
여기엔 물론 징집이나 징용과 같은 장정확보(壯丁確保)의 합법적 검문이나 조사라든가 군복취체(軍服取締)라든가 기타 위법 단속은 당연한 일이나 전례(前例)와 같은 불법검문은 무슨 기관의 전시신분보장(戰時身分保障)이 없을 것 같으면 일시적 곤욕을 보기가 일쑤다.
이렇기 때문에 각 기관에서 위조 신분증과 가신분증(假身分證)이 난발되고 있으며 이러한 신분증 난발로 말미암아 불시검문과 국민단속이 심해 가고 있는 것이다.
왜제말기(倭帝末期)에 있어서도 아무리 요시찰인(要視察人)이라도 그 사람의 거취(去就)를 미행감시(尾行監視)는 하는 것은 나도 당해 보았고 또 호출장에 의하여 경찰서나 헌병대에 출두를 하였지, 거리에서 불시심문(不時審問)을 당한다거나 인치문초(引致問

招)를 당한 그런 기억은 없다.

"신분을 밝혀라!"
이것은 애국시민에게 대통령도 감행치 못할 언행인 것이다.

자유의 실고(失苦)

실고란 지옥의 형벌을 의미하는 신학적 용어다.

즉 '신(神)을 잃어버린 고통' '지선진미(至善眞美)의 영복(永福)을 누리지 못하는 고통', '무명(無明)의 상태'가 지옥의 형벌인 것이다.

지난 6·25 공산군들이 서울 침입 당시의 이야기다.

소장(少壯)실업가 K씨는 반동분자로 몰려 다짜고짜 아서원(雅叙園)옆 구 왜헌병대 자리에 수감되었다 한다.

그런데 그 유치소는 밖으로부터 창문에 판자로 차광을 시켰는데 그 틈으로 외계(外界)가 가느다랗게 엿보이더란다.

문제는, 이 창틈으로 바라다 보이는 골목에는 K씨의 딸 둘이 연일 교대로 와서 K씨의 이감 여부의 동정을 망보고 섰는데 K씨에게는 기아(飢餓)보다도 죽음의 공포보다도 이 창틈이 더 큰 형벌이더라는 이야기다.

이러던 50여 일 만에 K씨는 그야말로 기적적 탈출에 성공했으니 동(同) 유치장 변소 변기를 들어내고 하수구(下水溝)로 빠져 가슴까지 차는 똥물을 헤엄쳐 하수구(下水口)를 발견, 심야(深夜) 지상(地上)으로 솟아올랐던 것이다.

K씨의 소회(所懷)를 빌면 당시 탈출을 결의할 때 성불성(成不成)은 제2문제(第二問題)요, 자기는 딸을(자유) 향하여 뛰어나가다 죽는 것이 본원(本願)이었다 한다.

나는 소설가 김팔봉(金八峰) 선생의 초과학적 재생이라든가, 또는 무수한 6·25 수난자들의 그 형언을 절(絶)한 고통을 알고 들었으나 K씨의 '창틈에서 받은 고통과 형벌' 이상을 상상치 못한다.

이번엔 작년 12월 북한철수(北韓撤收) 때의 이야기다.

원산항에는 피난민을 이송키 위한 UN군의 함선 1척(艦船一擲)이 출항을 하느라고 선체를 움직이기 시작하였다.

부두에서는 수만의 군중이 봇짐을 메고 든 채 아우성과 통곡이 일시에 충천하였다.

바다에는 아직도 출범함(出帆艦)을 헤엄쳐 쫓는 무리들과 빠져 죽는 무리, 물 위에 뜨는 송장, 이것은 최종 피난선(避難船)에 승선치 못한 원산 시민들의 참경이었다.

나의 지기 M형도 이 틈에 끼어 멀어져 가는 피난선을 우러러 보며 그냥 바다로 뛰어들 생각이었으나 옆에 낀 어린것들 때문에 홀연 결심하고 자유조국의 하늘만을 우러러 기천리(幾千里) 도보남하(徒步南下)를 했다는 것이다.

최근 외신이 전하는 바에 의하면 적도(敵都) 평양을 비롯한 북한 3개 도시에서는 김일성(金日成)의 중공에 대한 매국행위를 규탄 반대하는 민중봉기가 일어나고 있다고 한다.

그들이 오늘날 총검을 가슴으로 받으며 항의하는 것이 어찌 신물나게 보아 온 김일성 도배(徒輩)들의 역적행위에만 있겠으며, 그렇다 한들 이제 단말마의 살벌한 적진 그 한가운데서 맨주먹의 봉기가 자기들에게 어떠한 결과를 가져온다는 것은 그들 자신이 더 잘 알 것이다.

그러면 왜 그들은 이런 우행(愚行)과 만행에 가까운 거사를 하고 있는 것일까?

이것은 오직 국토 재분단을 공포(恐怖)하고 통일의 천연(遷延)을 일시라도 인내할 길이 없는 북한 동포들이 괴뢰들에게 향하여 마지막 생명을 바꾸어 행사하는 실존의 자유요, 그 거부권인 것이다.

그들은 오직 유일의 길, 죽음으로 실존의 자유를 요구 제시하고 있는 것이다.

오늘날 북한 동포들의 순혈의거(純血義擧)는 어찌 우리 민족만이 가진 자유의 실고에 대한 항거며 표백이랴!

공산주의 지배세력 안에 있는 모든 인류 망향(望鄕)의 모상(貌相)이요, 분신인 것이다.

민주세계의 모든 지도자들이여!

이 자유의 무명(無名) 제양(祭羊)들을 그 언제까지나 눈감을 것인가.

자유의 실고 중에서 일어나는 모든 참극 앞에 구원의 손길을 거두고 그 언제까지나 있을 수 있을 것인가.

죄짓는 목구멍

 이제 월여(月餘)는 되었을까 전재(戰災), 피난(避難), 이재(罹災) 조사가 있었다.
 그 조사표에 생계란 기입사항에는 월고정수입·부수입, 지출에는 주식비·부식비·교육비·차가비(借家費) 등의 명세(明細) 기입(記入)이 요망(要望)되어 있었다.
 나는 망설이다가 덮어놓고 정부(定副)수입란에 50만 원이라 적고 지출란에다 역시 통틀어 50만 원이라 기입(記入)하고 말았다.
 옆에서 이를 보고 있던 아내는,
 "언제 당신의 수입이 50만 원이나 되시오."
하고 항의하였다.
 "글쎄 우리 다섯 식구가 살기는 살고 있는데 요새 물가지수(物價指數)로 죽물만을 흘려 넣는 대도 50만 원이 들지 않겠소. 수입이 없었다면 강도나 구걸했다는 것밖에 아닐테니 차라리 이게 떳떳하지."
하고 웃으니 아내도 더 굵지는 않고,
 "그야 그렇지요마는 세금 더 내랄까 봐 걱정예요."
아내다운 소심(小心)을 덧붙이는 것이었다.
 내 월수입을 여기서 밝힌다면 종군작가로서 양미배급(糧米配給)이 월 대두 1두 3승(大斗一斗三升)과 H대 강사료 12만 원, 이것뿐이요, 부수입이란 원고료인데 월균(月均) 10만 원이 될까, 이런 정도다.

그날 모 공리(과장급) 친구를 만났더니 그도 조사표 기입에 곤경을 치른 이야기를 하면서,

"월급 4만 2천 원 가지고 이것을 쪼개다가 땀을 뺐네, 땀을 뺐어."

하는 것이었다.

산 사람 입에 거미줄 안 쓴다는 속담 격으로 지금 한국에 2천만이 살고는 있다. 말하자면 기적적 삶을 영위하고 있다.

그런데 문제는 이 기적적 생활이란 것을 한마디로 따져 보면 비법적(非法的) 생활이랄 수밖에 없는 것이다.

여기에서 범법생활의 합리화를 각자가 자의로 획책하고 있으며 이로 말미암아 국민생활의 도의(道義)는 땅에 떨어지고 만 것이다.

강도가 아니면 걸인에서 민생이 구출되지 않고 이대로 간다면 국민은 모두 다 그대로 죄수가 되는 수밖에 없다.

오히려 죄수가 되는 길이 합법생활일 것이다. 그러면 오늘날 이 모두 다 살고 있다는 대전제를 가지고 오늘의 국민생활을 합리화하고 합법화하는 데 행정기술의 문제가 내재(內在)되고 있는 것이다.

오늘의 국회나 행정부의 소위 정치인들이 가지고 있는 정치의식쯤은 이 나라 백성들이 민주훈련이 안 되어서 표현은 안 하지만 아무리 촌부자(村夫子)라도 다 가지고 있다.

요는 민생을 합법화시킬 정치기술인의 출현이 고대될 뿐이다.

호남지방 모 읍(邑)에서는 국민학교 교원이 굶다 못하여 쌀 도적을 갔다가 발각되었는데 소요(騷擾)에 깨인 아동이 보니 자기 담임 선생이라 울고 말려 쌀 몇 되를 오히려 얻어 가지고 나온 그 선생은 수치심 끝에 그 쌀로 죽을 끓여 거기에 독을 부어서들 마시고

일가가 자살한 사실이 있다.

말하자면 양심이 밝아 이 비법생활(非法生活)을 능히 계책치도 감내치도 못하는 자 이 길 외에 더 있으랴.

합법생활이라는 것이 국민생활의 근본이 되는 것이니 전시하(戰時下)에 있어 막연한 민주행정과 자유경제란 구실(口實) 아래 위정자들이 자기들의 무위무능을 카무플라주하고 있지 않다면 어찌 이다지도 성불성간(成不成間)에 강력시책(强力施策)이 없는 것일까?

장관 의자에 사람이 갈리기보다도 시책의 변화가 좀 있어야겠다.

그리고 만백성들이 하루 한 끼를 먹든가 소금이 없으면 소태를 씹더라도 떳떳이 살아야겠다.

생각하는 갈대

> 이제 속지도 미워하지도 않는
> 너 세월 속에서
> 원수와 원수를 기르는
> 나의 벗들과 마주서서
> (하략)
> ―졸시 〈송영사(送迎詞)〉 일 절

 판문점 회담은 이번엔 그렇다 할 핑계도 없이 해를 넘기고 있다.
 작금에 와서 UN군 측은 적이 우리 포로만 잘 거둬서 내준다면 이쪽에서도 10대 1이든 100대 1이든 전원석방 고려할 것이라고 적선은 주인에게 물어보지도 않고 객이 다하고 있는 셈이다.
 UN군 한 명을 구명키 위해서 그까짓 오랑캐나 생명의 존엄성을 상실한 공산노예들 열 명 스무 명 비할 바가 아니라는 데야 어이없으나 수긍도 된다.
 그러나 이런 건 다 고사할지라도 우리 한국은 괴뢰였던가는 말이다. 김일성 집단이나 모택동 정권이 소련의 괴뢰이듯이 우리는 미국이나 UN의 민주괴뢰였던가는 말이다.
 우리 민족 생리 속에서 꿈틀거리는 이 자연율을 누가 무시하며 정전(停戰)을 하고 석방을 하고 하느냐는 것이다.
 6·25동란으로 말미암아 UN의 십자군 동원은 인류가 자기를 이

상에 접근시켰으며 이제 인류의 자기총명은 정치적이거나 군사적인 어떤 주도자의 합리화된 이기적 오류를 그대로 맹목할 수는 없다.

그야 통일 없는 정전은커녕 미국을 비롯한 전 UN군이 오늘 철수한단들 막을 자도 막을 수도 없을 것이다.

그러나 우리는 자유대한과 민주세계의 사수를 위하여 산화한 국군과 UN군들의 눈감지 못하는 자유생령(自由生靈)들은 더불어 인류사에서 오늘을 문죄(問罪)할 것이다.

이제 우리는 통일에 한 걸음 나아가다 삼천만 전 국민이 옥쇄(玉碎)를 한대도 겁내지 않으리라.

우리는 와전(瓦全)보다 옥쇄를 원한다!

우리는 분단보다 죽음을 택한다.

우리는 이미 쓰러지면서도 생각하는 갈대다.

정당소고(政黨小考)

한국인은 두 사람만 모이면 정당(政黨) 셋이—갑이 하나, 을이 하나, 갑을이 합해서 하나—생긴다는 외국인의 신랄한 야유가 있다.

쾌씸하긴 하나 한때 우리 사회현상은 이런 말을 들으리만큼 결사천지(結社天地)였고 보매 변백(辨白)할 대구(對句)가 없다.

여기에다 세계정당사상(世界政黨史上)에 전무후무한 탈당 성명 기록을 지은 공산당의 '당화(黨禍)'는 우리 정치사에 씻지 못할 흑점이 되어 있다.

5·30선거 때 이야기다.

한 당의 중앙간부로서 한기관 한직장의 중역으로서 동향(同鄕)의 두 사람이 향리(鄕里) 동구(同區)에서 입후보를 하여 세간의 불쾌한 인상을 남긴 일이 있다.

이러한 선거전의 일당양립(一黨兩立), 정립(鼎立)은 비일비재로서 이것이 그래도 현재 한국의 다수당이요, 정당으로 행세를 갖추었다는 민주국민당(民主國民黨)에서 일어나고 있는 사실이다.

당 공천의 단일투표가 안 되는 당이란 그 존재이유가 무엇인지 우리는 모른다. 또 이것은 근간의 예인데 어떤 사회사업기관의 쟁탈소송을 하기 위하여 금일부터 당과 나는 관련이 없다는 탈당 성명서를 보았다.

여기에 이르면 당이란 이념적이고 동지적인 결합이라기보다 이

욕과 명리의 추세기관(趨世機關)이라고 혹언할밖에 없다. 그렇다고 나는 정당 무용론자도 아니요, 또한 어느 정당의 그 정강이나 이념을 모해하려는 자도 아니다.

내가 말하고 싶은 것은 오늘날 정당의 제일요소(第一要素)인 구성분자(構成分子)들에게 향한 민중의 불신을 솔직히 토로해 보는 것이다.

나는 불행히도 우리 우익 정당의 간부 아닌 평당원(平黨員)이란 사람을 한번도 대해 보지 못한 사람으로 이런 것으로 미루어 보아 현존 우리 정당들은 간부보다 평당원이 적다는 것만은 감히 단언할 수 있다.

이런 현실에서 이제까지 초당주의(超黨主義)를 고대하던 이 대통령이 돌연 정당정치(政黨政治)를 강조하면서 작금 신당조직(新黨組織)을 촉진시키고 있음은 전 국민의 주목사(注目事)요, 항간의 화제가 아니될 수 없다. 한국민주정치의 발전성숙이 금일에 와서 광범한 다수당으로서의 신당출현을 필요하게 되었는지 항간의 쑥덕공론처럼 명년에 대통령 재선거와 더불어 막연히 여당세력만 믿고 있다간 죽도 밥도 안 되겠기에 초당주의를 포기하게 하였는지는 여기에 분변측량(分辨測量)해 볼 흥미를 갖지 않는다.

오직 이 대통령의 신당조직 방책인데 그 개조적(個條的)인 성명(聲明) 중 노동자, 농민을 기간(基幹)으로 하는 정당을 만들 것이라는 언명이다.

이 언명은 이 대통령의 일민주의(一民主義)와 결부시키면 신당의 노선이 국가사회주의를 표방하고 있는 것으로 추리되며 이것은 현 민주국민당을 정강이야 어떻든 자민노선(資民路線)으로 간주하고 그 상대적인 표방으로서 수긍이 된다.

그런데 요는 신 정당의 기간이 될 노동자 농민이 어떻게 흡수되느냐 문제다.

듣자건대 현재 촉진되고 있는 신당의 조직이 그 대상을 주로 국민회를 비롯한 관제애국단체(官製愛國團體)의 비민국당(非民國黨) 세력이 목표가 되고 있는 모양이어서 벌써 민국당(民國黨)에서는 저간(這間)을 경계하여 관제 정당의 출현불가(出現不可)의 일침을 놓고 있다.

그러면 과시(果是) 향당세력(鄕黨勢力)의 집회소요 애국행사(愛國行事)의 동원계(動員係)였던 국민회(國民會) 세력이나 관제 '노농총(勞農總)'의 간판을 가지고 노동자 농민을 기간으로 하는 정당이 어찌 태생될 수 있을 것인가?

제헌국회 당시 원내(院內) 여당세력과 원외(院外) 약간세력이 개헌반대를 중심하고 대한국민당(大韓國民黨)이라는 것을 만들어 놓았다. 이제 또 오늘 국회의 여당과 원외 관제단체 일부세력이 규합(糾合)하여 일민당(一民黨)이 성숙해 가고 있다.

이렇게 볼진대 이건 일부 정치가들의 일시적 필요에 의하여 발생하는 정당이지 민중의 요청과 지지에 의하여 출현하는 정당은 아니다.

그러기에 민중들은 정당은 정쟁(政爭)의 기관이나 그 도구로밖에 인식치 못하고 있는 것이다.

신당! 모든 국민 중 반대할 사람이 하나도 없을 것이다. 정말 오늘의 한국정치를 유신(維新)할 민중을 기반으로 한 정당의 출현이 고대되고도 있다.

그러나 신당 간판을 바꿔 붙이는 것이 능사가 아니라 이것보다 먼저 민중 속에서 참된 동지 하나를 얻기에 노력하는 것이 선결문제다.

그렇지 않고서 이 박사의 신당조직 구호는 일부 정상배들의 호이(好餌)가 되어 당쟁의 또 하나 뿌리를 만들 것이다.

승어호랑(勝於虎狼)

예기(禮記) 단궁하편(檀弓下篇)에 이런 설화(說話)가 있다.
공자(孔子)가 산동성(山東省)의 명산인 태산(泰山)을 지나칠 즈음, 어느 두메 무덤 앞에 몸부림쳐 우는 한 여인이 있었다.
이를 본 공자는 자로(子路)를 시켜,
"그내 울음소리의 애절함이 심상치 않으니, 그 무슨 곡절인가?"
라고 물으니,
"기실(其實)은 이 고을 호랑이에게 맨 처음엔 시아버지가 물려가고, 다음엔 지아비가 죽고 이번엔 아들마저 잃어버렸으니 어찌 애통이 이에서 더 하오리까."
그 여인의 대답이었다.
"그러면 그렇듯이 거듭 불행을 치르고도 왜 이 고을을 떠나지 않고 있을까?"
"네, 이 고을은 정사(政事)가 밝소이다."
이야기를 들은 공자는 제자들을 돌아보고,
"그대들은 명심하여 기억하라, 가정(苛政)은 맹호(猛虎)보다도 더 무서우니라."
라고 교훈하였던 것이다.
6·25 때 제일 우리 뼈와 간에 사무친 것은 적 치하(敵治下) 90일 동안, 공산정치의 폭압과 그 공포다.
가정의 공포란 호랑이는커녕 B29의 폭격보다도 더 무서웠던 것을 우리는 기억한다.
　오늘 적침(敵侵) 2주년을 맞으며 우리는 공산가정(共産苛政)에 다시 한 번 몸서리치는 동시에 이 나라 이 땅에 민주선정(民主善政)이 이루어지기를 희구하는 마음 너무나 간절하다.

은인(恩人) '놈'

    30분 전도 못 되는 이야기다.
    아내는 불명열(不明熱)로 자리보전을 하고 누웠고 나는 글을 쓰는데 대문 쪽 방문이 활칵 열리며 총을 든 흑인 병정 하나가 고개를 쑥 디밀고,
    "마담, 있소, 오케."
또 무어라고 지껄이며 방 안을 훑어본다.
    나는 어찌나 놀랐던지,
    "없오, 노, 아니야, 가, 갓뎀?"
그저 막 나오는 대로 주워섬기며 소리를 질렀더니 그는 악의에 찬 눈초리로 나를 쏘아보며 입에 담지 못할 쌍욕을 남겨 놓고 비틀거리면서 나가 버렸다.
    그제서야 반쯤이나 기절할 뻔 했던 아내는,
    "저 ○○놈들 때문에 우리 부녀자들 간이 다 떨어질거야."
마구 저주(詛呪)였다.
    나는 일어나 문고리를 걸려고 방문을 다시 여니 그 앞에는 아내의 헌 흰 고무신 두 짝이 놓여 있었다.
    "음, 신은 왜 여기다 갖다 놓았어?"
    "아참, 아까 대문을 열고 그 문으로 들어오고 잊어버렸어요."
    나는 짐작이 되었다.
    대문이 열려 있고 문간방 문 앞에 여자 고무신이 놓였으니 때마

침 지나가던 모주병정이 창녀방으로 오인하고 들렀던 모양이다.
 그래도 아내는 놀람에 대한 여분(餘憤)이 가라앉지 않아 '놈' 자가 말끝마다 달리는 전(全) UN군 풍기(風紀)에 향하여 실언과 혹언이 얼마쯤 계속되었고 나 역시 하마터면의 봉욕(逢辱)에서 오는 불쾌 속에서 잠잠히 듣고만 있었다.

 모 문인이 어떤 기회에 미군 정훈장교(政訓將校)에게 왕왕(往往) 우리가 보고 겪는 UN군의 행패를 지적 항의한 바 있었더니 그 장교 소답(笑答) 왈,
 "선생, 한국전선(韓國戰線)에 참가하고 있는 군대들 목사 출신 아닙니다. 싸움만 아는 병사입니다. 목사들에게 총을 들려 보내왔더라면 폭행 하나도 발생치 않았을 것이요, MP도 소용없었을 것이나 가장 중요한 싸움은 못했을 것입니다."
하더란다.
 우리는 이 서양적인 함축이 품은 답변을 음미해 보면서 UN군에 대한 오늘의 우리 언사와 태도와 향심(向心)에 반성이 있어야 할 것이다.
 해방의 은인이 삼인칭으로 불리울 때는 그저 ○○○, ○○요, 정의의 사도가 일락(一落) ○○○ ○○새끼 ○○자식들이요, 통칭(通稱)이 ○놈들이니 미국인이나 UN군에 향하여 존대는 못할망정 이렇게 하대(下待)하는 오늘의 우리 입버릇은 마땅히 고쳐져야 할 것이다.
 이 칭언(稱言) 속에는 자력해방(自力解放)과 자주독립(自主獨立)을 성취 못한 국민의 비틀어진 감정과 고유도덕(固有道德)에 대한 자긍(自矜)이 섞였으리라고 보나 상기(想起)하여 보면 우리가 해방 당시 진주군(進駐軍)을 환영하던 때나 6·25 적침(敵侵) 당시 UN군의

상륙을 볼 때 우리의 감사지념(感謝之念)과 감격은 어떠하였던가?

그러던 것이 불과 수년 남짓한 오늘 더욱이 앞으로도 자유조국의 수호와 멸공투쟁을 위하여는 종신전우(終身戰友)가 되어야 할 우리가 그들을 직업병사시(職業兵士視)하고 또 무뢰한(無賴漢) 칭호(稱號)를 한대서야 어찌 될 말인가.

그야 동서고금 어느 국가 어느 민족의 병대(兵隊)치고 군율(軍律)대로만 충직한 신사들의 집합일 수는 없다.

그러므로 왕왕 있는 병사들의 본능적인 행위란 일종의 필요악이기도 하다. 때문에 이 필요악을 제거하는 데는 그 기회를 방지 단속하는 것이 그들을 위하여도 우리를 위하여서도 유일의 방책일 것이다.

올 스톱

 주일대표부(駐日代表部) 참사관으로 있던 김길준(金吉俊) 부부가 참사(慘死)를 한 후 그의 가산 처리 여문(餘聞)이다.
 참사 당시 씨의 가정에는 두 살인가 된 젖먹이 유아(遺兒)와 고용을 살고 있는 일인(日人) 하녀가 있었는데 이 하녀는 흉보(凶報)를 받자 평소 기록(記錄) 소지(所持)하였던 김길준 씨 가정의 귀금속 등 가장(家藏) 메모를 들고 관내(管內) 파출소로 찾아가서 보관물품목 검사를 의뢰(依賴)했다는 이야기다.
 이 일본 하녀의 조그마한 인정 가화(佳話)를 왜 꺼내는고 하니 이즈음 서울을 다녀오는 수많은 인사들이 이구동성으로 통탄하는 말이 서울의 선착(先着) 복귀민(復歸民)들이 하는 짓이란 제 집 담장이 없으면 남의 집 담장을 떼어다 막고, 제 집 기왓장이 날아 버렸으면 남의 집 기와를 떼어다 올리고, 심지어는 남의 집 기둥마저 빼어다간 제 집을 새로 세운다는 기가 찬 이야기니 이로 미루어 보아 딴 만사가 얼마나 한심하리라는 것은 가히 추측되고 남음이 있다.
 이러한 현상과 독소는 서울이나 일부 무지에 속하는 세민층(細民層)의 생존경쟁에만 부식(腐蝕)되고 있는 것이 아니라 한번 돋보기를 쓰고 우리들의 모든 사회현상을 부감(俯瞰)해 볼 때 전체 현상에 만연되고 있는 것이다.
 그러면 우리는 이 사회도덕의 파괴와 국민생활 윤리의 해이를 묵과하고만 있을 것인가! 전쟁으로 인한 극도의 인간성 마비를 어찌하면 경각(警覺)시켜 구출할 것인가!

　연전(年前)부터 우리 시단(詩壇)의 기숙(耆宿)인 공초(空超) 오상순(吳相淳) 선생께서는 이러한 심원(心願)을 가지고 계시다.
　뭐 신통하고 새로운 비법인 것이 아니라 국민적인 묵념시간을 하루에 단 1분이라도 국가적으로 설정하자는 것이다.
　저 일제 때 각 기관이나 직장은 물론 가정에서까지 아침엔 소위 궁성요배(宮城遙拜)와 정오의 묵념시간을 우리는 우리대로 살려 국민성찰의 1분을 설정하여 '올 스톱'으로서,
　"나는 사람으로서 사람의 짓을 하고 있는가?"라든가,
　"나는 자유조국 투쟁에 무엇을 봉공(奉公)하고 있는가"라든가를 한번 상기시켜 보자는 것이다.
　이것은 뭐 국민신앙(國民信仰)이라든가 국교설정(國敎設定)을 전제하려는 것이 결코 아니요, 하도 한심하게 마비(痲痺)해 가는 우리 한국에 먼저 시용(試用)시켜 보자는 것이지 공초 선생의 원망(願望)은 이에서 그치는 것이 아니라 전 인류의 '올 스톱' 시간을 설정하여,
　"사람이란 무언고?"
　"나는 왜 살꼬?"
　이런 엉뚱한 반문을 시켜 볼 양이면 어떤 형식의 평화기구보다도 그 효용에 있어서도 월등무비(越等無比)하리라는 소신을 가지고 계신다.

제후지병(祭後之餠)

만인(萬人)이면 만인(萬人)이 다 세계 민주주의의 승리와 자유조국의 최후 승리를 확신하고 있으며 누구나 다 이를 입 담고 있다.
또한 이와 반비례로 오늘의 수많은 동포들이 이 자유조국 투쟁에서 자기희생만을 쏙 빼놓고 승리를 염원하고 있다는 경이할 사실을 우리는 발견해야 할 것이다.
즉 굿은 남이 하고 나는 떡만 받아먹겠다는 이런 몰염치한들이 우리 총후(銃後)에 횡행하고 있다.
징용기피(徵用忌避), 징집기피(徵集忌避), 일선기피(一線忌避), 전쟁모리(戰爭謀利), 국외도피(國外逃避) 등, 매거(枚擧)하기도 어려울 만큼 반전(反戰)과 염전(厭戰)의 풍조가 총후에 만연하고 있으면서도 민주주의와 자유조국의 승리만은 구가되고 있는 것이다.
이런 반증(反證)은 일선(一線)에서 후방에 연락(連絡) 온 장병들에게 들으면 우리는 언뜻 알 수 있다.
저들은 가장 소박한 분노로써 먼저—우리는 누구를 위하여 무엇 때문에 싸우는 것이냐고 총후를 힐책한다.
다음에 그중에도 너그러운 장교들은—우리가 싸우니까 저렇게 국민들은 안락하고 있는 게지!
하고 자위(自慰)한다.
그러나 그들에게 주는 치명적인 공감(共感)의 하나는,
—죽는 놈만 불쌍하지!

이것인 것이다.

　그래 자유조국의 투쟁과 승리 앞에 죽는 놈만 불쌍해서야 될 말인가.

　우리는 여기에서 순식간(瞬息間)만이라도 저 공산 치하의 동포들의 참상을 상기하여 보자. 그들은 하루에도 수만 톤의 폭탄세례를 받으며 강징(强徵)과 살인적인 학정 밑에 이 전쟁을 치르고 있지 않은가. 거기에 비할 때 우리는 얼마나 편안한 싸움을 하고 있는가.

　우리는 이제 새로운 결전(決戰) 앞에서 다시 한 번 자기의 전의(戰意)와 전력(戰力)을 점검해 보자!

　그리고 자기에게 부지중 침식되어 있는 희생 없는 승리를 탐하는 불순정신(不純精神)을 불식해 버리자.

　자유조국의 승리 앞에 떳떳이 영광을 누릴 자 되자!

봉사(奉仕)의 자유
― 미 공보원(美公報院)〈동아(東亞)〉지 배부에 일 언(一言)

외인 종군기자와의 환담회 석상에서 나는 저명한 벨레스 씨와 이런 대담(對談)이 있었다.

벨레스 씨 왈 "나는 한국정부를 비판적인 눈으로 보는 사람인데 한국의 언론인들은 자기의 올바른 의사를 마음껏 표현할 명석한 두뇌와 그 문필 기술을 소유하고 있다고 나는 믿고 있소. 그런데 귀 정부의 어떤 압력으로 그 능력이 상실당하고 있음을 동정하는 바이오."

하고 신랄한 일시(一矢)를 보내왔다.

나는 답 왈 "고맙소, 그러나 한 가지 당신의 관찰 중 미급(未及)한 게 있으니 그것은 다름이 아니라 우리 한국의 언론인들은 이 조국흥망(祖國興亡) 앞에서 '펜의 자유'보다 '조국의 자유'에 더 많이 봉사하는 것을 언론인의 영광스러운 사명으로 알고 있소. 이것은 의식적이든 무의식적이든 우리들 감정의 자연율이 되고 있는 것이오."

이 나의 답변은 외국 기자에게 체면을 세우기 위한 준비되었던 언사가 아니라 지각 있는 우리 신문인(新聞人)들은 누구나 다 나와 같은 소신을 가지고 있을 것으로 안다.

10여 일 전 T신문사 사장실에 마침 들러 원고를 쓰고 있노라니 대구 미 공보원 감리관 씨와 그 통역관이 와서 동사(同社) R사장과 대담을 하고 있었다.

그 대담을 잠깐 실례하여 여기에 공개하여 보면,

감리관 왈 "우리 공보원에서는 동아일보를 한 부씩 대구 각 신문사에 매일 보내고 있는데, 그것을 받으셨는지? 안 받으셨는지? 그리고 동아일보를 어떻게 생각하시는지? 또 동아일보의 논설이나 기사를 인용하시는지 안 하시는지?"

R사장 답 왈 "아 그래요! 편집국에 왔는지 사장실에선 아직 못 보았습니다. 동아일보야 나와 같은 민주국민당의 기관지이니까요, 좋고 말고요, 그 신랄한 정부비판도 당의 배경이 있으니 말이지 타 언론기관이나 기자로선 감불생심(敢不生心)이죠, 전재인용(轉載引用)이야 어디 남의 신문을 할 수 있습니까?"

감리관 왈 "그러세요, 전재인용의 책임은 우리 미국 공보원이 질 터이니 얼마든지 인용전재(引用轉載)하십시오" 하고 이 감리관 씨는 신문인 아닌 신문사장, 호호야(好好爺)의 무죄한 답변에 사뭇 만족의 웃음을 띠우며 돌아갔다.

나는 감리관이 돌아간 후 길에서 M신문사 주필을 만나 미 공보원 신문 배부 여부를 따지며 "그래! 당신은 동아일보 가지고 민주주의 공부를 하고 있는 셈이요, 그걸 왜 돌려보내지 않소."
하고 야유조로 질문하니 그 주필도 웃으며,

"그저 미국 공보원이 무슨 의도든 대구까지 호의로 매일 갖다 주니 돌려보내기도 무엇하고 그래 받는 것이지, 그렇게 신문교과서(新聞敎科書)로 필요하다면 우리가 사서 보지. 미국인들도 어떤 때는 우리 민도(民度)를 필요 이상으로 낮게 본단 말이야! 그렇게 한국 언론인에게 대하여 인식부족이람."
하는 것이어서 우리는 둘 다 웃고 말았다.

나는 추측건대 미국 공보원 동아일보 배부의 의도가 교육적 목적 이외에 타의가 있을 리 만무하다고 생각하고 있다. 또한 현재 교통 불편한 이 시기에 동아일보를 대구까지 매일 가져다가 배부해 주는 그 성의에 최대의 경의와 감사를 표하기도 한다.

한 걸음 나아가서는 동아일보에 비하여 한국의 대부분의 신문 논설과 논조가 민주여론으로서 지극히 징온적(徵溫的)임을 자각도 하고 있으며 해언론인(該言論人)들의 일부가 협심증에 걸려 있음을 어느 정도 자인도 한다.

그러나 지각 있는 한국 언론인으로서는 일개 정당을 전 국민 배경보다 더 크다고는 믿지 않고 있으며 또한 동아일보의 논설이나 논조를 교과서로 삼으리만큼 무위(無爲) 무능(無能)하지는 않을 것이다.

오히려 수많은 언론인들은 일개 정당인(一個政黨人)으로서의 눈[眼]으로 오늘 현실을 보려 들기보다 한 국민의 눈으로 보려 들며 펜의 자유보다 조국의 자유에 더 봉사하려고 노력하고 있는 까닭이리라.

모름지기 대구 미 공보원은 신성한 민주주의의 교육 목적이 일 정당(一政黨)의 눈을 통하여 좌우되지 말기를 또 이런 오해를 한국인에게 받지 말기를 일언(一言)해 둔다.

민족의 금도(襟度)

"나의 평생 소원이 무엇인가 하면 일본 동경에다 총독부를 차려 놓고 왜놈들에게 탄압정치를 복수하는 것이다."

이 혹독한 절구는 우리 민족생리적(民族生理的)인 애국자 김구 선생 입에서 일제 때 흘러나온 말이다. 그렇다! 우리의 민족생리는 아직도 저 일제 학정의 멍으로써 오늘도 때마다 강렬한 복수심과 적개심에 꿈틀거리고 있다. 이 상처의 역정(逆情)은 대일강화(對日 講和) 상항조인(桑港調印) 전후로 해서 더욱 절정에 올라가고 있다.

"왜놈, 그 원수놈들은 잘 되어 가고, 우리는 못살게만 되어 가고, 강화회의(講和會議)엔 우리 한국은 초청도 안 되고, 한국과는 교전한 일이 없으니 단독강화(單獨講和)의 필요조차도 없다고 무시하고 달려들고, 그저 마음대로만 된다면 단단히 경을 한번 쳐 줘야 이 속이 후련할 터인데, 그리고 독도도 대마도도 찾아야겠는데, 이 형세로서야 그것도 원 잘 될는지."

이런 독백이 우리들의 작금심정(昨今心情)을 지배하고 있는 것 같다.

그러나 한편 돌이켜 생각할 때 이 지구가 멸하기까지는 떠날 수도 없는 이웃과 이런 어제의 감정만을 가지고 살 수 있을 것인가?

이웃사촌이 땅 사는 데 배 아파[腹痛]만 하고 있으면 무엇 하는 것일까? 우리는 다시 한 번 반성해 볼 필요가 있다.

일전에 일본 기자들이 한국전선(韓國戰線)에 종군을 와 부산에

들렀는데 부산 모 신문은 그 2면 머리에다 5단으로,

"돌연 항도(港都)에 게다짝 소리, 왜 기자(倭記者) 대로(大路)를 횡행(橫行), 각 관청(官廳)은 면회사절표(面會謝絶票) 첩부(貼付)"

라고 대서특기(大書特記)하였다.

그 일본 기자들 팔에는 'UN·CORRESPONDENT'라는 마크가 붙어 있었다. 그들은 일제 왜 기자로서 한국에 공산 침략전에 가담하러 온 것이 아니라 신생 민주일본의 기자로서 UN보도원의 일원으로 UN군의 용기를 전 세계에 보도하러 온, 말하자면 우리 편이 되어서 온 일본 손님의 효시였던 것이다.

이런 사리를 분변치 못한 감정적인 대일관(對日觀)으로써 어찌 신생 일본과 민주발전을 경쟁할 수 있겠는가?

일본이 강적이면 강적일수록 우리는 이런 감정을 억제하고 이성을 회복하여야 하며 이해가 양립되면 될수록 대국민적(大國民的) 금도(襟度)를 가지고 대일외교(對日外交)에 처(處)해야 할 것이다.

그래야만 민주우방(民主友邦)의 협조도 우리에게 올 것이요, 독도나 대마도를 찾는다든가 무수히 누적하여 있는 대일문제(對日問題)를 해결하는 데도 우리의 감정이 선입(先入)된다면 백해무익(百害無益)일 것이다.

더욱이나 일본이 민주국가의 일원으로서 갱생할 것을 서약한 금일에 있어서 그저 가만히 뽑을 수 있다면 대들보라도 뽑아 버리겠다는 그 심정만은 우선 우리가 청산하여야겠다.

지난번 전기(前記) 일인 기자(日人記者)들과의 좌담회 석상에서,

"그대들은, 그대들 눈에 보이는 일본식 건물이나 공장들이 그대들 것으로 보이는가?"

라고 육박(肉迫)한 후 한국민에게 무슨 이야기가 없느냐고 그랬더

니 일본 기자 4명은 하나같이,

"좀더 신용하여 주십시오."

라는 것이 그들의 원망이었다.

　물론 외교와 정치는 무수한 복선 속에서 그리 단순치는 않을 것이나 우리도 근본적 자세에 있어서는 민주일본에 향하여 필요 이상의 시기심을 버리고 신용할 때까지는 신용하자! 아니 나아가서 대국민(大國民)으로서 지엽적 문제는 알면서 속아도 보자!

　그리고 찾을 것을 찾자. 그리하여 어제의 원수를 용서하고 오늘의 벗을 어찌하면 잘 만들까 생각하여 보자. 그도 잘 살고 우리도 잘 살기 위하여 이웃사촌 땅 사는 데 너무나 배만 앓지 말자!

송영무감(送迎無感)

해를 바꾸느라고 그러는지 갑자기 주위가 수선스러워진다.
신문사에서 이런 쪽지가 전해진다.
"새해 염원은"
"새해 희망은"
"새해 계획은"
"새해 포부는"
등 그 소리가 그 소리인 하나 같은 우문(愚問)이다.
 이제 세월에다 나의 염원이나 계획을 걸기엔 나는 너무나 현명하다 할까!
 어처구니없는 일은 이런 물음에다 '통일'이니 '평화'니 또는 무슨 '사업'이니 하고 내거는 몰골들이란 세월 편에서 생각하여 보면 무죄한 미소를 금할 길이 없을 게다.
 그저 모두들 또다시 세월에 속아 볼 구실을 장만하러 드는 것이다.
 그러나 나도 무슨 의의를 송영(送迎)에 부쳐 보려 들며 연령들을 한 살씩 더 먹으니까 하고 자기를 물어본다.
 그러나 나는 한 살 더 먹어 보았자 한스러울 나이도 아니요, 또 자랑스러울 나이도 아니다. 더욱이나 인생이나 청춘의 아쉬움이 이 마당에서 있을 것인가.
 그러니까 도무지 해가 바뀌고 말고 하는 것이 귀찮은 노릇 같다.

그래도 예로부터 사람들은 세월의 흐름 중에도 이 해가 바뀌는 데다 어떠한 새로운 자기 모멘트를 지으려는 것만은 사실이렷다.

그러면 모멘트를 짓지 못 하는 생활은 벌써 하나의 생활의 타성임엔 틀림없다.

그러나 나는 다시 한 번 나를 고집해 본다. 모멘트의 타성은 더욱 무서운 것이리라고!

고민의 과대망상(誇大妄想)

일체를 고민한다는 것은 하나도 옳게 고민치 못한다는 것과 다름이 없을 것이요, 또한 일체의 고민은 하나의 고민도 해결하지 못할 것이다.

그럼에도 불구하고 오늘의 우리들은 막연하나마 이러한 일체의 고민 속에 항용 빠져 있음을 인지할 수 있다.

이 예로는 누가 우리에게

"그래 네가 고민하는 것이 무엇이냐?"

하고 질문한다면 우리의 고민을 적중(的中)하게 답변해 낼 한 마디에 궁할 것이다.

조국의 화란(禍亂), 사회의 모순, 청춘의 오뇌(懊惱), 생활의 위협, 질병, 가정비극(家庭悲劇), 실연(失戀), 사업실패 등 열띤 생명들이 고민할 소재란 실로 무한대(無限大)하다.

신학적인 용어를 빌린다면 악이란(윤리악, 물리악) 절대(전능[全能], 전선[全善], 전지[全知])에 대한 결핍상태를 의미하는 것이기 때문에 결국 인류는 이 결핍상태 속에서 물리악(物理惡), 윤리악(倫理惡)의 일체(一切) 현상을 고민의 소재로 삼고 있는 것이다.

그러나 현 고민상태의 씨란 정직하게 발견하고 보면 이러한 무한대의 소재 속에서 가장 비근하고 평범한 데 있다.

내가 연전 동경 있을 때 일본 인생지도자 중에 이시마루 고헤이(石圓悟平)라는 사람에게로부터 이런 말을 들은 적이 있다.

이시마루 씨에게는 수년래 어떤 시골 청년으로부터 정신지도(精神指導)를 의뢰하는 편지가 계속되었는데 그 청년은 상당히 유식한 청년으로서 선철(先哲)들의 이름 또는 그들의 정신편력(精神遍歷)들을 열거하며 자기의 현 정신상태에 구원이 못 된다고 측정개탄(測定慨嘆)하였으며 특히는 염세적인 철학자들의 이름이 많이 동원되고 있었다 한다.

그런데 그 언젠가 한동안은 편지가 멈췄던 그 청년으로부터 돌연,

"선생님 그동안 너무나 정신번루(精神煩累)를 끼쳐 드려 죄송스럽습니다. 소생은 기실 그동안 성병(性病)에 걸려 고민하고 있었던 것입니다. 우연한 기회에 명약(名藥)을 구득(求得)하여 복용하고 이제는 완쾌에 가깝습니다. 이제 새로운 인생 희망 속에 살게 되었습니다."

라는 편지가 날아왔다는 것이다.

그 말을 하던 이시마루 씨는,

"임질이면 ○○약을 먹고, 매독이면 ○○주사를 맞아야지 괜히 나를 수년래 붙잡고 니체가 어떠니, 쇼펜하우어가 어떠니 하면 니체가 성병이야 어찌 고친담."

하고 자기도 웃고 그때 듣고 있던 우리도 웃었다.

페니실린이니 무어니 하는 명약들이 발명된 오늘에야 성병이 한 청년 인생의 결정적 고민으로 혼동될 리 만무일 것이나 당시는 청년들의 고민의 씨는 이러한 데 많이 숨어들 있었던 것이다.

그러므로 우리 고민의 씨란 저 성병 앓는 청년과 마찬가지로 항용 사소하고 신변적이요, 특수적이요, 개성적인 데 들어 있는 것이다.

빚에 쪼들리고 있다든가, 계급과 월급이 안 올라간다든가, 어떤 처녀와 결혼이 하고 싶다든가, 하고 싶은 옷치장을 못 한다든가,

가정불화가 있다든가 등 아주 비근하고 평범한 데 깃들어 가지고 이것을 합리화하고 과장하여 가지고는 전 인류의 보편적인 고민과 혼동하고 또 필요 이상의 고민에 허덕이고 있는 것이다.

또 하나 예로는 여성에 있어서 얼굴이 추하다든가 의수나 의족이라든가 맹아라든가 이러한 물리악적인 불행을 지닌 자들은 그 불행 자체를 전 인생의 고민과 혼동 미분변하고 자기를 개척할 것을 단념하고 인생을 절망 속에 몰아넣어 버리고 마는 것이다. 헬렌 켈러 여사는 삼중고(三重苦)도 초극하고 당당한 인생을 영위하고 있지 않는가.

여기에 우리는 먼저 자기의 특수적이요, 신변적인 고민의 씨를 발견하여 이를 해결하고, 또 그 불행을 초극함으로써 전 인류의 물음을 다시 고민하여야 할 것이다. 고민의 과대망상증에 걸리지 말아야 할 것이다.

한자제한론(漢字制限論)

　오늘은 한글 반포 505주년 기념일이다. 멀리 우러러 한글을 창정하신 세종대왕의 그 위업을 흠모하는 동시에 때에 보필에 임한 성삼문을 비롯한 학자들의 연학(硏學)의 정열과 그 업적에 다함없는 추모의 정을 금치 못하는 바이다.
　그러나 이날 우리는 여기에 한글의 어음학적인 우수성이나 문자로서의 조형의 오며를 차탄하는 등 한글예찬을 되풀이하기보다 오늘날 한글전용과 더불어 일어나고 있는 한자존폐 문제를 검토해봄도 무의미하지는 않을 것이다.
　해방 후 한글 전용화 및 국어정화 운동은 민족문화 회복의 기초가 되는 운동으로서 당연지사였으며 제헌국회에서 한글전용화법이 통과된 것은 우리 민족문화 사상에 획기적인 거사요 이 사실은 한글을 연찬 수호해 온 학자뿐만 아니라 국민 전체가 이를 지지 찬성해 왔던 것이다.
　그럼으로 국민학교나 중등학교의 교과서는 일체 한자혼용을 철폐 하였으며 당시 학계의 갑론을박이 있을 때마다 사회의 물의를 자아내면서도 현재까지 이를 단행하고 있다.
　그러나 국민교육의 한글전용과는 반대로 일반 사회의 일체 문자 현상은 과거의 한자혼용을 고지하고 있을 뿐 아니라 시간이 경과할수록 이 양자 간에 일어나는 역행과 그 피해는 이제 수습지 못할 제문제를 초래시키고 있는 것이다.

비컨대 중등교육을 필한 청년이 신문을 읽지 못한다든가 하는 것은 예상사요 극단적인 예로는 금년 입학기 고등학교 수험생들이 한자로 쓰여진 모집요강을 해득지 못하여 일일이 교무처에 구두로 문의하였다는 등 실로 웃지 못할 희비극을 연출하고 있는 것이다.

이러한 학원과 사회의 역행을 일부분의 순수학자들이나 한글전용 주창자들의 입을 빌면 국민적 각성의 결핍을 지적 통탄하고 있는 동시에 국가적인 강력시책을 요구하고 있으며 이 반대학자와 일반 사회 식자층은 한글전용 주창자들의 비현실성을 규탄 저주하는 동시에 한자혼용의 재교육을 요구하고 있다.

그러면 이러한 한글전용의 이상과 한자혼용의 현실적 거리를 어찌 메꿔야 할 것인가 하는 것이 여기에 주장하고 싶고 또 식자 간에 일어나고 있는 점진적 한자폐지론인 것이다. 즉 한자의 제한론이다.

여기에는 1천 자 제한 주장도 있고 1천3백 자, 1천5백 자 주장도 있으나 여하간 현실적으로 피치 못하게 통용되는 한자만을 최소한도로 제한하는 동시에 이 필수한자만은 초중학으로 적정분배하여 필수과목으로 교육시키며 사회의 일반문자도 이 필수한자를 제한 일체 한자혼용을 철폐시키는 것이다.

여기서 과학적 통계를 산출하지 못하나 만약 한자를 천자문 정도로서 우선 제한한다면 국민학교에서 3백 자 정도 중등학교에서 7백 자 정도는 과거 일제 때 소학교에서 3천 자 학습과 비교하여 볼 때 아무런 학생두뇌의 부담이 안 될 것이며 또한 한글 발전에도 지장이 없을 것이고 고등학교 이상 전문교육에 있어서는 서구라파의 라전어(羅甸語) 습득이 고전 연구에 기본이 되어 있는 것과 마찬가지로 한문 자유연구에 의존시키는 것은 논외에 일일 것이다.

이러한 학원의 제한한자교육과 더불어 사회의 일반출판물 특히 신문, 잡지나, 공문서 작성 등에 제한한자 실시가 병행되어야 함은 물론이며 이러한 선례로는 북한 괴뢰들의 한글전용 실험 전례로 보아도 불가능사가 아님을 우리는 알 수 있다.
　단일 민족, 단일 언어, 단일 문자는 모든 민족의 이상이며 또 천혜(天惠)를 받고 있는 배달민족의 비길 수 없는 자랑이 아닐 수 없다.
　그러면 이러한 민족이상을 조속히 달성키 위하여 우리는 이상과 현실의 거리를 문화민족의 예지와 전통으로서 조화시켜 나갈 결심을 세우는 것이 오늘 한글 505주년 기념을 맞는 국민의 자세일 것이다.

종군작가(從軍作家)의 변(辯)

종군작가란 그야말로 무등병(無等兵)이다. 아무런 특권이 있을 리 없고 소위 보급(補給)이 있는 것도 아니다.

전선(戰線)엘 가면 군천막(軍天幕) 청부업자로 오인당하기가 일쑤요, 고작하여야 어디 신문기자로들 안다.

한번 전선출동(戰線出動)을 하고 나면 가뜩이나 가난이 낀 문사(文士) 살림에의 최소한 10여만 원의 부채가 늘어 작가의 아내들로 하여금 이제는 효력도 바라지 않는 바가지를 더 긁게 하고 작가는 작가대로 사각의 원고지 구멍을 홧술에 곤드레가 되어서도 밤을 새워가며 메꿔야 하고…….

그렇다고 신문기자들처럼 전선(戰線)에 다녀온 기록이 그 이튿날로 기사보도(記事報道)되어 사회적인 효용을 일으키는가 하면 작가들의 처지란 그렇지도 못하여 전선 메모가 하나의 소재로서 작품화되기엔 한 달이 걸릴는지 10년이 걸릴는지, 아니 영영, 작가들의 뇌나 가슴속에서만 사라져 버릴는지도 모를 이렇게 언뜻 보기에는 무능(無能), 무력(無力), 무효(無效), 무미(無味)한 전선출동(戰線出動)을 종군작가단원들은 한 달에 한 번씩 의무적으로 되풀이하고 있는 것이다.

그러나 작가들의 흉중에나 그 뇌리에는 분초도 쉬지 않고 저 비명 속에 져 가는 자유조국의 용사의 그 모습과, 또 세계사적 한국전선(韓國戰線)에서만 현현되고 있는 인류선악전쟁(人類善惡戰爭)

으로서의 거창한 소재, 이것을 놓치지 못할 결의와 의무감에서 불타고 있는 것이다.

오직 이 인류전쟁 속에 내재된 처절한 소재를 개작 재현함으로써 새로운 인류의 정신혁정을 기할 자 우리뿐으로 믿고 있기 때문에, 민족의 혈맥(血脈)을 구현시킬 자 우리뿐으로 알기 때문에, 작가들은 오늘도 내일도 전선으로 전선으로 달리고 있는 것이다.

지난 1년 종군작가들에게서 허다한 전쟁문학작품이 생산되었으나 아직도 이것이면 하는 세계성을 띠울 만한 작품의 출현이 없는 것은 작가 자신들도 인정하고 있다.

그것은 우리 작가들의 노력과 역량 문제도 있겠으나 여기에는 현실적인 명제가 문학의 현실부정적 생명연소(生命燃燒)를 여과하지 못한 채 강요된 긍정에 나아가야만 하는 불가피의 시간적 현상이기도 한 것이다.

그러나 이러한 문학 본령의 문제는 그들 자신이 해결할 줄 믿지만 종군기(從軍記)를 쓴다든가 전선을 소재로 한 작품은 그 발표기관이 신문사라든가 출판사에서 경원 기피하고 에로라든가 이러한 저속한 독자들에게 충동적 영합출판(迎合出版)만을 위주(爲主)하려드는 이 사회 경향을 어찌할 것인가.

이제까지 애국시집(愛國詩集) 한 권 전쟁문학작품집 한 권 변변히 나오지 못한 그것을 당로자(當路者)들은 어떻게 볼 것인가. 작가단의 기관지 〈전쟁문학(戰爭文學)〉이 계획 1년에 겨우 한 호 내놓고 또 반 년을 쉬고 있는 이 현실을 작가들의 무능만으로 돌릴 것인가!

우리 작가들은 전선 화염 속에서 우리 용사들이 어떻게 싸우고 있는가를 보는 동시에 조국이 무엇인가를 보아 왔다.

또 인류가 어떻게 지향할 것인가를 보아 왔다. 우리는 이것을 그리고 싶다. 또 외치고 싶다. 민주세계 방방곡곡을 순례하면서라도 우리가 흐리지 않은 눈으로 본 이 헤아릴 수 없는 생명의 절규와 인류의 정의와 평화의 서곡을 외쳐 전하고 싶다.

이제 불만은 그만 털어놓는다.

그리고 차라리 조국의 승리와 그 영광 속에 우리 붓의 영광을 찾을 것이다.

인류의 자유제단(自由祭壇)에 우리의 붓을 바칠 것이다.

토비후문(討匪後聞)

1. 귀순공비의 고백

지리산 지구에 가서 귀순자나 생포된 공비를 붙잡고 물어본다.
"왜 산에 들어갔던가."
"안 가면 죽인다니까요."
"왜 여적 산속에 숨었던가."
"나오면 죽인다니까요."
"대한민국과 인민공화국을 어떻게 생각하는가."
"이제까지 우리는 아무것도 몰랐어요. 양쪽에서 똑같이 보호받지 못하였으니 두 곳 다 똑같이 무섭기만 했지요."
열이면 열 백이면 백에게서 곧 들을 수 있는 원망이 어린 고백들이다.
말하자면 죽인다니까 산사람이 되었고 죽을까 봐 공비 노릇을 하였고 이제 살린다니까 살길을 찾아 나왔다는 것이다.
그러니 이제까지 우리 대한민국은 그들에게 산다는 것 즉 생존의 담보를 못 해 주었던 것이요 대한민국과 생사를 같이 하여야만 참되게 사는 길이요 인민공화국과의 생사는 민족반역의 길이라는 생활의 진도(眞道)를 가르쳐 주지 못했던 것이다.
이래서 그들의 칡줄처럼 강인한 생명욕(生命慾)과 생활력(生活力)을 가까운 공산당 위협에 통째로 매매당(賣買當)하고 말았던 것이다.

여기에 좋은 예로는 아직도 부분적으로 남은 적성부락(敵性部落)에서는 공비가 나오면 공비를 감춰 주고 군경이 가면 군경을 숨겨 준다는 괴이한 현상이 연장되고 있다. 이것은 인민공화국과 대한민국의 후환이 똑같이 무섭다는 것이다.

이제 지리산에는 무장한 공비수(共匪數)란 불과 2백여 마리밖에 안 남았다 한다.

그러나 대한민국이 또다시 그들에게 생존의 담보와 민족의 진도를 가르쳐 주지 못 하고 인민공화국과 병행하는 생활의 공포를 준다면 지리산 2백여의 잔비(殘匪)는 불원 2만 마리의 새끼를 치고야 말 것이다.

2. 수치심

귀순자의 이야기가 났으니 말이지 함양에서 이제 나이 갓 스물이나 될까 말까 한 귀순소녀(歸順少女) 하나를 만났다.

그는 아주 총명하게 생긴 단발의 처녀인데 전주에서 여학교를 졸업하였고 산에서는 당 선전부 기술서기(黨宣傳部技術書記)인가로 있었다 한다.

"그래 산생활이 어떻든가? 돌아오니 감상이 어떤가, 이제 앞으로의 희망은 무엇인가."

하고 나의 일행들이 연달아 물어보는데 그 소녀는 대답은 못하고 얼굴만 자꾸 붉히었다.

나도 안타까워,

"산에서도 그렇게 부끄러워 하였나?"

하고 물으니 소녀는 더욱 홍당무가 되어 몸을 옴추리며,

"산에서야 부끄러운 게 있나요."
겨우 모기만 한 소리를 내어 고개를 살래살래 흔드는 게 아닌가.

그럴 것이다! 공산당이란 원래 철면피요 인간양심의 반역집단인데 산속 공비생활이란 금수동양(禽獸同樣)일 것이니 부끄러움이란 약에 쓸래도 없을 것은 뻔한 일이다. 수치심을 회복한 소녀! 그의 귀순은 인간으로서의 회복이요 양심의 지귀(至貴)한 보패(寶貝)를 다시 찾은 것이다.

나는 그 소녀의 홍당무가 된 얼굴과 불타는 눈에서 모든 것을 다 읽고 문답(問答)을 단념하고 말았다.

그리고 나는 지리산 아닌 우리 민국(民國)의 심장이 되는 사회에서 이 소녀와 더불어 마비된 수치심을 회복하여야 할 수많은 인간상들을 남몰래 상기하는 것이다.

3. 탕아의 귀향

이제 지리산의 귀향자들은 수용소에서 온정(溫情)의 심사기간(審査期間)을 끝마치고 속속 귀향의 쾌도(快途)를 밟게 되었다. 표어가 아니라 '어제의 공비도 돌아오면 진정 내 형제'인 것이다.

그런데 문제는 이들이 어제까지는 하나도 빠짐없이 자기 부모형제에게는 죄인이었으며 동향인(同鄕人)들에게는 각색각양의 가해자들인 것이다. 더욱이나 그 피해자들이 현존하여 구원(舊怨)이 채 풀리지도 못한 채 있는 것이다.

그래서 이 귀향자들로 말미암아 지리산(智異山) 방방곡곡에는 성서에 비유된 '탕아귀향(蕩兒歸鄕)'의 미담가화(美談佳話)도 무수히 짜내질 것이나 하도 공비들에게 시달리고 피해를 치명적으로 입은 동향민들의 그들의 향한 냉대 내지 복수도 나는 예상 안 할 수 없고 이런 징후마저 보기까지 하였다.

이래서 참회의 눈물로써 귀향하고 애족(愛族)의 눈물로써 맞이하자는 게 당지(當地) 정훈대 대원들의 당면공작(當面工作)이었다.

이것은 그들의 부락귀향(部落歸鄉)의 일시적 문제가 아니라 앞으로 '귀순자'라는 낙인이 찍힌 그들을 대한민국 사회가 어떻게 포섭하고 또 활로를 개척하여 줄 것인가 하는 하나의 더 큰 민족적 과제가 내재되고 있는 것이다.

또한 이것은 통일 후 민족융합시련(民族融合試鍊)의 전주곡이라 해도 좋을 것이다.

4. 소개민(疎開民)과 춘경(春耕)

계엄령 선포로 지리산 지구 일부 부락은 소개(疎開)되어 있다. 작전기간 중에는 이들 소개민 구호를 위하여 농림(農林), 사회(社會), 보건(保健), 공보(公報), 각 부처에서 현지파견(現地派遣)을 하여 그 대책에 명목만은 노력하고 있었으나 이제는 완전 철수하고 말았다.

춘궁(春窮)과 더불어 춘경기(春耕期)가 왔다. 이제 이들 소개민들은 계엄령이 있거나 말거나 죽이거나 살리거나 땅을 파러 부락으로 찾아갈 수밖에 없다.

집도 양식도 농구는 호미 한 자루마저 없기도 하나 타향에서 하늘만 쳐다보다가 죽을 수는 없다는 사연이었다.

작전상으로 볼 땐 이들의 귀가라는 것은 공비들에게 보급혈로(補給血路)를 제공하여 주는 바로 그것이다.

서남 지구 전투 사령관 윤 대령의 고충은 여기에 있었다.

"글쎄 내야 토벌이나 하지 나에게 쌀이 있나요, 농구가 있나요, 괴나리 봇짐을 들러메고 한사코 부락을 찾아가는 소개민들을 나도 봅니다마는 난들 어찌합니까"라는 것이다.

　물론 현지 도군당국(道郡當局)이 있기는 하지만 자리산 지구 완전 수복이 국가적인 중요성을 띠우고 있다면 공비가 어느 정도 토벌되었다고 중앙행정 각 부가 이렇게 미온적이고 고식적(姑息的)인 수습만으로 돌아서고 말 것인가?

　이들은 공비들에게 대한 생명의 공포는 없어졌으나 생활의 근거는 송두리째 상실되었다. 그들은 자기의 희생이 조국에 끼친 그 희열을 계량하기에는 너무나 멀고 생활의 공포가 표현치는 않으나 민국(民國)에게 다 빼앗겼다는 원망과 저주가 그들의 가슴속을 저회(底佪)하고 있는 것이다.

　이들에게 주어야 한다.

　이재민(罹災民), 전재민(戰災民), 피난민(避難民) 구호(救護)도 좋으나 이들에게 먼저 먹을 것과 입을 것을 조금이라도 주어야 한다.

　거족적(擧族的)인 구호운동을 일으켜서 동포의 애정만이라도 나눠 주어야 할 것이다.

　나의 일행(一行)도 산모퉁이를 돌아설 때마다 남부여대(男負女戴)한 소개민들을 만났으며 이때마다 우리의 가슴은 서늘해지곤 하였다.

5. 의경(義警)과 공과금(公課金)

　지리산 지구에는 도처에 의경이 있다. 이것은 당지 청년들의 부락자위대(部落自衛隊)로서 지휘상 경찰에 의경으로 편제되어 있는 것이다.

　이들의 활약이란 실로 경이적인 것이어서 비무장에 가까운 적수로서 도로(道路), 부락(部落), 고지(高地) 감시(監視)와 공비부락침

투방지(共匪部落浸透防止) 등 공비출몰(共匪出沒)과 더불어 상당 기간 당 지구에는 상비병적인 존재들이다.

물이 없으면 고기가 못 살듯이 공비와 부락과의 절단임무(切斷任務)를 이들이 맡고 있는 것이다.

그런데 문제는 이들 의경비(義警費)가 동지민(同地民)의 자치부담(自治負擔)인 것인데 공비 1천 마리를 막기 위하여 의경 2백은 동지민(同地民)이 상비보급(常備補給)하지 않아서는 안 되는 것이다.

국민납세(國民納稅) 이외에 이 공과금에 대한 당지민(當地民)의 곤경이란 상상과 그 형언을 절(絶)하는 바 있었다.

그렇지 않아도 산간벽촌(山間僻村)에서 천 원짜리 한 장 만지기가 그리 흔치 않은 데다 피폐할 대로 다 된 오늘날의 동지구(同地區)가 아닌가?

물론 이런 의경비의 국고지출(國庫支出)은 불가능에 가까울 줄 아나 '지리산 지구 공비'라는 게 따로 있지 않은 이상 후방 유흥장, 오락장 등의 세율을 고율로 올리고서라도 여기에 행정적 배려가 언제까지나 맹목할 수 있을 것인가?

지리산 지구 공비는 지리산 지구민의 인명 재산만을 노리고 있지는 않다.

6. 전투경찰(戰鬪警察)

지금 지리산에는 각 토벌군이 철수하고 서남전투 사령부 일부 병력 외엔 태백산 지리산 양 전투경찰이 잔비소탕(殘匪掃蕩)을 담당하고 있다.

경찰이라면 후방에서 치안을 맡고 있는 정모정복(正帽正服)의 그런 순경(巡警)을 상상하여서는 택도 아니다.

광목 물들인 누비 홑바지 저고리뿐 내의도 군화도 반합(飯盒)도 침대도 보급이 없고 무장이라야 구구식(九九式) 개량소총, 중무기(重武器)라야 조준 없는 박격포다.

이런 패잔군 정도의 무장을 가지고도 그들은 기적적(奇蹟的)으로 잘 싸우고 있었다.

개중에도 서북애국청년들의 규합인 '계림부대(鷄林部隊)'와 귀순자들로 조직된 '보아라부대'는 의병부대로서 토비의 선봉장들이다.

마침 나의 일행이 갔을 때에 호랑이를 잡으려면 호랑이 굴로 들어가야 한다고 계림부대(鷄林部隊)에서는 미숫가루 한 달치씩을 짊어지고 적 괴수 이현상(李鉉相)을 잡으러 산으로 들어가고 있었는데 그 부대장 서 경감은 우리를 보고,

"이현상을 잡을 때까지는 산속에 그놈들과 같이 살겠수다, 그저 무전기 다섯 대만 있으면 문제 없겠지만."

함경도 사투리에 옥니박이 이를 갈고 있었다.

이렇게 사기(士氣)만으로 전투를 하는 그들은 천막도 침대도 반합(飯盒)도 없으니까 민가주택(民家駐宅)이 불가피로서 이에 따르는 민폐 말썽은 눈물을 머금고 감수할 수밖에 없다는 것이다.

이건 여담이지만 당지(當地) 군경 전투 지휘관들에게 들은 이야기인데 작전상 불가피한 지방민의 협력을 구하고 난 뒤에 당해 지방 국회의원들이 소위 애민행차(愛民行次)(?)가 있고 보면 그 후에 오는 바람(후환) 때문에 골치를 앓는다는 것이다.

그러기에 태백산 지구 전투 사령관 이성우(李成雨) 씨는 고충을 말하랬더니,

"그저 싸움하는 놈 기분을 좀 알아 주었으면."

하고 웃고 마는 것이었다.

7. 충성지대(忠誠地帶)

남원에서 정훈장교(政訓將校) 몇 사람과 회식을 하였다.

그들은 말하기를,

"이 지리산 지구를 국민의 가장 모범되는 충성지대화(忠誠地帶化)하겠다"는 것이다.

이것은 벌써 빈말이 아니었다.

길 가는 노파를 붙들어도 군가 하나쯤은 사양치 않고 불렀다. 문맹자만 해도 1개월에 5, 6만 명씩 퇴치해 낸다는 것이다.

각지에선 징병이 아니라 지원병이 속출했다. 금반(今般) 토벌작전 전만 해도 국기(國旗)가 없는 군청이 있었다는 곳인데 이번 3·1절에는 전 지리산 집 한두 채만 있는 두메에서도 태극기가 꽃처럼 피어났다고 한다.

대한민국의 충성지대(忠誠地帶)! 어찌 지리산 지구에만 이룩되어야 할 것이겠느냐!

부산, 대구, 서울, 민국(民國)의 심장부가 먼저 충성지대가 되어야 할 것이 아닌가.

나는 이번 출동 중 어느 병사가 침처럼 배앝던,

"우리는 앞에 있는 적이 무섭지 않아요! 후방이 무섭지!"

하던 이야기가 지금도 귀에 쟁쟁하다.

정화여난(政禍餘難)
– 설창수(薛昌洙) 형께 부치는 글발

파성(巴城) 형께

우당(又堂) 화백 편의 글발 반가이 받았습니다. 풍변(風便)엔 군중대회의 무뢰한들이 경남일보를 들이부수었느니 마느니 하는 소식이 들려 마음 조이던 중 조용히 타일러 일장설화(一場說話)로 면액(免厄)하셨다니 무엇보다 기쁩니다.

이곳 사정과 저의 신상(身上)일레 그곳과 형의 처신과 촌분(寸分)의 차이도 없습니다.

비록 우리들이 어버이 뼈를 가르지 않았을망정 제가 타락(墮落)치 않을랴 치면 그 지기(志氣)가 어느 때 어느 곳에서든지 배치되는 방향을 달릴 리 만무올시다.

그러면 형께 붓을 드온지라 그동안 저의 경상을 추려서 하소를 삼을까 하나이다.

이즈음 행길에 나서면,

"구형(具兄) 글 참 잘 읽고 있소. 끝까지 직필(直筆)을 들어 주시오."

이것은 지기들이나 의기인들의 나에게 향한 격려입니다.

"음, 자네 민국당에선가 장면(張勉)에게서 이것은 내가 천주교 신자이니까—정치자금 먹고 글 쓴다더군. 조심하게. 모두들 자네 반정부자요 반역자라구 호(號)냈으니."

이것은 나를 모해하려는 풍설들을 듣고 실없는 친구들이 농반진반(弄半眞半) 지껄이는 수작입니다.

그러나 양자들은 똑같은 결론을 내리기를,

"괜히 까불지 말게 '울 아버지가 그것을 훔쳤어요' 하는 그 어린애 같은 양심이라는 것이 무슨 소용 있나, 정치는 힘이요, 현실인데."
가 후자의 빈정댐이요,

"국운이 다 트이지 않아서 이런 것을 어찌하오. 우이송경(牛耳頌經)이지. 괜히 이 난장판에 상하면 저만 손해지, 개죽음은 필요 없지, 자중합시다"가 전자의 충고입니다.

이런 일도 있었습니다. 지난 6·25 적침일(敵侵日)에 종군 보고 강연회가 있어 회장엘 가니 주최측에서 당황해 하는 말이,

"오늘 선생 강연은 사양해 주시면 어떻겠습니까?"
라길래 그 사유를 물으니 오늘 모 수사기관에서 와서,

"그 사람 반정부자인데 오늘 강연 중지시키는 것이 어떻소" 하길래,

"오늘은 정치강연이 아니라 종군보고라"고 답하니,

"글쎄 그래도 연단에서 반정부 강연을 해 버리면 어찌겠소, 그때는 만사휴지(萬事休止)가 아니겠소."
라는 것이어서 주최 측에선 위신도 있고 해서 책임을 진다고 언명하고 왔으나 미상불(未嘗不) 불안(不安)하니 차라리 그만두는 게 어떠냐는 것이었습니다.

나는 하도 어이가 없길래 "걱정마시오."

우선 한마디 쏘아 주고 다짜고짜 연사석으로 나아가 앉아 청중석을 바라보니 그야말로 사면(四面) 이 구석 저 구석에는 수첩을 손에 든 사람들이 끼어 있는 것이 보였습니다.

형, 이를 바라볼 때 제 마음이 어떠하였겠습니까.

얼마 동안은 가슴에 연기가 차서 솟아오르는 듯 내그럽더니 눈

물이 핑 돌며 먼저 떠오르는 것은,
"그래 북한에서 공산당결정서(共産黨決定書)를 받고 필화(筆禍)를 입었더니 이제 찾아온 내 조국이 이것이었나."
하는 이런 망령된 생각과 '공산당에게다 어머니를 굶어 죽이고 형님을 옥사시키고 이제 나의 운명 말로(末路)가 이렇게 벌어지나."
하는 참으로 어린애 같은 설움이 북받쳐 올랐던 것이 형에게 향한 저의 숨김없는 고백이어야 하겠습니다.
그 다음에는,
"어째서 어째서 내가 무슨 죄를 지었길래"
외치고 싶어졌던 것입니다.
지금 저들이 색안경으로 보며 쳐드는 나의 저지른 일이란 한마디로 말씀드리면 제가 이곳 지방신문에 삼류 논객으로서 때마다 붓을 드는 사회시평 중 이즈음 정쟁과 당화를 지적경고(指摘警告)한 〈민주고발(民主告發)〉〈민의소재(民意所在)〉〈유령후보(幽靈候補)〉 등의 3, 4 소론(小論)으로서 이 정쟁은 민의마저 자당자파(自黨自派)로 이용 조작하고 변질시키고 남용하고 있어 이 당화(黨禍)로 국민은 고래 싸움에 새우 등 터지는 격이 되어 있다는 점이어서 사필(史筆)의 곡직(曲直)을 밝혀 두자는 것이요, 또 하나 〈유령후보〉라는 것은 우리 국민은 대통령 선거에 있어 그 정책과 정견을 계량하여 국가 행정 수반을 택일하려는 것이지, 어느 정쟁의 승리자를 국가 우상으로 봉대하려 드는 것은 결코 아니니 대통령 선거전을 서단(緖端)으로 한 정쟁은 국민을 모독하고 있다는 점을 명백히 하여 국민의 태도를 천명시킨 것이었습니다.
아니 이보다도 하나 사회적인 사건이 있었다면 저 '미국의 소리' 방송 중계 금지한 정부 조치에 반대하는 재구33문필인성명(在邱三十三文筆人聲明)에 발의를 한 것입니다.

이 반대성명의 우리 의도를 형께 설명할 것도 없습니다만 오직 우리는 여사(如斯)한 조치가 한국을 민주세계에서 일시라도 고립시키는 것을 방지하려는 우리들의 순수한 이념적 행동이었으며, 이러한 순수한 이념과 행동은 여하한 합목적적 국가 정책 속에서도 문화인만이 구사할 수 있는, 아니 하여야 할 사명이 아니겠습니까.

가까운 예로는 일본의 단독강화반대를 일본학습원 원장 시미즈 이쿠타로(淸水幾太郎)가 선봉을 서고 있다는 것이나 대부분의 일본 지성들이 단독강화의 당위성을 시인하면서도 그 반대론을 고지(固持)하는 등은 저간의 소식을 알려 주는 것이 아니겠습니까.

더욱이나 이번 정쟁(政爭)으로 말미암아 이 대통령의 민족주의가 일부 정상배들로 하여금 UN한위(韓委)의 철수, UN군비조달의 반대 시위 등으로 오손(汚損)되었다는 것은 얼마나 안타까운 사실이었겠습니까.

이러한 순수 양심의 민주간언(民主諫言)과 행동이 역적모의시(逆賊謀議視)되거나 일부 정적행위시(政敵行爲視)되는 금일을 어찌 해석해야 옳겠습니까.

나는 단상(壇上)에서 그럴싸해서 그런지 수많은 눈총의 화살을 맞으며 마음을 격려하여 보았습니다.

"너의 신념과 행동에 굳세거라, 이것만이 너와 너의 신념을 구하는 길이다"라고 이렇게 어디서 언제 누구에게 들었는지도 모르는 수신책 일구절(修身冊一句節) 같은 것을 외워도 보았습니다.

그러면서도 한편 불길한 환상과 더불어 우스꽝스러운 자위(自慰)의 조소(嘲笑)를 느끼면서 옆에 앉은 정비석(鄭飛石) 형을 쿡 찌르고 "나도 모르는 사이에 거물이 되었나 보지. 저것들 보아! 아무래도 정보국에 한번 더 다녀야지, 아직도 내 사상이 의심스러울 때야 얼마나 이 한국에 불순분자들이 많을라구" 하며 킬킬거렸습니다.

형도 아시다시피 월남 5년 공산대역(共産大逆)질이란 모조리 쫓아다니며 한 제가 아닙니까.

군 정보국이란 나의 생리와는 얼도당토않은 데를 들어가 대북 지하신문 〈봉화(烽火)〉, 〈북한특보(北韓特報)〉 등 제작을 비롯해 첩자문서(諜者文書) 연락, 귀순공작(歸順工作), CIC 정보수(情報手), 국방부 기관지 주간 등 세칭 국방부 파요 권력기관에 졸도(卒徒)로 붙어먹는다는 인간성의 손가락을 받으면서도 환향(還鄕)이라는 이 것 때문에 오직 적개심에 불탔던 것입니다.

그리하여 5·10선거 때는 그 황홀이 나로 하여금 우리 우남(雩南) 노인께 헌시(獻詩)를 쓰게 하였고 형과 시액(時額)을 만들어 선물하였지 않았습니까.

그래서 우리는 순정문학동지(純正文學同志)들에게까지 일종의 혐오를 받아 가면서 알면서 모르는 듯 또 그들의 생리를 모르면서 오늘까지 나설 자리 뒤설 자리 살피지도 않고 왔던 것입니다.

그리고 오직 우리 독립된 나라의 뿌리를 자처하여 이 고목의 나라에 민주 새싹이 무성하기를 빌고 받들어 왔던 것이 아니겠습니까.

이것이 오늘날 당화(黨禍)와 정쟁(政爭)으로 말미암아 또다시 시들어져 감을 볼 때 형, 통분합니다.

차라리 이 자리에서 고함이라도 쳐서 이 불안과 낙망의 위치에서 저들에게 묶이운단들 이제 나에게 엄습하고 있는 이 오욕이 씻어 질 것만 같은 심정이 솟아오르는 것을 금치 못했습니다.

그 옛날 왜 헌병대에 끌려가 족치우고 나서 내 말이 설되고 행동 거지가 어릿어릿하니까 페인으로 엮이고,

"히다리무께 히다리"

"미기무께 미기"

"마에 스스메"

를 시키면서 정신감정(情神鑑定)을 당하던, 오늘까지 가끔 현몽(顯夢)을 하는 굴욕감도 저의 오늘 심정엔 비길 바 아니요, 공산당 감옥에서의 나는 오히려 자기 비장감에 취해 있었으리라고 생각되었습니다.

나의 강연 차례가 왔습니다. 어찌된 셈인지 무슨 숨은 용력(勇力)이 솟았던지 나로서도 어지간히 열을 내었던가 싶습니다.

수첩쟁이들도 눈에 안 보였고 다 마치고 나니, 주최자 P대령은 고맙다는 악수였습니다. 나의 조리 없는 언변도 이날은 열(熱)만으로 중간 박수가 일어났던 것이니 형은 미소(微笑)하옵소서.

여기까지 적다 보니 글발도 하소도 왕청 같은 곳으로 붓이 흘렀습니다만 쌓이고 뭉친 저의 심회 아무것이나 적사오니 그리 들어 주옵소서.

이제는 그나마도 이곳 피해망상증을 일으킨 대구의 신문사에서는 나의 글을 받기를 경원(敬遠)하여 마침내 일전에는 원고가 양 신문사에서 퇴짜를 맞아 왔습니다.

이게 무슨 꼴이겠습니까. 오늘 언론의 공도(公道)는 자기 스스로를 봉쇄시키고 말았습니다. 툭하면 압력이 무서워서가 구실이나 공산당 아닌 대한민국의 언론 문필인이 공론을 밝혀 형(刑)을 입었다는 소문을 못 들었으며 백보양보(百步讓步)해 필화나 무뢰한들의 가해를 입는다손 정필순사(正筆殉死)는 언론 문필인의 본원(本願) 아니겠습니까.

시시각각(時時刻刻)으로 정쟁은 국가 위기를 고하고 있습니다. 국가 운명이야 어떻든 국회의원이나 대통령 입후보들이란 자들이 비겁하게 도망을 치고 다니는가 하면, 아직도 이를 비열한 수단으로 가해하려는 정쟁자들이 있으며 백주에 공비들이 수백 명씩 작당(作黨)하여 본선열차(本線列車)를 습격하여 사상(死傷)과 납치가

백(百)을 헤아려도, 노천(怒天)의 한재(旱災)가 있고 쌀 값이 10여만 원대를 오르내려도 정당파쟁(政黨派爭)과 집권에만 눈 어두운 이 땅 정치가들이 아니겠습니까. 또 오늘의 정화(政禍)가 아닙니까.

이를 보고 목숨을 걸어 주(誅)하고 이 속에서 헤매는 어진 백성들과 조국 운명을 구할 자 이 땅의 정신인(精神人) 외 누가 있겠습니까.

이 땅 정신인의 무기력과 언론 문필인들의 마비(痲痺)는 민의(民意)를 정상배들에게 오손(汚損)시키고 개개인의 순수 양심을 정화(政禍)에 유린시키고 있습니다.

전국문화단체총연합회란 두었다 무엇에— 절통(切痛)합니다.

이 밤도 저 북한 지옥 속에 우리 앞뒷집의 형제들은 어느 드메에서 어느 움 속에서 하루에 수백 톤의 폭탄세례를 받으며 태극기의 진군을 기다리고 있을 겁니다.

형, 우리는 이제 누구와 무엇만을 원망 저주하며 또 어디만에 화살을 보내야 하겠습니까. 오직 마음 지팡이가 되는 것은 형의 글발에 밝혀진 "주(主)의 이 땅에 향한 벌인들 새로운 사랑을 뜻함이니 참아 받읍시다" 하는 말씀을 저도 오직 믿고 철 나자부터 분통과 울혈만을 나에게 주는 이 나라에 향해 이렇게 깊은 절망 속에서 또 다시 나의 무보상의 양심과 정열의 작위(作爲)를 계속할 것입니다.

형, 그러나 언제나 국가와 민족이니 자유니 정의니 이런 것을 입 담지 않고 나의 이미 기울어진 인생과 청춘의 아쉬움을 회복하며 살런지 기가 딱 차지기만 합니다.

너무나 포악하듯 하소가 길어졌습니다.

아주머님을 비롯해 우리 봉구 맹구들이 우리의 수난으로 복되어 지기를 마금 빌어 봅니다.

임진(壬辰) 7월 4일 상아(常兒)

대통령 선거일(大統領選擧日)

1

이웃에 나들이 왔던 시골 아주머니가,
"내일은 대통령 선거날!"
이기 때문에 돌아가야 한다고 부리나케 가더란다.
　자유분위기시비(自由雰圍氣是非)를 할 것 없이 이 박사는 이러한 국민신망(國民信望)의 절대 다수 속에서 재선되었다.
"이 박사 정신 좀 차리라고 모 씨에게 한 표 썼지."
　여타 인물을 택일하려는 게 아니라 이 박사에 향한 경고와 격려가 그를 반대한 의식대중(意識大衆)들의 투표 심경이었다.

2

"양수기 배포 상황을 보고하라."
"징집 노무자의 교체 기일을 정확히 하라."
　'납세독촉', '산림보호' 심지어는 '국민주식개량(國民主食改良)' '한글철자법'에 이르기까지 이 대통령의 심려(心慮)는 미치고 있다.
　이렇게 되면 각 부처 장관들은 의자 지키는 등신들인지 그 존재 이유를 알 바 없고 또 이것은 '만기종람(萬機綜覽)'이 아니라 '만기독람(萬機獨覽)'이다.

이 식으론 제아무리 선정과 덕치를 한 대도 그 시정(施政)이란 임갈굴정(臨渴掘井)의 격밖에는 안 되는 것이다.

재선(再選) 정치에는 대통령의 '독람(獨覽)'과 장관들의 '지당(至當)'이 지양되어 '계획'과 '책임'의 정치가 시행되어야 하겠다.

"과거 4년간의 행정부의 사업은 결코 용이하지 않았습니다. 앞으로의 우리 일이 잘 되기만은 바랄 수 없습니다."

취임식 서두에 발한 노(老) 대통령의 술회로서 그 고충이 우리의 가슴을 울리는 바 있다.

사실 오늘날 이 판국, 이 판도에서 요순(堯舜)을 부활시킨다 한들 국민 각자 소업에 안거낙업(安居樂業)케 하고 민생이 도탄에서 윤택해질 리는 만무하다.

그저 소금이 없으면 소태를 씹어도 좋으니 우리 먹고 사는 이 작위(作爲)를 합법화시켜 달라는 것뿐이다.

지금 이천만의 목구멍은 연일 죄를 짓고 있다. 사농공상, 어디 종사하여 천진양심(天眞良心) 지켜 가지고 사는 사람 하나도 없고 악한 의미의 약육강식(弱肉强食)의 자행(恣行)되어 이 사회는 특권세상화하고 있다.

소위 일제동아침략전(日帝東亞侵略戰) 말기를 오늘 우리 판세와 비교하여 볼 때 그 총후물량(銃後物量)이 더 많지는 않았을 것으로 장마당에 쌀 한 톨, 사과 한 개, 소주 한 잔 마음대로 구경 못 하며 대두박(大豆粕)을 삶아 먹고 살면서도 양심을 범치 않고 살 수 있었던 것이다.

오늘 국민은 죄 없는 죄인이 되고 있다.

이 국민생활을 합법화시키는 것이 곧 민생(民生)인 것이다.

인심2태(人心二態)

1. 불신실신(不信失信)

지난번 서울에서다.

나는 다방에 앉았다가 구두가 하도 망측하게 더러웠길래 마침 와서 닦으라고 졸라대는 꼬마에게 신발을 내맡기노라니 마주 앉았던 H시인이,

"한 쪽씩만 가지고 가 닦아라."

하고 가로 말렸다.

무슨 영문인지 몰라 어리둥절하는 참인데 꼬마가 H씨를 향해,

"원 아저씨두! 가지고 달아나면 개자식이에요."

이렇게 사뭇 억울에 차서 자독맹서(自瀆盟誓)를 하는 게 아닌가.

그제야 나도 알아채고 H씨가 면고(面苦)스러울까 봐,

"그런 일도 있었나 보지."

한마디 보태며 그대로 두 짝을 보내긴 했으나 속으로는 '동심모독(童心冒瀆)'과 '인심불신(人心不信)'에 향한 이 어린이의 자독항의(自瀆抗議)에 가슴이 서늘하였다.

그 다음날부터 나는 신발을 한 쪽씩만 들고 가는 구두닦이나 잔돈을 거슬러 오라면 신문 온뭉치를 놓고 가는 꼬마 신문 장수들을 대할 때마다 내가 도리어 '개자식' 취급을 그들에게 받는 것 같아 심정이 영 고약해진다.

2. 인심본능(人心本能)

청전(青田) 이상범(李象範) 화백 댁엘 흐린 날 들렀다가 들고 갔던 지우산(紙雨傘)을 마침 놓고 왔다.
그 며칠 후 이번엔 귀로(歸路)에 소나기를 만나 선생 댁엘 찾았다.
마침 청전 선생은 출타하시고 마나님께서는 부엌에서 저녁을 지으시는 모양인데 현관에는 지우산이 있으나 둘이 놓였다.
"사모님! 두고 갔던 우산을 받고 갈 참인데 둘이니 어떤 것인지 알 수가 있어야지요?"
나는 올라가지도 않고 안쪽을 향하여 소리쳤더니,
"거기 아무것이나 하나 받고 가세요."
마나님 응답이다.
부인은 나의 얼굴이나 음성을 기억하리만큼 숙친(熟親)치도 않고 내가 우산을 갖다 놓았는지 또 놓은 자인지 아실 리 없다.
오직 청전 화백을 찾아온 손이니 우산을 가지고 가도 그만 그것이 바뀐대도 그만이 아니냐고 믿고 또 그렇게 알고 행하시는 모양이다.
전쟁이 아니라 하늘이 방금 주저앉는다손 이것이 인심의 본태(本態)가 아니겠는가?
정말 이즈음 썩을 대로 썩은 인심을 보면 거리에서 모두들 꼬마들에게 슬며시 '개자식' 취급을 받아도 싸다.
나는 그날 그 말을 듣고 제 딴엔 상(傷)한 것을 골라 쓰고 왔다.
이 또한 얼마나 못났고 모자라는 짓이냐!
청전 선생 부인의 도(道)에 달(達)하려면 꼭지가 떨어지기 아직 멀었다.

휴전(休戰)과 종전(終戰)

신문 보도에 의하면 판문점의 공산군 측 대표들은 막사로 사용할 콘크리트 건물을 구축하고 있다고 전한다.

동 기사(同記事)의 관측대로 이것은 공산군 대표들이 회담지연(會談遲延)을 전제로 하는 월동준비인지 그렇지 않으면 이즈음 아방(我方)의 공군 압력에 항문에 불이 붙은 듯 화급한 그들의 궁색을 가장키 위한 연극인지 이제 이러한 장난에는 흥미조차 없다.

오직 우리는 이제 협상 1년 유여(有餘)에서 홀연대각(忽然大覺)한 바 있으니 현대전(現代戰)의 '휴전'이란 따로 있는 것이 아니라 이런 '회담'과 '협상'이 계속되는 그 '기간'이 즉 '휴전'이라는 것이다.

회담의 성숙에 따라서는 오늘의 판문점 협상이 파리나 런던이나 레이크써세스로 발전 이동할 수도 있을 것이요 경우에 따라서는 워싱턴과 모스크바가 직접 담판을 전개할 수도 있을 것이나 여하히 그 '회담'의 형태가 변모되던 그 동안이 곧 휴전 상태일 것이며 그 설전(舌戰)이 진(盡)하는 날은 이 세계전쟁의 전초전은 재개될 필연적 운명에 있다.

그러면 이렇게 따져 볼 때 '판문점 협상 여하에 따라서'라는 생각은 지극히 어리석은 생각이며 또 선전포고도 없는 현대전이 총소리가 안 난다고 종결되었다고 생각하는 것은 얼마나 미련한 판단이랴!

"싸움은 언제 끝나느냐." 여기에 내가 한마디로 대답한다면,

"공산군을 이 강토에서 몰아낼 때까지, 아니, 소련의 공산주의 지배세력이 멸망하는 날"이 즉 종전의 날이다.

우리가 부르는 '멸공통일'이라는 구호 속에는 백년전쟁(百年戰爭)의 결의와 각오가 있어야 한다.

비평(批評)의 맹점(盲點)

어느날 K시인은 다방에서 나에게 이런 이야기를 하였다.

어느 부자(父子)가 당나귀를 끌고 길을 가는데, 처음엔,
"어리석게 당나귀를 타고 안 가느냐."
고 흉을 보더랍니다.
그래서 아버지가 타고 갔더니,
"자애심이 없는 아버지도 다 있군, 어린 아들을 걸리다니."
라고 그러길래 이번엔 아들을 태우고 아버지가 끌고 갔더니,
"에이 불효자식! 늙은 아버지를 안 태우고."
이렇게 시비더랍니다.
그러면 둘이 탈밖에 없다고 부자가 올라앉아 갔더니,
"저런 비인정(非人情) 좀 보아, 조그만 당나귀에 사람이 둘씩 탔으니, 짐승도 주인 잘못 만나면 큰일이야."
사면(四面)에서 빈정들 대더랍니다.
부자는 마금 궁리 끝에 당나귀 네 발목을 막대기에 매달아서 지고 가더라는 이야기입니다.

나도 어렸을 때 얻어들은 우화다. K시인은 이야기를 잠깐 그치더니 사뭇 심각한 표정으로,
"오늘날 가두여론(街頭輿論)이란 이러한 비평의 맹점을 갖고 있

지 않을까요?"
나에게 힐문이었다.
　나는 소박히 긍정하였다
　오늘날 우리가 신주처럼 말끝마다 섬기는 미개한 민주여론 속에는 이렇게 큰 맹점이 있는 것이다.
　더욱이나 언론인의 맹목한 비평에는 유형무형의 살상(殺傷)이 감행되고 있는 것이다.

조국의 뿌리

 진부한 표현이지만 만물이 소생하는 계절이 돌아왔다.
 산천초목은 이제부터 움터 잎새를 달고 줄기와 가지를 뻗고 꽃 피고 마침내 열매를 맺을 것이다.
 우리는 그러나, 이 계절의 차탄(嗟嘆)보다 이 소생 뒤에 숨어 삼동(三冬) 내 설한(雪寒)을 감내하며 오늘까지 생명을 지탱하고 영위하여 온 뿌리의 공덕을 망각하여서는 안 된다.
 오늘의 발아도 내일의 개화도 종당(終當)의 결실도 오직 그 뿌리가 썩어 죽고 얼어 죽고 말라 죽었더라면 어찌 바랄 수 있었을 것인가.
 뿌리는 줄기의 위엄과 권력이나, 잎새의 무성한 재부(財富)나, 꽃의 영화나, 열매의 공명(功名)을 소욕(所欲)도 소망도 않고 오직 지하에서 묵묵히 천혜의 자양(滋養)을 자력(自力)으로 흡수하며 토양이 우량한 곳을 골라 자기 생명을 확충시키기에 여념이 없다.
 그러기에 뿌리는 지상의 자기의 마른 가지나, 떡잎새나, 쭉정이, 꽃이나 빙충이 열매를 원망도 저주도 않고 오직 계절(시간)의 경과를 기다려 낙엽과 낙화와 낙과(落果)를 미련(未練)치 않으며 또다시 재기를 위하여 자기의 생명충실에만 혼신하고 만다.
 이렇게 뿌리는 은자(隱者)의 겸허와 공덕을 구전(具全) 겸유(兼有)하고 있다.

이제 우리는 대한민국이라는 나무를 연상하여 보자.

한마디로 말하여 우리 무궁화는 줄기될 자, 잎새될 자, 꽃될 자, 열매될 자, 아니 이를 허욕(虛慾)하는 자는 하도 많으나 뿌리될 자, 뿌리되려는 자는 어찌 이다지도 적단 말인고!

그야 '될성부르지 않은 나무는 싹부터 노랗다'는 속담과 같이 우리 대한민국은 상처받은 마른 가지나, 떡잎새가 너무나 많아 바른 성장을 위하여는 그 흉처(凶處)를 전정(剪定)하고 새 가지를 육성할 원정(園丁) 소임(所任)의 사(士)도 필요는 하다.

그러나 이보다도 오히려 자기를 지하에 숨겨, 뿌리가 되어, 오늘 목전의 현실을 불만불평하고 이를 시비하고 저주하기보다, 시간의 자연 도야(陶冶)를 기다리며 오직 대한민국의 참나운 생명만을 확충하려는 은사(隱士)들이 더욱 필요한 것이다.

물론 뿌리가 되는 것은 권세와 부귀와 공명과 등지는 길이며 땅속으로 땅속으로 매몰되는 길이며 고독과 인욕(忍辱)의 길이기도 하다.

역시 그러나 누구든지 뿌리가 되어 삼천리 강토 전역에 생명을 쭉 뻗어야 우리 자유 대한은 불사신이 될 것이며 진정 무궁화가 될 것이다.

이 길만이 승리에의 길이며 진정한 애국 애족의 길이기도 하다.

뿌리가 되자!

조국의 뿌리가 되자!

다 잃어도 조국의 운명은 항시 너와 한가지로 있을 것이다.

제2부

대화와 독백

죽일 놈 살릴 놈
정부를 사랑하고 싶다
견월망지
대화와 독백
노두수첩
만우절교서
관사시비
삼인칭
소탐제상
감투보험
필요악
전우의 시체를 넘고 넘어
민주창망
불가침조약 고려?
주택소고
또 통일기구상설을 촉한다
혁명투사와 현실
'혁명재판' 방청기
친화의 묘리
대화의 요체
고운말 쓰기

단순화의 일면성
법의 혼효
4색의 징후
약자의 변
긴박감
패배의식
양곡 출하금지
국토애
절망을 안 주는 신문
선량과 의범
초인간적 능력
일본 수상의 내한
어느 추억
등전 만리심
케네디 대통령의 흉사
민주통일의 특공부대
시류여성 소고
보이지 않는 필수품
기술과 정신
노사의 인간존중
무직인생

죽일 놈 살릴 놈

전쟁이 저 판국 이 판세를 이루어 놓은 채 멈춰졌다.
절망은 못한다. 그렇다고 희망만을 가질 수도 없다.
시방 우리 한국민의 표정이나 심정(心情)은 그야말로 필설(筆舌)을 절(絶)한다.
우리 삼천만의 가가호호에 인명피해 없는 집이 없고 가산(家産)과 생계의 주초(柱礎)를 아니 잃은 집이 없다.
그저 쑥대밭 같다!
이 상처와 이 웅혈이 미화 10억 불로 가셔질 리야 물론 없고 누구나 거리에 한번 툭 건드리기만 해도 터질 지경이다.
아니 벌써 사면팔방에서 터지고 있다.
인사 한마디에도 시비로써 시작되고 셋 이상이 모이면 남의 여섯 욕하고 여섯만 모이면 막걸리 한 잔 나누고도 주먹질 안 하고 헤어지기 어렵게끔 되었다.
여기다가 권력이나 금력이 중간에 끼게 되면 인사불성이렷다.
말하자면 모두 자기억화(自己抑火)와 울혈과 자기불행과 남의 불행이 겸(兼)쳐서 이성을 마비시키고 있는 것이다.
감정만 남고 '악'만 남았다. 그러니 누구나 없이 개인에 있어서는 생활의 무궤도(無軌道)를 달리고 생명의 무절조(無節操)를 범하고 사회생활에 있어서는 사분오열(四分五裂)과 반목질시(反目疾視)를 일삼게 되었다.

그래도 인간은 완전히 본능만 남은 동물일 수는 없어서 양심의 가치판단이 있고 그 저울만을 간직하고 있다. 그러나 이 저울을 자기에게 재는 것이 아니라 남에게만 잰다. 뒷간 기둥이 헛간 기둥 나무라는 격으로 타인의 소행에 대하여만은 무자비하도록 가혹하다. 모두 다 서로 죽일 놈이다. 이러다간 살 사람은 하나도 안 남을 것 같다.

내 말이 거짓말이라면 또 과장이라면, 신문 한 장을 펴 놓고 정치 사회면뿐 아니라 광고란까지 침범한 모든 쟁의를 보아라.

이것이 너 나 할 것 없는 그날의 우리 표정이다. 이것이 바로 제일 큰 전쟁의 피해요 공산당이 침략하고 간 자취다.

전쟁 중보다 전후(戰後)가 무섭다는 것은 이것을 의미하는 것이다.

이것은 뭐 우리 백성이 유독 악질이어서 그런 것은 아니요 패망 독일이나 일본같이 비교적 정리된 민족사회에서도 여일(如一)하다.

일례를 들면 백림(伯林:베를린) 시가(市街)에 종전일(終戰日)까지는 거리마다 책상 위에 신문과 상자만을 놓아도 가두판매금(街頭販賣金) 분전(分錢)이 안 틀렸는데 패망 후 일주일이 못 되어 시장에 인육(人肉)이 나왔다는 이야기다.

우리는 그래도 동방의 지혜 있는 나라 백성으로 이만하면 다행이다.

그러면 여기서 이 무서운 전후의 악독을 방지하려면 무엇이 유효할 것인가.

설교로 들어가는 것 같아서 쑥스러우나, 오직 서로 허물을 용서하는 길밖에 없다.

죽일 놈에서 서로 살릴 사람이 되는 수밖에 없다.

돌로 창녀를 치던 바리사이들이 그리스도에게 그 가부(可否)를 물을 제, 그리스도 일언지왈(一言之曰),

"죄 없는 자만이 쳐라."

그러면 우리 가슴에 손을 대고 누구를 칠 것인가 자문해 보자.

■ 《침언부어》(1960)

정부(政府)를 사랑하고 싶다

나는 도그마틱한 고정관념에서 민주당의 분열을 우려(憂慮)하는 자는 아니요, 또 혁신정당(革新政黨)의 출현을 소아병적으로 공포(恐怖)(?)하여 보수분립(保守分立)을 주창하고 나서는 자는 더욱 아니다.

솔직히 민주당 분당 시비에 나로서 의표(意表)하라면 그들의 정치작품(政治作風)에 대한 국민적 염기(厭忌)와 구토이다.

부패된 폭정이었지만 이(李) 정권도 소위 정부는 정부였다.

이게 하루아침에 주저앉고 '과정(過政)'이라는 바리때(발우[鉢盂])로, 겨우 정부라는 체모만을 유지하고 있으니 국민들은 새 정권(政權)에 향한 열정과 기대에 비례하여 초조와 불안에 흉흉하다.

왜? 오늘날까지 신고(辛苦)를 같이 해 오면서 국민들은 너무나도 민주당의 생리적 약점을 간파했기 때문에 그들의 열정이 정치혁정보다 감투싸움에 번져지고 뭉갤 것이 너무나 예측되었기 때문이다.

이런 불길이 또 너무나도 적중되고 있지 않은가?

여기다가 노동자나 그 조합의 발판과 지원이 없는 진보당 세력들은 국민정당으로서의 막연하나마 기반(基盤)을 쟁취하려고 '보수(保守) 즉 반동(反動)'이라는 비민주적 구호와 통일 방안에 무절제한 공수표를 끊으면서 인기보다 오히려 자라 보고 놀란 국민에게 솥 뚜껑 격인 위구(危懼)를 부어 준다.

이런 데서 보수양립(保守兩立)의 구실이 생겨나고 진보세력의 적신호를 자초한다.

이제 이로(理路)를 중단하고, 정치역군(政治役軍)들에게 요망(要望)하고 싶은 것은 민주주의의 크리쟈니티의 발휘다.

민주당은 광범한 무소속의 절조인사(節操人士)들로 하여금 거국내각(擧國內閣)을 구상하여 숙당(肅黨)을 겸한 보수의 재편성을 감행하고 진보나 혁신세력들은 노후정객(老朽政客)들의 분파독존(分派獨存)(?) 지배에서 벗어나서 치기스런 과대증(誇大症)을 버리고 양당정치(兩黨政治) 확립에 단시일적인 박차를 걸라.

그래서 국민이 사랑할 수 있는 새 정부를 세우고 수라장(修羅場) 아닌 입법부를 만들어 달라.

오늘날까지 우리 민족은 좋은 정부를 얼마나 굶주려 왔는가?

정부를 사랑하고 싶은 이 갈원이 환멸에 그친단 말인가?

■《침언부어》(1960)

견월망지(見月忘指)

어느 교회 목사가 신도와 언쟁 끝에 격분하여 구타를 하였는데 그 익일(翌日)에도 그 신도는 천연스럽게 와서 예배를 보니 목사가 기특하여 조롱하기를,
"나에게 그렇게 맞고도 어찌하여 이 예배당엘 또 찾아왔소?"
하니 그 신도(信徒) 즉답(卽答)하여 가로되,
"나는 당신을 찾아온 것이 아니라 당신 입을 통한 주님의 말씀을 듣고 또 주님에게 기도드리러 왔소이다."
하더란다.
 달을 보되 가리킨 손가락의 더럽고 깨끗함을 헤아리지 않는다는 선가지어(禪家之語)는 이를 말함이렷다.

"더러워 일 못하겠어요."
"난세(亂世)에 괜히 덤볐자 자기 몸만 상하고 해(害)하지."
"우이송경(牛耳頌經)이요 마이동풍(馬耳東風)인 걸."
 이상과 같은 표백이 의기지인(意氣之人)이나 청렴지사(淸廉之士)들의 오늘의 개탄이요 이래서 이 땅의 백이숙제(伯夷叔齊)들은 하루하루 늘어만 가고 있다.
 사농공상(士農工商) 어디엘 종사해도 천진량심(天眞良心) 지킬 수 없으니 두 손 놓고 물러앉고 만다는 것이다.
 이것이 내가 본 소위 야인(野人)의 변(辯)이요 논(論)이었다.

오늘날 우리 사회의 각급 지도자들이야말로 미숙하고 무능하고 또 타락한 분자들이 횡행하고 있는 것만은 사실이다.

그러나 이들이 꼴 보기 싫어서 모든 국가과업이나 사회사업이나 자기분업을 사보타지한대서야 될 말이 아니다.

오히려 이러한 국가적인 위기와 사회적 타락에서 의기지사(意氣之士)들의 극성적인 정열이 응결되어야 할 것이 아니겠는가.

여당의 정치적인 횡포에서 이 인민을 구출키 위하여 새로운 혁정세력(革政勢力)은 이와 대결하여야 할 것이며 총후(銃後)의 부패를 막기 위하여 모든 청렴지사(淸廉之士)들은 진두(陣頭)의 헌신을 하여야 할 것이며 자기분업을 지키기 위하여 칠전팔기의 용력을 가져야 할 것 아닌가.

김소운(金素雲) 씨의 갈파대로 문둥이 같은 조국이다. 그러나 내 어머니가 문둥이라 해서 그 조국과 등질 수는 없다.

■《침언부어》(1960)

대화(對話)와 독백(獨白)

"이거 얼마만인가— 목숨이 붙으면 이렇게 만나네그려."
"참 그러이, 그래 그동안 동란(動亂) 통에 어떻게 지냈으며 지금은 어디서 어찌 지내고 있나?"
"이루 다 말할 수 없지. 그동안 고초와 신산(辛酸)이란! 그때 자네와 헤어진 후 6·25가 터지지 않았겠나, 그래서……."
"응……."
상대방이 열심히 자기의 그동안 겪은바 고난의 역정(歷程)을 한참 피력해 나갈라치면 이쪽도 자신의 뼈저린 회상 속에 잠겨 외면(外面)으로는 코대답을 하면서도 자기 불행과 견주어 보며 흥미를 갖지 않는다.
그러다가 이야기가 현재 형편에 이르러,
"지금도 죽지 못해 사네. 어린것들과 조반석죽(朝飯夕粥)이 힘드네" 하고 호소할라치면,
"응 응 나두 마찬가지야. 또 만나세."
행여나 지우(知友)의 불행이 자신에게 누를 끼칠까봐 꽁무니를 슬쩍 빼게 되고 이야기하던 상대방은 인심의 박정(薄情)을 또다시 맛보면서 우의(友誼)를 저주하게 된다.
이렇듯이 오늘날 대화라는 것이 성립이 잘 안 된다. 말하자면 동란 이후의 각자의 신산(辛酸)과 전도(前途)에 향한 암울이 교착되어 환장할 지경이어서 남의 불행에 연민과 동정과 조력을 보내기커녕

자기 불행을 팔기에 여념이 없고 자신의 처신에 골몰하고 있는 것이다.

그렇기 때문에 남과의 대화를 할 만한 기분의 여유와 예의와 범절을 상실하게 된 것이다.

그래서 오늘의 사회는 독백의 혼선(混線)이요, 모두 남의 소신과 충언과 의견에는 귀머거리요, 오직 편견과 독선과 자행(恣行)의 세상이 되었다.

이러한 상태가 소위 지성인 사회에 이르르면 그 기술인적(技術人的) 독백 언행이 타인의 심중을 손상시키고 나아가서는 예복은커녕 벌거숭이의 언행이 횡행하여 문화인과 야만인은 동일시되고 있음을 본다.

대화에 향한 예절을 회복함으로써만이 민주사회는 이루어질 것이다.

■《침언부어》(1960)

노두수첩(路頭手帖)

문인도매금(文人都賣金)

상경(上京) 인사차로 모 군기관 지우(知友)를 찾았다.
위병소에서 '구상(具常)'이란 성명만 찍은 명함을 내놓았다. 그랬더니 그 위병,
"직업은 무엇이오?" 하고 대뜸 검문(檢問)이다.
"네, 네, 저 대구 가창면 부면장이 올시다."
이렇게 나는 얼토당토 않은 공직사칭(公職詐稱)을 하고 배를 내려 씻는다.
마침 '우인부재(友人不在)'로 돌아오면서 자조가 섞인 콧방귀를 뀐다.
전에 이찬(李燦)은 시인 '아무개'라는 명함을 박아가지고 다녔다지만, 이런 객기는 흉내도 못 낼 일이나 이즈음 참 자기의 신분을 밝히는 데 '작가'니 '기자'니 하고 예술이나 문화의 종사자로 자처하기에는 긍지를 느끼기보다 면고(面苦)와 수치감을 금치 못한다.
때마다 수인사(修人事)라도 있는 인사(人士)를 만나면 그가 한다는 소리가,
"당신은 무슨 패요?"
"나 자유문협파(自由文協派)요."
귀찮아서 한마디로 응수실토(應酬實吐)만 하면 "왜 그러우 문학

자(文學者)들마저 점잖지 못하게."

　우리의 내정(內情)이나 향방(方)은 어찌 되었든 간에 '문학자'란 한 도매금으로 저울대에 달리고 만다.

　이것은 비단 문학자들의 집단행동에만 산출되는 것이 아니라 문학자 각 개인의 발언과 작품과 그 행동이 이를 좌우하고 있는 것이다.

　"오늘 우리의 시란 독백이요, 소설은 치정묘사(痴情描寫)요 수필은 신변잡기(身邊雜記)다"라는 가혹한 세평(世評)을 누구의 책임으로 돌려야 할 것인가.

　그러므로 자매예술(姉妹藝術) 중 특히 우리 문학자들은 작품의 정혼(精魂)은 물론이거니와 각개(各個)의 사회적 발언과 그 행동에는 신중을 기해야 할 것이다.

　오늘날의 저널리즘이나 사회가 모든 예술을 상고(商賈)와 흥행(興行)으로서 악용하려는 세태에 있어서 무자각한 편승은 종국 도매금의 화를 초래하고 만다.

패배주의(敗北主義)

　"나도 이제는 생각이 달라졌네."

　누차 이 늦은 환도객(還都客)에게 만나는 친구마다의 첫 선언이다.

　인생관이 처세관이 변했다느니 과거이상(過去理想)을 버리고 현실주의자가 되었다느니 이음동곡(異音同曲)의 자기 인생의 변화를 표방하는데 가만히 그 언중(言中)의 골자를 따져 보면 자기 인생이 향상되었다는 의미가 결코 아니고 자기 인생을 타락시켰다는 변백(辯白)이었다.

　그래서 '생각이 달라졌다'는 화두어미(話頭語尾)에는 반드시 '이 세상이 나를 이렇게 만들었다'는 통정(通情)이 붙어 있었다.

상고(詳考)치는 못하나 우금(于今) 1천여 년 전 백락천(白樂天)시대부터 말세라는 세상탄(世上歎)은 있었으니 깨가 쏟아지는 세상 흔하지 않을 것이라 일찍 생각을 달리한 것은 매우 이익(利益)한 일이나 인간의 양심과 향심(向心)과 그 생활을 포기하고 동물적 생존 영위(生存營爲)를 결심하였다면 이 얼마나 두려운 일이랴.

그런데 이러한 무안한 정도의 자기 타락을 과장하고 이를 신조화(信條化)한다는 것이다.

이렇게 패배주의와 절망사상이 이 사회에 만연되는 바 없지 않다.

문제는 여기서 우리가 또다시 현세의 의미를 제일문답(第一問答)하지 않으면 안 되게 뇌었다. 이런 의미에서 현세를 '사실화'할 것이 아니라 현실을 '해석화'하는 것이 우리 작가(소설가)들의 본분인 것이다.

등쌀

민주 등쌀에 못 살겠다는 항설(巷說)이 있다. 엄밀한 의미에서 따진다면 진심한 민주주의의 자유나 평등과 같은 이런 진면목은 아직 이 지구상에 존재치 않는다.

오직 인류의 정신지도자들이나 현실적 정치지도자들을 선두로 하여 각 개인에 이르기까지 이를 추구하고 향심(向心)하고 있을 뿐이다.

그러나 암흑의 사회일수록 거짓 증거자와 예언자들이 족출(簇出)하여 민주주의(民主主義)의 탈을 쓰고 혹은 이를 빙자하고 이를 방패 삼아 혹세무민할 뿐만 아니라 무고한 백성을 질곡(桎梏) 속에 몰아넣고 있다.

이러한 큰 실례로는 저 소련이나 공산당들이 '진보적'이라는 관사 아래 행사하는 민주전횡(民主專橫)이다. 이런 의미에서 인민을 가장 혹사하는 자들이 인민의 이름을 가장 팔 듯이 민주주의를 더 호창(呼唱)하고 이를 악용하고 있다는 사실이다.

여기서 우리 사회를 살필 때 민주 등쌀에 못 살겠다는 비명은 이를 반증하고 있는 것이다. '데모크라시'의 자유를 근저(根底)하는 것은 가장 인간의 자연 양심 법칙(도덕률)이 전제되어야 한다.

여기에 맹목하고서 민주와 그 자유는 불법과 전횡(專橫)의 방자(放恣)로 떨어질 것은 자명한 일이다.

불령한인(不逞韓人)

골목에 놀고 있던 소년들이 좀 수상한 차림의 양장미인(洋裝美人)이 지나갈라치면 살금살금 쫓아가 뒷잔등에다 '일금오천원야(一金五千圓也)'라는 꼬리표를 달아 놓고는 와와 웃으며 놀려들 댔다.

양창녀(洋娼女)들에게 향한 소년들의 장난이 이렇게까지 짓궂더니 이즈막에는 뜸하다. 아마 이제는 만성들이 되었나 보다.

문둥이들이 균을 무기로 강걸행각(强乞行脚)하듯이 꼬마거지들은 숙녀만 보면 그 치맛자락을 붙들고 돈을 받아 내고야 만다. 심한 녀석들은 손에 검정이를 묻혀 가지고 다니며 위협이다. 신문 파는 아이들이 거스름돈이 없을 때는 자기 팔던 신문을 다 내놓고 뛰어가 바꿔 오며 신닦이들은 구두 한 쪽씩만 들고 가서 닦아 온다. 어른들의 불신에 대한 무언의 보복이다.

또한 저 열차 꼬마행상들의 모험이란 들어 보면 눈물 나올 지경이어서 이런 코흘리는 것을 생존경쟁자(生存競爭者)로 삼아야 하는 이 세기의 비극엔 그저 소태를 씹는 것 같다.

오늘의 이러한 우리 소년들의 형형색색이 사회와 성인들에게 향한 불령한 반항과 도전은 눈물겨웁게도 또 한편 몸서리가 쳐진다.

결국 이 현상은 부패된 사회현상의 바로미터가 되는 것으로서 오늘의 성인사회는 타락한 비법사회(非法社會)이기 때문에 이 코흘리개 소년들도 자기들의 생존경쟁을 위하여 방법을 가리지 않는 것이다.

여기에서 우리는 10년 후의 소년들이 이룩할 사회를 한번 가상(假想)해 보라. 모든 악덕과 파렴치를 눈으로 보고 배우고 또 이를 행하여 온 그네들이다. 이들을 이대로 방치하였다가는 어떤 생지옥을 형성할지 누가 예측하랴.

그러나, 오히려 이들의 잡초와 같이 강인하게 단련된 생활의지를 바르게 이끌어 나갈 만한 사회의 혁정(革正)이 있다면 이들은 어느 나라 소년보다도 월등한 역군들이 될 것이다.

나는 때마다 거리에서 우리 소년들을 만나면 왜제(倭帝) 때 '불령선인(不逞鮮人)'이란 칭호가 연상된다. 이 우굴우굴한 '불령한인(不逞漢人)'들이 '어떤 짓'을 하고 말 것인가에 대하여 희망과 전율을 갖는 자 나만이 아닐 것이다.

민주인격(民主人格)

얼마 전에 오촌 조카가 결혼을 했다. 연애결혼이다.

나는 그 식장에서 친척인사를 하게 되었는데, 그때 "오늘 결혼에 있어 내가 더욱이 기쁜 것은 이들 양인(兩人)이 삼 년간이나 서로 사랑을 하여 오늘의 결실을 맺게 되었다는 사실로서 아마 우리 가문 중에는 연애결혼의 효시일 것입니다. 여기 동석한 맏조카는 선도 안 보고 아내를 맞았고 둘째는 서로 선을 보고 중매결혼을 하고 이제 말째인 이 조카가 자유로이 서로 사랑하는 배우자를 선택하였으니 사양반가(斜陽班家)로 고루한 우리 일가에도 새 시대의 호흡과 생기가 도는 것 같습니다"라는 뜻의 소회(所懷)를 피력하였더니 일동은 대소(大笑)하였다.

그런데 이것이 조그마한 실언(失言)이 되었으니 식후(式後) 연회장으로 가는 차중(車中)에서 종형이 먼저 "그런 심한 말은 왜 하니, 양가 부모들의 얼굴이 어찌 되느냐"는 설유(說諭)가 있었고, 연이어 몇몇 친척들의 미소(微笑)의 항의가 있었다.

그런데 재미있는 사실은 사돈댁에 상객을 온 신부의 부친은 40객(客)으로서 일배 후(一杯後) 왈 "내 여식(女息) 학교 시절은 말할 것도 없고 은행에 취직을 해 있어도 퇴근은 단 삼십 분이 늦은 적이 없는데 댁의 자제와 서로 교제가 되고 있다는 이야기를 저희 모친에게 들었을 때 나는 노기대발(怒氣大發)하고 타직처(他職處)를 구해 주려 했죠."

이렇게 신부의 정숙과 자기의 엄격을 누누 변명하더니 취기가 돌자 흥그러워지며 실토하기를,

"내가 이렇게 완강하니까 저희 모가 나에게 하는 말이 당신과 나도 1년간이나 연애를 하지 않았소— 하는 반격에 그만 풀어지고 말았지요. 그래서 혼사를 결정했지요."

나는 이 사돈의 취중실토(醉中實吐)에 오히려 무안무색하여졌다.

모두 이것은 객설에 불과하나 우리가 한번 오늘날 자기 스스로는 민주주의적이며 또는 개화진보된 인격을 갖춘 것같이 자신하고 있으나 실제로 행동은 이와 병행하는가를 자성해 볼 때 얼마나 수많은 모순 속에 빠져 있음이 드러날 것이다.

가장 생명의 윤리적인 평등을 주창하는 문학예술인들이 그의 천재 또는 선민의식이 마비되어 생리적인 특권계급으로 자처한다든

지 입으로는 남녀평등을 말하나 나부터 여인을 한 인격으로 접하지 않는 언동이라든지 반상(班常) 또는 지방관념(地方觀念), 미신사상(迷信思想) 등 우리 인격 속에 구체적으로 좌초된 반동경향은 이루 헤아릴 수 없다.

더욱이나 가소(可笑)할 일은 자기 자신의 경우에는 봉건적이라든가 또 이와 반대의 편의주의자들의 시대편승론이다.

이리하여 우리 사회는 기형적으로 발전하고 또 낙후성을 모면치 못하고 있다.

그러므로 진정한 '민주적 인격' 또는 '진보적 인격'이 되기 위하여는 각자가 구체적인 인격혁명을 치르어야 한다. 쉬운 예로 사회의 지도층들이 여자가 끝까지 노리개로 보일 때까지는 남녀평등이란 구두선(口頭禪)밖에 아닌 것이다.

■《침언부어》(1960)

만우절교서(萬愚節敎書)

오늘 만우절을 당하여 민국(民國)의 제10대 대통령으로 무투표 피선되어 취임한 구상(具常)은 천상신(天上神)의 은총에 감읍(感泣)하오며 민국의 장래와 인민의 복지에 가호 있기를 간구하여 마지 않는 바입니다.

본인의 대통령 피선은 오로지 우리 민중의 만우(萬愚)에 소치(所致)하는 바로서 앞으로 대통령의 만기종람(萬機綜覽) 역시 암우(暗愚)와 혼미(混迷)를 벗어나지 못할 것을 미리 선언하여 둡니다.

이 자리에 정사범백(政事凡百)에 대한 포부를 하나하나 가려서 피력할 바 없고 오직 본 대통령이 소신(所信)하는 바 국가대본(國家大本)에 관련하는 혁정(革正)할 기구 몇 가지만을 언급하여 볼까 합니다.

첫째 본 대통령이 설치코자 하는 것은 국가원로원(國家元老院)입니다.

40년 혹은 50년 동안이나 해외로 망명하여 독립투쟁을 하여 온 혁명지사들에게 (설사 그들이 독립이란 이름 아래 아편장수를 했다손) 또는 3·1운동 이후 국내에서 온갖 고초를 겪어 가며 고절(苦節)한 은사(隱士)들에게 국가적으로 이를 양노보중(養老保重)하여야겠다는 것입니다.

이들이 기거할 집 한 간 변변히 없고 삼순구식(三旬九食)을 한대서야 민족의 정기가 연면(連綿)될 수 없고 국민의 기강이 확립될 리

만무하며 또 이들의 현실적인 불우는 그들로 하여금 '정권을 못 잡으면 애국순사(愛國殉死)도 별무소용(別無所用)'이라는 허망 속에 빠지게 하며 나아가서는 그들의 불평불만과 현 정권에 향한 비방은 무서운 반동세력을 조작하게 될 것입니다.

이것은 여담입니다마는 남북협상에 갔다 온 분의 이야기인데 공산괴뢰들의 꼭두각시극이 모두 다 부정되었는데 혁명자 유가족 학교엘 가 보니 눈물 나더라는 것입니다.

그래 공산주의자가 가지고 있는 휴머니티를 민주주의자가 못 가지고 있대서야 될 말이겠습니까.

이러한 원로원(元老院)의 필요성은 비단 혁명지사들에게만 있는 것이 아니라 앞으로 민국의 유공자들 전 정부통령(正副統領)이나 전직 유공장관 유공시민들에게도 해당되는 것입니다.

여기 좋은 예로는 작고한 이시영 부통령이나 오세창(吳世昌) 선생의 생계가 어렵던 만후(晚後)를 상기하여 보면 더욱 절실(切實)할 것입니다.

둘째로 본 대통령이 구상하는 것은 통일촉성상설기구(統一促成常設機構)의 설치입니다.

도대체 통일하겠다는 나라에서 여타 문물기구는 배설(配設)하여 놓고 통일촉성기구가 없다는 것은 언어도단(?)입니다.

우리 국시(國是)는 반공통일에 있는 것이고 그 방법이야 무력통일이든 정치적 통일이든지 과학적으로 연구검토 추진하는 기관이 있어야 하겠습니다.

국회에서는 원자력위원회까지 설치하겠다면서 통일촉성에 대하여는 방념상태(放念狀態)입니다.

그러고서는 국제적으로 통일문제가 나오면 UN결의 재인(再認)을 만장일치로 가결하는 것을 능사로 삼습니다.

더욱이나 고소(苦笑)할 것은 변 대표의 제네바 제안을 위헌이라고 지탄하는 것인데 국내의 사소한 문제를 가지고서는 사사오입 개헌도 하면서 통일이라는 지상과업만은 기성헌법의 사수를 하여야 된다는 그들의 심지(心志)를 알다가도 모를 일입니다.

하여간 우리는 이제까지의 국제적이든 국내적이든 통일촉성에 피동적 상태를 벗어나야 하겠습니다.

통일 호소나 통일 제안은 마치 북한괴뢰 '조통(祖統)'의 정상배가 되고 있습니다.

우리야말로 통일의 방안을 과학적으로 연구하여 국제적으로 국내적으로 제시하며 추구하며 달성하여야겠습니다.

여기에 또한 부수적으로 연관되는 것은 국민조직을 이 기구에다가 개편시키는 것입니다.

이제 와서 국민회(國民會)는 이러한 전 국민조직의 기능을 상실하고 모 정당에 예속화하는 감이 없지 않은 것입니다.

넷째 국가기획원(國家企劃院)의 창설입니다.

오늘날 우리 정사의 빈곤은 그 기술의 빈곤에 기인하는 것이라 하겠습니다.

말하자면 모든 부면(部面)이 기획이 없는 주먹구구식이요 임갈굴정격(臨渴掘井格)입니다.

이래서야 이 후진성을 못 면할 것입니다.

단적으로 지적하면 우리 국민은 더 잘 먹고 잘 살기를 원한다기보다 이 생활을 합법화하여야 하겠다는 것입니다.

소위 일제 대동아전쟁 말기에 대두박(大豆粕)을 먹고 해수(海水)로 김장을 해 가면서도 천진량심(天眞良心)을 지키고 살 수 있었으며 합법적 생활을 영위하였던 것입니다.

오늘 우리는 전화(戰禍)를 입은 나라로서는 물량이 풍족한 셈이나 사농공상 어디에 종사하여도 목구멍은 포도청에 가 있는 비법생활(非法生活)을 하고 있습니다.

이러한 상태를 시정하려면 각 분야 기술인 전문인이 국가기획에 전적으로 참여하여야 합니다.

그러나 오늘의 형편으로는 행정부나 국회의 주도인사(主導人士)는 실제상 막연한 정치인이요 사회 지도자들이 군집되어 있는 곳입니다.

여기에서 국가기획원의 창설로써 이를 연구케 하고 다수의 유능 기술인들의 산재방황(散在彷徨)을 억제하고 이 후진성을 모면케 하려는 것입니다.

이상과 같은 본 대통령의 국가혁정안(國家革正案)은 곧 실천에 옮길 것이나 불행히도 그 임기는 금일로써 만료되는 것입니다. 가가대소(呵呵大笑).

■《침언부어》(1960)

관사시비(冠詞是非)

"자네 앞으로 4년간은 한자리 얻어 하긴 틀렸네."
"반정부자라고 호(號)가 나서 당국에서 주목한다니 조심하시게."
"우이송경(牛耳頌經)인 걸 붓을 들어선 무엇합니까. 괜스레 난세(亂世)에 신세만 상하지요."

이상은 지우(知友)들이 나에게 발(發)하는 농반진반(弄半眞半)의 수인사(修人事)요 충고다.

관직을 탐내 본 적은 몽중(夢中)에도 없었으니 종생(終生) 한자리 못 얻어 걸린댔자 귀도 가렵지 않으나 반정부자라는 관사(冠詞)와 난세불관설(亂世不關設)은 의외일 밖에 없다.

나의 문필작위(文筆作爲)를 반성해 볼 때 한 일이 있다면 현 정부의 실정면(失政面)과 현 사회의 부패상을 한 시민의 순수 양심으로서 지탄하여 왔고 또 그 시정을 요구하였던 것이다.

지난 정치파동(政治波動) 중만 하여도 그야말로 민의(民意)의 소재(所在)를 밝힌 것밖에는 타소행(他所行)이 없다. 그러면 이러한 언론행위가 반정부라면 현 정부는 누구의 독점 정부라는 말인가.

군주국가나 전제정권이 아닌 이상 정권은 만민의 것이며 우리의 정부지 우남정부(雩南政府)는 아니다.

더욱이나 민주정체(民主政體)에 있어서 '정(正)' '반(反)'의 공론이 병행 창달(暢達) 되는 것이 그 기본요소로서 이로 말미암아 '합(合)'이라는 발전에 나아가는 것이요, 또한 본질적인 데서 따져 보면 어떤 민족이상(民族理想)이 성취되기 위하여는 반드시 현실을 혁정키 위한 부정정신이 옹호되고 육성되어야 하는 것이다.

그럼에도 불구하고 오늘 이 땅의 민주공기(民主空氣)는 정부에 향한 시비와 공론은 당 부당을 고사(姑捨)하고 반정부자라는 신칭호(新稱號)로서 이단시하며 정적시하고 나아가서는 악의에 찬 눈으로써 반국가(反國家) 반민족시(反民族視)하여 그를 불구시민화(不具市民化)하려 든다.

"잘못했다 큰코 다칠라고, 대세(大勢)에 따라가지."

이것이 오늘날 각급의회(各級議會)의 속임 없는 공기요 "눈 뜬 장님과 말하는 벙어리가 되는 게 제일이야……." 이것이 위축된 민중의 심정으로서 이렇듯 국민이 오관(五官)을 스스로 봉쇄하여서야 이 땅 민주주의는 정말 '쓰레기통에다 장미를 가꾸기'보다 더 백년난망(百年難忘)일밖에 없다.

그러면 여기에서 한편 돌이켜 생각할 때 그가 현직(顯職)이든 국민의 대변자이든 그냥 시민이든 이렇게 어떤 권세나 이욕에 무비판으로 맹종하고 기피하고 방관하고 이용당하는 그자들이야말로 반정부요 국가민족의 반역자들인 것이다.

■《침언부어》(1960)

삼인칭(三人稱)

속담에 이런 이야기가 있다.

소위 양반이 종복(從僕)에게 말고삐를 들리고 산길을 가는 참인데 얼마쯤 가노라니 종복 녀석이 자지러지게 놀라며,

"나으리 저 범아재비(산초명[山草名]) 좀 보세요"

하고 풀숲을 가리키는 것이었다.

양반 나으리께서는 고개를 돌려 가리키는 곳을 보니 종 녀석이 풀을 가지고 그렇게까지 까불어대는지라 한번 점잖게 꾸짖어 가로되,

"에이 요 잔망스러운 놈아! 초목 이름이 범이라는 것도 해괴한 일인데 짐승에게 숙질(叔姪)은 다 무엇이냐! 어서 방정 떨지 말고 가자."

길을 재촉하더란다.

그런데 또 얼마쯤 가노라니 이번엔 공교롭게도 산허리를 도는데 벼랑 위에 대호(大虎) 한 마리가 버티고 앉아 정말로 행인(行人)을 노리고 앉았는 게 아닌가.

또다시 먼저 본 종 녀석 이번에야말로 똥줄을 싸며,

"나으리 저 호랑이! 호랑이 좀 보세요. 우리는 죽었습니다."

하니 양반 나으리 이번에도 또 방정맞다고 종 녀석을 나무라려다 우선 쳐다보니 호랑이가 틀림없는지라 혼비백산하여 그만 한다는 소리,

"얘야 얘야 내가 아까 저 어른 숙부님께 실언을 안 했지."
하더란다.

이즈음 우리는 대화에서 제삼자를 호칭할 때 그의 사회적 직위나 인격 연령 등에 향한 이렇다 할 예우도 없이 그저 '아무개' '그녀석' '그놈' '그 자식' 등으로 마구 호명호칭(呼名呼稱)하는 것을 흔히 듣는다.

그럴 뿐만 아니라 나아가서는 이렇게 마구 제삼자를 깎아 낮추고 경홀히 하는 것을 자랑으로 삼는 무뢰한까지 성행한다.

그런데 이런 친구일수록 막상 당자나 그 직권 앞에 가면 '영감님' '각하님' '각하 사모님' 등 과공(過貢)이 비례격(非禮格)의 자기비하(自己卑下)를 감행(敢行)하는 자들로서 이런 자들이 한번 뒤만 돌아서면,

"오늘 이 민주주의 세상에 그 사람이 그놈이고 그놈이 그 사람이지 장상(長上)과 인격과 직위가 다 어디 있어" 하는 패들인 것이다.

물론 나는 공인(公人)의 언론 호명이 이 사회통례(社會通例)임을 모르는 사람은 아니고, 오직 기우(杞憂)하는 것은 저 대호(大虎) 만난 양반의 곤경과 봉변을 우려하는 자이다.

■《침언부어》(1960)

소탐제상(所貪祭床)

얼마 전 신임 모 장관의 외척(外戚)이란 자가 나의 친구를 찾아와 씨부리는 이야기다—
　모 장관은 취임 즉시로 측근자를 불러 놓고 그 심회를 토로해 왈, "오늘같이 이취(離就)가 무상한 시절에 내가 만년장관(萬年長官) 일 리는 없으니 재관 시(在官時)에 장래할 정치적 경제 기반을 닦아 놓아야 할 터인데 제공(諸公)들은 이 기회를 물실(勿失)하고 적의(適宜)한 방안을 연구하여 바치라."
는 분부를 받았다 한다.
　그래서 그는 사면(四面)으로 그런 구멍을 뚫은 결과 마침내 좋은 방법이 있어 부산으로 가게 되었는데 만일 성사성부(成事成富)하면 나에게 일임(一任)하여 문화사업을 위하여도 대금(大金)을 거출(據出)할 것이니 그리 알고 기대하라는 웃지도 못할 수작이었다.
　나는 여기서 이 작자의 수작이 그의 조작인지 또는 신임 모 장관의 실토인지 그 진부(眞否)엔 흥미도 관심도 갖는 자가 아니다.
　오직 이 웃지도 못할 소화(小話)가 시사하는 바 오늘의 탐관과 오리의 근본적인 일면(一面)에 관심을 갖는 바다.
　소위 일제 때 소학교 5, 6학년이면 일본의 각 대신 성명은 물론 총독 도지사 군수 면장의 그 성명에다 이력까지를 암기하였고, 이것이 상급학교 구두시험 재료가 되었거니와 오늘 기자로 행세한다는 나부터 각 부처 장관의 성명 석 자커녕 성마저 다 기억해 내지 못하리만큼 고관현직(高官顯職)들의 의자경질(椅子更迭)이 무상하다.

　미국 신문기자들은 한 장관이 취임하면 3개월간은 그 시책(施策) 여하를 두고 보다가야 검토비판(檢討批判)한다고 들었다.

　오늘의 우리 각 부처 장관들은 취임 첫 날부터 국회의 초달(招撻)과 신문의 '야지'와 정쟁의 압력에다가 경무대(景武臺) 출입 등 그야말로 좌불안석이니 이러고서야 의자수호(椅子守護)에 무슨 국가 시책이 계량(計量)될 것인가.

　어느 영화 제목에 '연애할 시간 없다'라더니 오늘의 우리 고관현직(高官顯職)들이야말로 '정치할 시간 없다'일 것이다.

　이러니 중이 염불엔 마음이 없고 제상(祭床)에 마음이 팔린다는 격으로 전기(前期) 신임 장관의 실토대로 재관 시(在官時)를 한시 바삐 이용하여 한몫 보자는 속셈이 생기는 것도 무리가 아닐 것이며 공군 참모총장 직에 2개년간 '보험부(保險附)'라는 만고미문(萬古未聞)의 기약(奇約)이 있게 되는 것이다.

　정말 어느 정당의 간판처럼 야유군현(野有群賢)이라고 우리는 생각지 않는다. 또한 모든 인재(人才)가 다 행정의 초심자라 적재적소만을 고창(高唱)하려 들지 않는다.

　오히려 '용인물의(用人勿疑)'하여 그들에게 시책을 연구시키고 배포케 할 시간을 주라.

　그들에게 또다시 소탐제상케 하지 말고 염불에 마음을 갖게 하라.

■《침언부어》(1960)

감투보험(保險)

월남한 처제의 산파증명(産婆證明) 재교부에 2개년이 걸려도 아직 미완이다.

첫째는 구비서류에 대한 각급 관청의 부정확으로 시일을 잡아먹고, 둘째는 민원서류 처리에 대한 당해 관계관들의 무성의와 태만의 소위요, 셋째는 당사자들이 고만 지치고 마는 것이었다.

그 기간 봉변사(逢變事)로는 모 출장소 접수계원이 신청요금 일금 천오백환야(千五百圜也)를 중간횡령하였기 때문에 3개월 서류가 상신(上申)되지 못했다는 사건도 있다.

지난번 입경 중(入京中) 중앙청 모국(某局)에 소관(所關)이 있어 이틀을 국장실에서 3시간 이상씩 대기하였는데 그 옆방 국원들이 사무보다 잡담으로 더 소비하고 있음을 보았다.

그래서 이즈막 신문사로는, 친지들이 호적초본 또는 신원증명을 하려고도 들고 오니 질색이다. 말하자면 기자를 시켜 '모찌마와리'(지회[持廻])라는 것을 해 달라는 것이다.

전선(戰線)엘 가 보면 새파랗게 젊은 장군들이 일개 군단 또는 사단을 움직이고 있다. 만 명 또는 3, 4만 명의 살림을 도맡아 해 나가고 있는 것이다. 책상 의자 하나도 다 놓일 자리 놓여 움직이지 않고, 각급 지휘관들은 매일의 공과(工課)를 지시하고 저녁에는 그 성과를 점검하고 있다. 아주 규율이 있고 또 능률적이다.

물론 이것은 군대라는 특수성이 있고 또 미 군사고문관이 배치되어 있어 편달육성(鞭撻育成)하는 연유이기도 하나, 타 행정부에 비기면 엄청난 행정력을 소유하고 있다.

그래서 어떤 사단장들은 후방의 어느 행정을 우리에게 맡긴다면 능률적으로 처리하겠다는 자부(自負)마저 가진다.

그들이 생각하듯이 그렇게 간단한 것은 아니나, 여하간 행정력의 결핍이 오늘 우리 정사(政事)의 일대약점이기도 하다.

왜 이러한 구차스러운 이야기를 늘어놓는고 하니 실로 오늘날 우리 대소정객(大小政客)들의 국가경륜이란 참으로 주먹구구다.

그래서 초대 우리 어느 국제파견대표가 월남자(越南者)의 일계(日計)를 말했더니 우방 대표가 그 계산으로 친다면 북한엔 인민이 한 사람도 없으리라는 비소(鼻笑)를 받았고, 여부(與否)는 고사하고 지난번 한미회담 때 미 대사관원은 한국의 대표들은 고등학교 정도의 계수(計數)도 불능이라고 모욕적 언사를 발한 일까지 있다.

우리는 여기에서 이 기인(起因)을 살펴보면 무엇보다도 대소관리(大小官吏)들이 좌불안석이라는 것이다. 장관을 비롯하여 발령 그 날부터 시책보다도 그 자리를 어찌 보전하느냐가 부심사(腐心事)요, 나아가서는 이 기회에 어떻게 권력과 재력을 축적하느냐에 바쁜 것이다.

이렇게 되니 어느 사이에 시책과 방안을 연구 검토 추진할 수 있을 것인가. 그래서 공군 참모총장 직에는 2년간이라는 정직보험(定職保險)이 붙어 있기도 하다.

이러다가는 감투보험회사를 설치해야 할 일이다.

■《침언부어》(1960)

필요악(必要惡)
― 군인(軍人)과 실행(失行)

전쟁이 치열하던 때 나는 미 정훈장교(政訓將校)를 붙들고 미병(美兵)의 행패(行悖)를 힐난한 적이 있었다.

그랬더니 그 장교는 즉답(卽答)하여 응수하기를 "한국에 출전한 미 장병들은 목사 출신이 아니요, 그들은 기질이 격정적인 싸움의 능수들입니다. 아마 목사들이 한국에 왔다면 난행(亂行)은 일절 없었을 것이나, 전투는 승리를 거두지 못하였을 것입니다."

나는 이 함축 있는 풍자에 유구무언이었다.

요즈음 연발적으로 신문의 사회면을 난무하고 항간의 화제를 소란케 하는 것은 우리 국군 장병들의 실행(失行)이다. 물론 이들의 실행은 평민의 행동과 달라 사회의 일대 문제가 되며 또한 통일 전야(前夜)의 총전후방(銃前後方)의 위험신호가 아닐 수 없다.

그러나 한편 돌이켜 생각하면 이 판도 이 판국 이 판세 속에서 어제께까지 혈투하던 그들이, 그들만이 독특히 지닐 수 있는 자기희생에 대한 긍지와 이에 반비례하는 현실적 암울이 어떤 향방(向方)에서 처리될 것인가, 다시금 일고(一顧)되어야 하지 않겠는가. 군국주의 일본의 예를 드는 것은 불상(不祥)스럽지만 그들 국민이 소위 '헤이타이'에 대한 대접을 얼마나 따뜻이 하였던가를 한번 상기해 보면 우리에게도 자성(自省)이 있을 것이다.

오늘날 우리 현실에서는 하사관 급료가 3백 원에서 7백 원, 이들이 극장 구경 한 번 시키기에 그 요금 반감도 지정석제(指定席制)인가 무엇인가로 철폐되고 마는 지경이 아닌가. 여기서부터 그들의 난동(亂動)의 소인(素因)이 배태(胚胎)하고 있는 것이다.

우리 언론도 실토해 말하면 군인의 비행이 적발만 되면 징악(懲惡)이라기보다 먼저 마치 숙원(?)이나 풀 듯이 쾌재(?)를 부르는 경향도 없지 않다.

그래서 장병들의 입에 나온다는 소리, "한번 신문에 났다가는 목이 뎅겅이야"라는 것이다.

군기의 확립을 위하여서는 장병의 목이 뎅겅 잘리는 것도 불가피하리라. 그러나 이렇게 군인의 목이 적도 아닌 우리의 손으로 뎅겅뎅겅하여 그들 직분의 안명(安命)이 불안 속에 있다는 것도 결코 될 말이 아니다.

사실 우리 국민은 계엄령을 선포한다든가 군 작전조치에 의한 대민난경(對民難境)이나 그 피해는 감수하고 있다. 오직 국민의 눈을 찌푸리게 하는 것은 취중발포(醉中發砲)를 한다든가 통행금지 구역에 지프차를 강주(强走)시킨다든가 대민언사(對民言辭)의 불온 또는 대민각종(對民各種) 개괄범(概括犯) 등인 것이다.

그러나 이것은 저 미국 장교의 비유대로 일종의 군인의 기질적인 '필요악'이기도 한 것이다.

여기에 대하여 국민은 온정적(溫情的) 이해가 없다면 그들은 마침내 자기희생을 거부하기에 이를 것이다.

"군복을 벗어야지" 장병들의 입에서 이 말이 회자되기 시작한다면 그 결과가 무섭지 않은가.

■《침언부어》(1960)

전우(戰友)의 시체를 넘고 넘어

흔히 우리가 군 지휘관들로부터 "정치적 중압과 정객들의 준동(蠢動)으로 올바른 군대 운영을 못 해내겠다"는 개탄을 듣는다. 또 이것은 너무나도 사실이다.

과거 이(李) 정권이 다른 것은 차치하고라도 선거관리에서의 포악한 지령이나 인사(人事)의 주구행정(走狗行政)은 천하가 다 아는 바로서 우리가 당장에 임했던 군사 지도자들에게 일말의 동정을 금치 못하는 바다.

그러나 한편, 이러한 군의 파행적 상황의 조성을 타력적인 죄과로 돌리고만 말 것인가는 한번 돌이켜 생각해 볼 일이다.

나는 이(李) 독재 당시부터 간담(肝膽)이 상조(相照)하는 군 지휘관들에는 다음과 같은 소박한 의견을 개진하였다.

"여보게, 자네들이 애송(愛誦)하는 '전우의 시체를 넘고 넘어'라는 그 백병전(白兵戰) 정신을 되살려 보란 말일세. 만일 그대가 육군 참모총장이나, 1군사령관이나, 논산훈련소장 직에 임했다고 가정해서 정치적 지령이나 그 강압을 받는다면 한번 보기 좋게 일축(一蹴)하잔 말이야. 그러면 그야말로 자네 모가지(?)도 보기 좋게 뎅겅 떨어지겠지. 요(要)는 그 다음이 문젠데, 자네 후임이 그 전우정신(戰友精神)을 살려 또다시 희생이 되고, 또 그다음 후임도 국군의 정상화를 위해 그런 결심을 하고 보면, 제아무리 강한 독재자도 손을 못 댈 걸세. 어떠한가! 용의(用意)가 있나! 그래 나이 사십기미

(四十幾未)의 젊음들이 별을 두셋씩 달고 몸 다칠까봐 그것 한번 못해낸단 말인가. 그래서 그대들을 속칭 똥별이라고 한단 말이다."
어쩌면 억지일지도 모를 이런 농반진반(弄半眞半)의 푸념을 해제쳤던 것이다.

　나는 4월공화국(四月共和國)인 오늘날도 군대 내의 정치도량(政治跳樑)이 무소(霧消)되었으리라고는 보지는 않으며 또 그 구충제(驅蟲劑)도 별무(別無) 신기한 것이 없으리라고 보는 자다. 아니 나아가서는 자유나 자율의 침해 방지란 타력으로는 보장도 수호도 되는 것이 아니요, 스스로가 쟁취하고 스스로가 향유하는 것이라고 믿는다.

　장성제위(將星諸位)! 전우의 시체를 넘고 넘을 4월의 용의(用意)는 계신가!

■《침언부어》(1960)

민주창망(民主蒼茫)

민주주의는 여론정치를 본령으로 삼는다.

그래서 〈런던 타임스〉 주필 수모(誰某)는 "내가 한번 붓을 들어 그 비위(非違)를 밝히면 영국의 내각은 3일만에 도괴(倒壞)되리라"고 장담하였다.

그런데 이번 공포정치에 항거한 〈대구매일〉 피습사건의 낙착(落着)을 당사자로서 소회(所懷)시킨다면 전국의 주요 신문과 그 언론인과 국회마저 가세하여 만 1개월간을 투쟁한 결과라는 것이 경무관 하나의 전임(轉任)이었다.

테러 주범들은 아직도 경향(京鄕)을 오르내려도 법의 엄단은커녕 소속 단체의 제재도 안 받고 있으며 애꿎은 최 주필만이 뒤집어 씌운 국가보안법으로 기소되어 공판을 기다리고 있고 신문사도 수백만 환의 치명적 피해와 출혈로 그 운영에 허덕이고 있으면서 그 보상은 호소무처(呼訴無處)다.

그래도 모두들 대매사건(大每事件)의 귀결은 불행 중 다행이요, 그 투쟁은 판정승이라고 위로도 하며, 나 자신도 자위를 삼고 있다.

미루어 볼진대 우리의 민주사회의 그 본령인 여론정치의 확립이 얼마나 창망(蒼茫)한가를 뼈아프고 사무치게 느끼면서 오늘 이 붓대도 누구의 훈장감이나 아닐까, 고음(苦吟), 고소(苦笑)해 본다.

■《침언부어》(1960)

불가침조약 고려?

 귀환포로들의 이야기를 종잡아 들을라치면 이번 휴전을 반대한 것은 데모를 한 남한 동포들보다 북한 동포들의 심정 속에 더욱 불붙었을 것이요, 휴전으로 말미암아 깊은 절망의 구렁이 속에 빠졌으리라는 것이었다.

 작금(昨今) 공산진영 내에 있어서는 한국의 MIG 조종사 노 대위의 월남(越南)을 비롯하여 파란(波蘭:폴란드) UN대표와 중립한위 감시원(中立韓委監視員)의 망명, 시베리아 박헌영(朴憲永)의 숙청설(肅淸設) 등등의 연달은 사건은 공산권 내의 인민의 절체절명(絕體絕命) 상태를 의표(儀表)하고 있다.

 그런데 여기에 작일(昨日)부터의 국제 보도는 미국 아이젠하워 정부가 소련과 불가침 조약을 고려 중에 있다고 전해져 전 세계를 경악과 충동 속에 몰아넣고 있다.
 말하자면 아이젠하워 정부가 미 공화당 내의 전래의 고립정책을 표면화시키기 시작한 것이다.
 일찍이 우리는 아이젠하워 대통령의 취임 당시 "아세아인(亞細亞人)은 아세아인끼리 싸워라"라는 등, 또한 휴전을 성립시키기 위한 미국의 유화력(柔和力)의 이면을 경계하며 반신반의로써 오늘의 국제적 당위성 밑에 속박당하여 있었거니와 이제 미국의 포석(布

石)이 노골적으로 소련과의 병존 정책 밑에 서려 할 때 우리 7억 자유인민은 그 비인도성을 규탄하지 않을 수 없는 것이다.

물론 미국이 취하려는 동서병존책(東西倂存策)을 근저(根底)하는 것은 작금 소련의 수소탄 보유 발표 등이 군사력의 백중(伯仲)에 연유하여 무고한 인류를 전쟁의 참화로부터 구출한다는 것이 그 구실이 되어 있거니와 우리가 다시 한 번 돌이켜 생각할 때 이러한 전쟁 회피에서 혹시 현재의 자유인민은 구출될지도 모르거니와 저 철(鐵)의 장막 속에서, 죽(竹)의 장막 속에서, 아니 우리 북한에서 자유의 실고(失苦) 속에 신음하는 인류 반수 이상의 인민들은 어찌 구출할 것인가.

그러면 유물사관의 몽상이 자본주의의 자연 붕괴를 기다리듯이 민주세계에서도 공산세계의 자연 붕괴를 대기하고 맹목하자는 말인가.

일찍이 전(前) 흉아리(匈牙利:헝가리)의 망명가 칸스 씨는 그의 《철의 장막 내의 인민》이란 저서에서 "철의 장막 내의 인민들은 오늘의 자유의 압박 속에서 여하한 수단으로라도 이를 벗어나기를 기원하고 있다. 말하자면 철의 장막 내의 인민이야말로 전쟁을 고대하는 유일한 인민들이다"라고 갈파하였다.

전쟁을 고대하는 북한 8백만 동포, 중공의 4억 인민, 소련 및 그 위성국 내의 5억 인민의 인류적 심정을 아이젠하워 공(公)도 아는가, 모르는가. ⋯⋯ 미소불가침조약(美蘇不可侵條約)이라니.

■《침언부어》(1960)

주택소고(住宅小考)

  8·15 직후 임정 요인(臨政要人)들이 환국(還國)할 적에 기류(氣流)로 인하여 대전엔가 군산엔가 불시착한 일이 있었다.
  일행을 맞게 된 당시(當市)에서 졸지의 일이라 우리 협착한 한국 여관에로 안내케 되었는데 방에 들어가자 동행 중의 국부요인(國府要人) 한 분이 우리 요인들을 보고 왈,
  "귀국(貴國)의 가옥(家屋)엘 들어와 보니 천정(天井)이 사뭇 높고 실내(室內)가 광활하니 과연 대 인물이 배출할 것이오."
  이렇듯 야유하므로 일동은 무색하여졌다는 이야기가 있다.
  비행기를 한번 타고 공중에서 우리의 도읍과 촌락을 부감(俯瞰)해 보면 참으로 시가(市街)의 도로나 건축의 구도가 옹졸하기 짝이 없고 촌락에 이르르면 그야말로 게딱지 같은 지붕들이 옹기종기 붙어 있음을 볼 수 있다.
  더욱이나 그 대지를 가로막는 담장 울타리 등 한두 평에도 나뭇가지를 꽂아 놓고 그 소유의욕(所有意慾)을 충족시키고 있는 것 등은 보기에 딱하고, 도시에 나오면 정원 내의 화단에도 오물조물 구역을 가로막아 놓아 잔망스럽기 짝이 없으며, 벽돌담이나 시멘트 벽에다 맥주 병이나 사이다 병을 깨뜨려 꽂아 놓고 있음을 볼 때는 그 야(野)하고 박(薄)함이 눈을 들어 쳐다보지를 못하게 한다.
  외국 선교사들이 한국에 처음 와서 철로연변(鐵路沿邊)의 촌락가옥들을 차창으로 보고선 그 술회가 한국엔 목축업이 성(盛)하여 사

면(四面)에 축사(畜舍)들이 점산(點散)했더라는 망발(妄發)이 있다.

원래가 빈궁한 나라요 그 나라의 백성이매 유구무언이다. 우리는 이러한 원시적 전래의 가옥이나 주택제도와 또 시가지 설계와 계획을 재검토할 때는 왔다고 생각된다.

더욱이나 전화재건사업(戰禍再建事業)에 있어서는 목전적(目前的) 미봉(彌縫)이 아니라 이러한 재래의 제도가 지양된 풍습 위에서 고찰된 신양식(新樣式)의 개량이 요청되는 바다.

새 술은 새 부대에 담아야 하는 거와 마찬가지로 우리의 민주 새 역군들이 배양될 생장풍토(生長風土)와 양식(樣式)은 주택개량(住宅改良)에서부터 환기(換氣)가 있어야 할 것이다.

오늘날 애국이라면 정치적 참여나 그 혁신만을 의미하는 모양이나 오히려 우리의 재래풍습과 생활양식의 개량사업 등에 주력하는 진면목(眞面目)의 애국자들이 더 많이 나와야 할 것이다.

■《침언부어》(1960)

또 통일기구상설을 촉(促)한다.

누누(屢屢) 말하여 왔다.

총선거 때마다 입후보 제공(諸公)들은 이구동성으로 통일전취(統一戰取)를 절규하고 국난(國難)을 돌파하기 위하여서는 생명을 도(賭)할 것이라고 유권자들에게 맹서(盟誓)를 하였다.

5·20선거만 히여도 이제 빌써 10개월, 아직도 누구 하나 통일의 구체적 정략(政略)과 전략(戰略)을 제시하였다는 소식도 못 들었으며 그 호헌파동(護憲波動)을 치르면서도 어느 의원이 할복자인(割腹自刃)커녕 사퇴했다는 소문도 없다.

오직 어느 강원도 목사인가가 방청하다 고함을 치고 의장소요죄(議場騷擾罪)로 붙들렸다는 이야기는 듣고 있다.

여하간 오늘날 만인이면 다 같이 부르짖고 비원(悲願)으로 삼는 통일이 이렇다 할 자주적 작용 없이 국제적 노력이나 시간적 해결에 맡겨진다는 것은 우리의 치욕이 아닐 수 없다.

지난번 국련(國聯)에서 영가(英加:영국, 캐나다)협선안(協選案)이 대두될 무렵 우리 국회는 변 대표의 수부성명(壽府聲明)을 규탄하고 UN의 최초결의 즉 북한 백 석(百席)의 보충선거를 재확인하는 결의를 감행한 일이 있다.

우리는 이에 이 대통령의 전국 총선 찬동 표명과 앞서 임기 중에라도 대통령 재선거 가능성 등의 소신 피력 등을 상기할 때 우리 국회는 얼마나 통일에 대한 고식적(姑息的) 태도를 가지고 있는 것인가를 추단(推斷)할 수 있으며 더욱이나 변 대표를 위헌으로 규탄한다는 것은 그들이 국민투표제 등 국내정사(國內政事)를 들고 개헌을 앞두고서 통일에만 기존 헌법을 고집하는 등은 소지천만(笑止千萬)이라 하겠다.

우리의 국시(國是)란 반공통일이다.

무력통일이라든지 북한 보충선거 등은 이것은 그 방안이요 가상적(假想的) 절차에 불과한 것이다.

그럼에도 불구하고 현 국회는 모든 분과위원회를 구성하고 있으면서도 통일 촉진을 위한 상설기관이 없다. 모든 선진국 예만 하더라도 국회는 군사외교 문제를 입법부에서 연구검토 수립하여 행정부로 하여금 이를 집행케 하는 것이 통례이다.

그렇다면 우리 국회도 통일의 상설기관을 설치함으로써 그것이 무력통일이든 평화통일이든 간에 과학적이고 구체적인 전략과 정략(政略)을 연구 검토하고 이를 수립함으로써 자주적인 방안을 국제적으로 혹은 국내적으로 제시하고 이를 추진하여야 할 것이다.

이러한 상설기관은 오히려 먼저 저 괴뢰들이 '조통(祖統)'이란 간판으로 가지고 있고 그들은 이를 정치상구(政治商具)로써 언제나 활용하고 있음을 우리는 안다.

그러면 어찌하여 통일이 괴뢰들의 독점물이며 그 상구(商具)가 되어서야 될 말이겠느냐.

이러한 통일촉성상설기관(統一促成常設機關)을 국회 내에 두라는 것은 그 합법적 소이연(所以然)을 명백히 하자는 것으로서 솔직히 말하여 이러한 것이 민간운동(民間運動)으로 나타나면 또 그 제삼세력(第三勢力)인가 무언가로 정치적 흑막(黑幕) 속에서 악용저해(惡用沮害)될 우려가 있기 때문이다.

거리에 나가 행인의 백인(百人)이면 백(百)을 붙들고 물어보라.

그대들에게 "빵을 주랴, 집을 주랴, 통일을 주랴?"고 그러면 그들은 선뜻 통일을 달라고 할 것이다.

이러한 최대 민족비원(民族悲願)을 내동댕이치고 있는 것이다.

■《침언부어》(1960)

혁명투사와 현실

추석 이튿날인가 보다.

항공사(航空士) 이계환(李繼煥) 선생이 나타나셔서 "오늘은 빈손으로라도 갑시다! R선생을 뵈오러."

사뭇 비장에 가까운 표정이다.

"전 용기가 없는데요. 다문 쌀 한 말, 고기 한 근, 술 한 되를 만들어 가지고요."

매양과 같은 대답이며 핑계며 결심을 발(發)할 뿐이었다.

둘이는 그날도 R선생 문후(問候) 대신 대폿집으로 찾아 또 밑도 끝도 없는 비분(悲憤)만을 털어놓고 헤어졌다.

R선생이란 생애를 광복투쟁에 바친 절조가 놀라운 노 지사(老志士)시다.

피난 3년을 삼층(三層) 마루 귀퉁이에다 다다미 몇 장을 깔고 두문불출, 있으면 자시고 없으면 안 자시는 세인(世人)은 상상키도 어려운 생활을 하고 계신다.

나도 우연한 기회에 지음(知音)을 얻어 때마다 훈도(訓陶)에 목욕하나 본성(本性)의 방자(放恣)와 또 전기(前記)와 같은 세로적(世路的) 민망(憫忙)함에 구애(拘碍)하여 문안(問安)도 구궐(久闕)하고 있는 형편이다.

이미 작고하신 성제(省齊) 이시영(李始榮), 위창(葦滄) 오세창(吳世昌) 양옹(兩翁)의 종신시(終身時) 생활환경이 여하(如何)하였다는 것은 타세 후(他世後)에 전파되어 세인(世人)의 눈물을 자아내었거니와 여기 이제 R선생과 같은 유무명(有無名)의 독립지사들이 유리분산(流離分散)되어 오늘도 어제도 또 내일도 삼순구식(三旬九食)의 연명(延命)을 해 가고 있다는 사실을 알고도 모르고 있는 것이다.

속담에 "죽은 조상 받들 줄은 알아도 산 조상 섬길 줄은 모른다"더니 오늘 우리를 두고 한 말이 아니겠는가.

독립정부 수립 전 '국의(國議)', '민대(民代)' 합동분규(合同紛糾)가 있을 때 돈암장(敦岩莊)에서 애국신문사(愛國新聞社) 편집자들을 모아 놓고 대통령 이승만 박사는 "우리가 임정(臨政)의 혁명정신을 계승할 것이지 그 인물을 계승봉대(繼承奉戴)할 필요는 없다. 인물과 기구를 가지고 법통(法統) 법통하는 것은 국의(國議)의 과신(過信)이요 또 민주정치가의 오류다"라는 지적에 나는 크게 감복하였던 생각이 난다.

물론 오늘날 현실적으로 무능 무세(無能無勢)할 뿐 아니라 노지사(老志士) 개중(個中)에는 과법(過法)에 영웅주의적 회상에 자가미혹(自家迷惑)되어 오히려 집권탐욕(執權貪慾)에 맹목되려던 경향도 없지 않았다.

그러나 우리가 여기서 한번 돌이켜 생각할 때 정부수립된 지 이미 5년 독립운동에 전 생애를 바친 혁명원훈(革命元勳)들에게 국가적인 논공(論功)과 그 생활보장이 없이 각 개인의 동정금(同情金)이나 또는 정치적인 문패착용금(門牌着用金)으로 보양(保養)해 왔다는 이야기가 될 말이 아니다.

MIG를 타고 삼팔선(三八線)을 넘어와서 22세의 청춘은 10만 불의 상금과 전(全) 자유세계의 환영을 받는다.

어찌 육십풍상(六十風霜) 감옥과 이국에서 우리 주권을 사수한 원훈(元勳)들에게 이다지 무심할 수 있으랴.

소위 남북협상에 참여했던 분들에게서,

"다른 것은 괴뢰들의 위장이 발견되고 깨달았으나 혁명가 유아학교(遺兒學校)에 갔을 때만은 감격했다"는 이야기였다.

그러면 공산당이 가지는 휴머니즘도 민주정치가 못 가진대서야 이 또한 말이 아니다.

그렇다고 독립원훈들이 기백명(幾百名) 기천명(幾千名)이 있는 것이 아니라 유무명(有無名)의 노지사(老志士)들을 다 모았댔자 기십명(幾十名)도 안 될 것이요, 이들을 양로보중(養老保重)할 정부조치는 오늘이라도 대통령 훈령 한 장이면 알아보리라.

이로(理路) 중단(中斷)코, 솔직히 토로하면 이 산재되어 있는 노지사들이 굶고 헐벗어 떨면서 "무엇을 생각할 것인가!" "무슨 생각밖에 안 날 것인가!" 오늘의 집권자들도 한번 생각해 볼 일이다.

■《침언부어》(1960)

'혁명재판(革命裁判)' 방청기
— 공분(公憤)과 구토(嘔吐)와 연민(憐憫)과

　내가 신문사의 연락을 받고 법정에 들어선 것은 오후 3시 정각이었다.
　바깥 삼엄한 경비에 비해 정내(廷內)의 공기는 더위와 입김에 사뭇 늘어져 있었다느니보다 진득진득하였다.
　피고들은 고의적삼으로 말쑥하게 차리고 거의가 피둥피둥한 몸집이었으나 추해 보였다. '요 나쁜 것들'이라는 선악의 형용보다는 '이 더러운 작자들'이라는 미추(美醜)의 의식이 내 머리를 스쳐 갔다.
　그러고는 웅기중기 나란히 서고 앉은 구데기 군상(群像)들을 향해 나는 민족의 공분(公憤)이라기보다 구토가 솟아오름을 금치 못했다.
　시방 진행되고 있는 인정신문(人定訊問)은 송인상(宋仁相), 홍진기(洪璡基)를 비롯한 소위 전직 각료들이었다.
　후마키라(파리약) 맞은 파리처럼 모두 얼떨떨한지 풀기가 죽어 제 주소 번지도 재판장의 재심문(再審問)과 교정을 받아야만 했다.
　나는 그중 연전(年前)에 교분이나 있던 한둘의 그 호쾌(豪快)하던 소성(笑聲)과 서슬이 푸르던 그 양자(樣姿)를 상기해 보고 엉뚱한 무상감에 잠기곤 한다.
　검사의 기소문이 낭독되었다. 놀라기보다는 우리가 이미 너무 보고 듣고 알고 또 당한 바라 '이것만도 아닌데……' 하는 느낌이었다.

아니 죄목(罪目)으로 늘어놓으니 어딘가 그를 인간작위(人間作爲)의 핵심이 빠져 있다는 심정이었다.

간간(間間)이 검사(檢事)의 입에서 튀어나오는 '이승만' 소리가 귀를 쫑긋거리게 한다.

나는 슬며시 화가 동하여 속으로 "똥은 비단보에 싸서 하와이에 옮겨 놓고 구더기만 몰아다가 뙤약볕에 뒹굴리고 있구나"라고 입담기 창피한 욕담(辱談)을 중얼거리고 있었다.

사실심리(事實審理)에 들어갔다.

3남 2녀(三男二女), 처, 모친 등 가족상황이 심문되었다.

개중(個中) 노(老) 피고인 정문흠(鄭文欽)이 방청석(傍聽席)을 뒤돌아다 보았다.

가족들을 재확인하는 모양이다. 나도 힐끗 휘돌아 본다. 이 구석 저 구석에 부녀가족(婦女家族)들이 끼어 있었다.

그래도 자기의 부군을 지키려는지 넋 빠진 몸이나마 눈만은 전면(前面)으로 모으고 있었다.

가슴이 찡해 온다. 감상이 아니라 증오다. 저들도 자기다운 산술에서는 공아(公我)와 공리(公利)와 공의(公義)를 유린하며 민족국가를 기새(氣塞)에 몰아넣으면서까지 저의 일신(一身)과 저의 가족의 영달, 안락이 추구될 줄 신념(信念)했다는 그 사실과 우열성(愚劣性)이 그지없이 미워지는 것이다.

저런 우열과 천골(賤骨) 밑에 혁명 전 일각(一刻)까지 전단(專斷) 우롱당하던 2천만, 아니 자기 자신이 지켜워지는 것이다.

"XXX! 당관계(黨關係)는?" 재판장의 물음에 "X년 X월에 자유당 중앙위원으로 모르는 새에 발표되었더군요."

"당원이 안 되고 어찌 중앙위원이 되는가?"

"그저 자동적이었죠."

"그러면 자의(自意)가 없었단 말인가?"
"네! 피동적이었죠."
"그러면 당시 반대의사를 표시한 일이 있는가?"
"없습니다."

개개(皆皆)가 이런 조(調)다. 그들의 구명(苟命)과 도생(盜生)을 찾는 야비한 심리가 여기서도 역력히 발동한다.

이러한 소신도 자존도 없는 몰골들을 거느리고 당을 만들고 정부를 경륜(經綸)했다는 그 늙은이의 혼암(昏暗)을 우리는 "인사(人事)에 등신"이라고 야유해 왔지만 오히려 그들의 '지당(至當)'만을 사서 저렇듯 저열한 인간의 상(像)들을 대각(臺閣)에 열(列)시켜 오늘날 저들을 심판대(審判臺)에 서게 한 '이승만'은 제오(第五) 살인계에 원흉이라 하겠다.

정내(廷內)는 여전히 탁한 호흡에 짓눌린 듯, 한 사람의 표정도 맑음과 밝음이라곤 찾아 볼 수 없다.

오직 사진반(寫眞班)들의 셔터만이 명쾌한 여음(餘音)을 남기곤 한다. 재판석도 변호인석도 방청석도 서로가 송충이를 어루듯 께끈한 얼굴들이다.

나는 시여(時餘)도 안 되어 더 이상 눌러앉았을 심정이 아니었다.

뛰치듯 나와 심호흡하는 7월 하늘에는 역시 무겁디 무거운 구름짱이 내려앉고 있었다.

언제나 저들에게 대한 혁명적 단죄가 있어, 우리의 뭇가슴에 청명을 가져다 줄는지 그 기상(氣象)도 요즈음의 장마 날씨처럼 매우 의심스럽다면 기우일까.

■《침언부어》(1960)

친화(親和)의 묘리(妙理)

등산객들이 늑대 새끼 다섯 마리를 데려다 길들인다는 신문보도를 보고 연상되는 장면이 있어 나는 저 불란서의 항공(航空) 소설가 생텍쥐페리의 유명한 동화 〈어린왕자〉를 펼친다.
 그 마지막 부분 별의 왕자가 지구에 와서 여우와 만나는 대목인데 왕자가,
 "너는 누구니? 아주 예쁜데, 이리 와 나하고 놀자."
라고 말을 붙인 즉 여우는,
 "난 여우야. 너하고 놀 수가 없어. 난 길들여지지 않았거든."
하고 대답하고는 그 길든다는 말을 설명하기를,
 "네가 날 길들이면 여느 사람의 발자국 소리는 나를 땅 속으로 기어들어 가게 하지만 네 발자국 소리는 음악 소리처럼 나를 굴 밖으로 불러낼 거야. 그리고 저기 밀밭이 보이지? 그러나 난 빵을 먹지 않으니까 보통 때는 밀밭을 봐도 떠오르는 게 없어. 하지만 네가 날 길들이면 네 머리가 금발이고 밀밭도 금빛이니 그때는 밀밭을 보면 네 생각을 하게 될 거야."
하고 덧붙이기를,
 "누구든지 자기가 길들인 것밖에 알 수가 없는 거야. 그런데 사람들은 이제 무엇을 알 시간조차 갖고 있지 못해. 그들은 상점에서 다 만들어 놓은 것만 사거든. 하지만 친구를 파는 상점은 없으니까 사람들은 친구가 없지" 한다.

그리고 또 여우는 서로 길들기에 필요한 것은 참을성이요, 길든 다음에는 상대방에게 대한 책임감이 따라야 한다고 강조한다.

저 여우의 길들인다는 말은 결국 인간이나, 짐승이나, 초목이나, 사물을, 사랑하는 것을 말한다. 그리고 상대적 존재의 본질과 본체를 알려면 참을성을 갖고 길들여야(사랑해야) 하고 그 길든(사랑) 뒤에도 책임감이 따른다고 한다.

우리는 오늘의 인간관계를 저 여우의 지혜에 비춰 한번 성찰해 보지 않으려는가.

대화(對話)의 요체(要諦)

나 역시 장님 코끼리 만지는 격의 정의가 되겠지만 대화란 다른 사람의 말, 즉 어떤 딴 생각이나 그 의견을 '자기 안에 살리고' 또한 자기의 생각이나 의견을 '다른 사람 안에 살리려는' 노력으로서 그야말로 그 그리스어의 원의(原義)가 지닌다는 '로고스의 교환(dialogos)'을 뜻하는 것이다.

그러므로 저렇듯 서로 다른 생각이나 그 의견을 상호 간에 살려 가려면 대화는 무엇보다 먼저 상대방의 인격적 존중으로부터 비롯되어야 한다. 그래서 상대방의 말의 단편적인 표현보다도 그 배면(背面)에 그가 지니고 있는 인생 역정(歷程)이나 현실적 입장, 그리고 사상이나 세계관 등에 애정적인 이해나 그것에 대한 수용의 노력 등이 수반되어야 하며 그렇게 함으로써만 또한 상대방에게서 자기의 심각한 요구를 충족시킬 수 있는 해답을 끌어낼 수가 있다.

다음, 대화의 형식을 생각해 볼 때 우리의 경험을 미루어 보더라도 그것이 공중적(公衆的)일수록 성공하기가 힘든 것을 쉽게 알 수 있다. 왜냐하면 쌍방(雙方)이 공중에 대한 인상에 시종(始終) 신경을 쓰고 자기 입장을 제3자에게서 지키려는 노력 때문에 대화의 의문과 해답에 자기 본의(本意)를 전달하기가 어렵고 상대방에게 유연성을 발휘하는 데 제약을 받기 때문이다. 그래서 가장 이해가 크고 날카로운 국제협상에 비공개의 개인 접촉이 성행하고 있는 것도 그런 연유(緣由)일 것이다.

여기에 한 걸음 더 나가 플라톤은 이미 〈파이드로스〉에서 산 대화를 하기 위하여는 쌍방의 인간적 친숙(親熟)이 이상적이라고 갈파하고 있다.

그러나 아무리 대화 형식이 좋아도 그 대화자들이 공동목표에 도달하려는 열의와 성의와 확고한 신념이 없이는 대화는 성취되지 않는다. 그래서 결국 대화의 실패란 대화가 지니는 공동목표의 포기나 상실을 의미한다.

내가 이렇게 페탄틱한 취향의 글을 쓰는 것은 마치 이상기온이 나처럼 우리 사회에 오랜만에 대화의 해빙(解氷) 무드가 반짝이다가 또다시 더 얼어붙고 말아 어이가 없는 속에서 그래도 김 국무총리가 계속 국민과의 대화를 추진하겠다는 담화를 보고 이를 환영하는 의도에서다. 그리고 그것의 적극적이고 활발한 전개를 기대하면서 우리의 이 상황 속에서도 진정한 대화가 이루어지고 성취되기 위하여 지극히 일반적이고 추상적이지만 나 나름대로의 그 기본요건을 제안해 보는 바다.

고운말 쓰기

 어학에는 문외한인 나의 감촉(感觸)이지만 영어에는 자기의 주장이나 의사를 표시할 때 '나는 이렇게 생각한다'는 전제가 놓여 딴 사람의 의견이나 이견(異見)의 여지를 남긴다.
 그런데 우리의 화법에는 그런 전제는커녕 주어마저 생략되기가 일쑤여서 어떤 주장이 자기 개인의 의사인지 보편적 견해인지 모호해지기도 하고, 또 자기의 지칭(指稱)도 우리라는 복수를 흔히 사용함으로써 다수나 전체를 대변하는 듯한 느낌을 풍긴다.
 이러한 우리말의 생태와 관습이 일상성에서 그치는 게 아니라 우리 사회생활 전반에 영향하고 있다. 즉 우리는 공동생활이나 그 회집(會集)의 대화에 있어 상호 간(相互間)에 어떤 문제의식에 대한 상대방의 입장이나 그 주장을 이해해 가며 구심점을 찾아내기 이전에 서로 제 말만 하다가 파탄을 일으키는 수가 많다. 심지어는 어떤 문제의 그 쟁점 자체도 구체화하기 이전에 상대방의 그 담벼락 같은 말씨에 비위가 상하여 감정적 대립과 소동이 벌어지곤 한다.
 이러한 경향은 일반 시민 사이에만 있는 것이 아니라 소위 우리 사회 각계 지도자나, 또 이런 점을 탈피했을 수준 높은 지식층에도 미만(彌滿)하고 있음을 본다.
 나는 이즈막에 우리가 치른 정쟁(政爭) 속에서도 저러한 증상을 뼈저리게 체험하고 느낀 사람의 하나다. 여기서 그 실례를 일일이 쳐들어 가며 그동안 벌어진 공방(攻防)의 성명 내용을 평론하는 일은 지금 삼갈 수밖에 없지만 어떻든 서로가 시종 일방적인 언동이었고, 감정의 노출이 혹심(酷甚)하였음은 부인 못할 사실이라 하겠다.

거기다가 그 말 자체의 조(粗)하고 야(野)하고 박(薄)함은 이루 헤아릴 수가 없어 모든 이의 눈살을 찌푸리게 하였다. 우리 속담에 '말은 어해 다르고 아해 다르다'고 하고 '천냥 빚도 말로 갚는다'고 한다. 더구나 정치가들에겐 말이 그들의 연모[道具]다. 나는 이 기회 우리 지도자들에게 무엇보다 먼저 사리가 밝고 예의가 바른 고운말 쓰기에 노력해 줄 것을 권하며 그들이 속히 말의 묘체(妙諦)를 터득해 주기를 바란다.

언어의 순화―말과 생각을 일원적(一元的)으로 볼 때 이것은 곧 사회의 순화인 것이다.

단순화(單純化)의 일면성(一面性)

어떤 정치적 목적을 달성하려거나 또는 그 개혁을 도모하려는 개인이나 집단에 있어 명제의 단순화는 필연적이요, 또 이것은 그 노력의 열의를 북돋우는 방법이기도 하다.

그래서 상대방을 완전히 부정적으로 임해야만 그와 철저하게 대결할 투지가 생기며 한편 자기나 자기 편의 노력이나 힘이 모든 것을 해결할 수 있다는 자부가 있어야 그 결심이 동요하지 않는다.

그런데 문제는 저러한 일면적 단순성에는 바로 큰 함정 두 개가 있으니 즉 하나는 대결의 상대방을 제어하고 승복시키려거나 상대방을 타도하고 개혁하려드는 공방(攻防)에 몰입하여 자기 목표나 그 방법에 대한 부단한 반성의 결여와 자기나, 자기 편의 능력의 한계에 대한 망각이요, 둘째는 대결 상대방의 그 정치적 동기나 목적이나 의도 속에도 이쪽이 모르기도 하고 혹은 이쪽이 바라고 있는 바 적극적 가치나 또는 이쪽도 그 처지에 놓이면 별 도리가 없을 불가피한 사정들이 포함되어 있다는 사실이다.

그래서 간단없는 냉엄한 자기 검토와 쇄신과 상대방에 대한 최대한의 이해 없이는 결국 대화나 타협은 불가능하고 결국 정당정치는 공염불이다.

오늘의 우리 정치 현실과 그 상황도 여야(與野)가 철저한, 아니 극단적인 일면적 단순화의 현상 속에 가로 내동댕이쳐 있다. 솔직히 한마디로 하면 오늘의 집권당의 국가안보론은 자기네 방법대로 안 하면 망한다는 지나친 자부와 독선의 사고방식이며, 야당이나 재야세력의 민주회복 운동은 또 오늘의 집권당이 무조건 항복해야 한다는 강요의 기세가 엿보인다. 그리고 양자가 모두 어느 편이기보다 불안에 더 많이 떠는 국민만 치켜든다.

그러나 진실로 민족국가의 운명을 그들이 표방하듯 자신처럼 우려하는 사람이라면 자기의 결심이나 행동의 동기를 절대화하는 우(愚)를 범하지 말고 문제의 핵심만이 아니라 그 외연(外延)까지도 상대방이 되어서 생각해 보고 그 종합판단 속에서 오늘을 해결하려드는 노력이 절실히 요망된다.

이야말로 예지와 자유의 창조로서 행하는 선(善)이며 자신의 한계를 자각하는 인간의 참된 노력이며 우리 민족의 역사적 악순환을 극복하는 길이라고 나는 생각한다.

법(法)의 혼효(混淆)

나는 이즈막 어떤 친구의 권고로 신자유주의(新自由主義)의 제창자라고나 할 하이예크(F. A. Von Hayek)의 한두 논문을 읽고 크게 감명을 받았다. 사회학도가 아닌 내가 섣불리 그의 사상을 소개할 재비도 아니고 또 그런 마당도 아니지만 그의 명제 즉 '자유는 법 아래 있다. 그러나 그것은 자의적인 강제성이 없는 상태다'라는 제시 속에 그 자유 위에 있는 법에 대한 개념이 오늘날 우리 사회현상에 교훈을 주는 것이기에 여기 옮겨 음미해 보고자 한다.

즉 그는 말하기를 "법은 본시 있는 것, 그것을 찾아내는 것이지 만들어 내는 것이 아니다"라고 갈파한다. 그리고 덧붙여 설명하기를 법은 인간이 임의로 만든다는 생각은 의회제도의 선진국이었던 영국에서 의회가 자기네의 결정한 것을 법률이라고도 부른 '우연'에 그 출발이 있었다. 그래서 국회의 다수결로 만들어지는 법률에는 편의(便宜)의 범주에 속하는 것이 많기 때문에 이것들을 일률적으로 법이라고 부르는 데서 현대의 법률의식의 혼란이 있다고 그는 주장한다.

말하자면 그가 뜻하는바 법이란 인간의 도리 중, 사회규범의 일부로서 이것을 찾아내서 성문화한 것이니까 어떤 만들어지는 의도적 법률, 가령 조직유지의 목적 같은 강제 기능에다 수속상(手續上) 만족만 채운다면 그것은 형식상 법이지, 실질상 법이 아니다라고 말한다.

오늘날 우리는 여야, 서로가 법을 안 지킨다고 비난하고 여당은 이 판국에서도 국민된 자 자율적 윤리나 그 앙양(昻揚)으로 임해야 할 측면까지 법률을 제정하고 있다. 이러한 행태는 하이예크의 지적을 보면 그것은 자의적인 강제력의 발동 이외에 별것이 아닌 것이다.

그리고 저러한 인간의 도리나 그 규범이 무시된 자의적 강제력의 법이나 그 법률의 집행은 필경 법률의식의 저하와 혼미를 일으켜 결국엔 법무능(法無能)의 역기능을 자아내게 된다는 경고다.

좀 이야기는 비약하지만 지난번 평가교수단이 지적한 오늘의 사회현상이 현실주의적 규범과 이상주의적 규범과의 충돌이라는 판단도 저러한 소식의 온건한 표현으로 나는 보며 이제부터라도 우리 삼부(三府)는 우리의 법과 그 집행이 인간의 도리나 그 규범에 비추어 형식적이 아니라 실질적으로 개정 운영토록 용기와 노력을 기울여서 실질적 법치국(法治國)을 만들어 주기 바란다.

4색(四色)의 징후(徵候)

신변 얘기를 늘어놓게 되어 쑥스러우나 외지(外地)에서 돌아온 이튿날 소설가 J여사가 찾아와서 회포를 나누던 끝에 하는 말이,
"당신은 여당이 보면 야당 같고 야당이 보면 여당 같다는 정평인데 하필 이 판국에 왜 돌아왔소."
하는 걱정이었다. 그 며칠 후인가 외우(畏友) M변호사에게 들르니 그도 이와 같은 말을 하고 있었고 함께 갔던 Y박사도,
"그래서 형은 항상 손해를 본다"는 것이다. 그런가 하면 오랜만에 만나는 친구들에게서,
"당신은 문단(文壇)에서 어느 파요? K파요 C파요?"
하고 조롱조의 질문을 받곤 한다.
실상 나는 석명(釋明)할 것도 없이 오늘날까지 정당에 들어 본 적도 없고 또 여·야당 어느 쪽에 가세(加勢)한 일도 없으며 문단에서도 누구 파에 속하지도 않는다.
그렇다고 나는 현실을 초연해서 살아오지도 않았고, 또 기회주의적으로 이 눈치 저 눈치 살피면서 살아오지도 않았고, 오히려 문학인으론 역사의식이 강한 편으로서 사회적 행동에 적극적으로 스스로가 선택하고 결단해 왔다고 자부한다.
그런데 문제는 왜 나의 이러한 지식인으로서의 순수한 현실참여가 여당에서는 야당으로 외면당하고 야당에선 여당으로 혐기(嫌忌)당할까?

여기에서 나의 인간적 작풍(作風)을 곰곰이 반성하면서 연상되는 것이 있으니, 해방 후 이북에서 공산당에게 결정서를 받고 월남 탈출했고, 때마다 또 용공(容共)으로 몰리어 사회의 물의를 자아내고 감옥까지 갔다 온 사실 등은 저러한 나의 행색을 '항상 손해를 보기 마련'이라는 숙명감(宿命感)에까지 빠지게 한다.

그러나 한편 나처럼 언제나 현실적으론 손해를 보면서 사는 순수한 시민이나 지식인들의 언론이나 처신을 구태여 어느 정당이나 정파(政派)의 이해와 견주어 재단(裁斷)하고 규정하려는 우리 오늘의 사회 통념이나 풍조가 먼저 시정되어야 한다고 생각한다. 왜냐하면 이러한 파당의식의 만연은 나아가서 우리의 과거 망국의 근본 요인이었던 사색당화(四色黨禍)의 징후이기 때문이다.

약자(弱者)의 변(辯)

"인간은 그 약함으로 말미암아 살아간다"고 장 폴 사르트르는 말한다. 나는 그의 사상 전체를 잘 모르므로 이 말만을 채용해서 하는 얘기지만 요새 특히 내가 절실하게 위로받는 말이다.

왜냐하면 요새 우리 사회에는 물리적이나 정신적 힘의 강자(强者)들이 팽배하게 맞서 있는 가운데 약자나 그들의 실존감정은 몰각되고 있는 까닭이다.

솔직히 말해 나부터가 그렇지만 국민이란 이름의 약한 인간들은 그렇듯 철두철미한 소신도 갖고 있지 않거니와 또 한편 불요불굴의 투지도 없으며, 더욱이 자신을 그러한 절체절명(絕體絕命)의 사태 앞에 내놓기를 꺼려한다.

실상 일반적 인간은 성서의 말마따나 은총이 깃들기 전에는 '흙으로 빚은 그릇'에 불과해서 사리와 사물의 완전하고 진실한 모습을 가려낼 줄 모르며, 또 조그만 희생이나 위험 앞에도 무서워 떨고 항상 자기모순과 갈등 속에 살며, 선과 악을 넘나들고 있다.

그래서 이러한 인간들은 사리와 사물을 상대적으로 보는 버릇이 있으며 모험보다 안전을 사랑하고, 체념이 빠르고, 자신의 한계성이나 죄의식에서 남에게 대하여 비교적 너그럽다.

가령 이 세상을 강자들에게만 맡겼다가는 아마 그들의 일면성(一面性), 강렬성(强烈性)이나 그 자신(自信)과 철저함 때문에 언제나 살기(殺氣)의 마당이 될 것이다. 그러므로 실제에 있어선 수많은 약자들의 그 유약성, 소극성, 순응성 등이 그 사회의 안전판(安全瓣)이요 또 어떤 강자를 존립케 하는 바탕이다. 이러한 약자에 대한 부조(浮彫)는 나 자신의 새로운 발견이 아니라 현대문학의 특징이기도 하다.

  이제 오늘의 우리 강자들에게 동양의 옛 지혜를 빌어 한 마디 곁들인다면 물리적 힘만을 너무 믿는 이들은 저 노자(老子)의 "유약(柔弱)은 삶의 속성(屬性)이요, 견강(堅强)은 죽음의 속성(屬性)이라"는 잠언을 되씹어 주기 바라고, 그 힘을 제어하고자 하는 이들은 저 병법(兵法) 삼략(三略)에 '유능제강(柔能制剛)'의 방법으로 임해서 우리 약한 백성들이 하루 바삐 불안에 떨지 않는 사회를 만들어 주기를 제발 빈다.

긴박감(緊迫感)

좀 주제넘게 들릴 얘기를 한마디 한다면 고국에 돌아와 가장 절실히 느끼는 것은 일종의 사회적 긴박감이다.

내가 3년 반이나 머무르던 하와이란 미국에서도 정치적·사회적 무풍(無風)지대인데다 그 자연적 풍광의 탓도 있겠지만 거기서 살다가 서울에 오니 마치 불난 집에 들어선 느낌을 금할 바 없다.

첫째 거리에 나설 때마다 버스나 택시의 운행부터가 이런 느낌을 더하게 한다. 이것은 누구나가 다 아는 교통의 폭주도 폭주려니와 보다 더 그 운전사들의 태도다. 그들은 대체로 경주장에 나선 선수들처럼 한순간에다 전 생애를 걸고 있는 듯한 자세들이다.

하나 이런 것은 또 약과다. 제일 딱한 것은 모든 이들의 대화를 들으면 국제 문제를 논할 때는 세계와 인류의 내일은 아주 절망적이기가 일쑤고, 국내 문제의 화제에 있어서는 이 나라, 이 사회, 나아가서는 이 민족은 금시 망하고 멸할 듯한 어투와 어조(語調)들이 태반이다. 실례를 들어 보면 미국의 워터게이트 사건만 하더라도 우리의 대화에 반영되는 결론은,

"미국도 이제 다됐어! 민주주의의 밑천도 그 바닥이 드러나고 말았단 말이야!"

이런 식이요, 얼마 전 모 정치인의 납치 소동 때만 해도,

"이제 한국은 국제사회에서 완전 고립되었고 한국인은 외국에 나가 얼굴 들고 다니기는 다 틀렸어!"

이런 조다.

그런데 워터게이트 사건만 해도 나의 현지 체험에 의하면 미국인들 역시 정치적 스캔들로서 지대한 관심과 우려를 표명하고는 있었지만 결코 우리가 받아들이듯 미국은 다됐고 미국의 앞날은 절망적이다라는 생각은 추호도 그들이 갖고 있지 않았으며 오히려 아무리 백악관 소행이라도 그 진실의 규명만이 미국의 발전과 민주주의의 창달이라는 굳은 신념과 자부심마저 갖고 있었다.

또 우리가 함께 실제 체험하고 있는 모 정치인 납치사건만 해도 우리 국가 위신은 재기불능으로 완전 추락해서 국제적 완전 고립을 면치 못하리라는 그 과잉 억측과는 달리 석연치는 못하나마 그런대로 한·일 간에 수습이 이루어져 머지않아 한·일 각료회담이 열리게 되었고, 한편 키신저 미 국무장관도 내한해서 국제 문제 처리에 있어 한국의 협력을 구하고 가기도 했다.

물론 저 미국 시민들의 여유 있는 현실 감각의 배후에는 그들의 강대한 국력과 생활의 유족이 이를 뒷받침해 주고 있고 또 우리의 극단적인 불안감정의 이면에는 격난의 역사와 내외정세에 있어서의 현실적 곤경과 각박한 생존경쟁이 우리로 하여금 저러한 과민반응을 조성시키고 있음을 모르는 바가 아니다. 여기서 이로를 전개할 지면이 없어 비약적으로 결론을 서두르거니와 저러한 사회적 분위기를 타개하기에는 정사자들에게 그 근원적 대책인 정치적·경제적 안정을 촉구함은 두말할 것도 없지만 우리 국민 각자들의 감성 속에 뿌리 깊게 도사리고 있는 반응과다 증세도 서로가 반성하고 해소해 나가야 하겠다고 나는 생각한다. 필경 인간의 충실한 삶이란 어느 시대 어느 환경 속에서도 누가 보장해 주는 것이 아니고 스스로 전취(戰取)하고 스스로 향유하는 것이기 때문에 상황의 조건 반사만에 초려(焦慮)하다간 자아상실만을 초래하고 말기 때문이다.

패배의식

고국에 돌아온 지 이미 석 달, 그동안 만나는 친구들로부터 가장 많이 들은 수인사말은,

"그 좋은 곳에서 살지 무엇하러 돌아왔어?"이다.

"3년이나 넘으니까 지상의 낙원이라는 하와이도 신물이 나더군!"

하고 대꾸하면 으레,

"그래도 거기는 공산당이 쳐들어올 걱정이 없지 않으냐"라는 것이 일치되는 견해다.

또 나에게는 이민(移民)을 하려는 이들로부터 외국에 나간 한국인의 실제 생활을 물어 온 수효가 많았는데 내가 대체적으로 젊은 이들에게는 격려하고 중년 이상에게는 말리는 말을 하면 그들도 마음으로 실토하는 말은 역시,

"그래도 공산당이 쳐들어올 걱정은 없지 않느냐"라는 것이다.

저 6·25동란의 쓰라림과 공산군의 그 포악성을 뼈저리게 맛본 우리 국민들이 공산당이라면 진절머리를 내는 것은 지극히 당연하고 또 다행한 일이지만 한편 공산군이 쳐들어오기만 하면 나라는 망하고 우리는 다 죽게 된다는 이 무서운 국민적 패배의식! 이것은 그대로 넘겨 둘 문제가 아니라고 나는 생각한다.

우리가 군사지식이나 그 전략에 아무리 문외한이더라도 오늘날 우리 국군의 북한 공산군에 대한 방어 태세가 6·25 때처럼 어설프

지는 결코 않을 것이요, 오히려 병력 자체에 있어서도 월남에서의 실전 경험으로 말미암아 우리 쪽이 월등 우수하고 무기에 있어서도 현대장비를 충분히 갖추고 있다고 알고 있다. 그런데 그 전의(戰意)에 있어서 그렇듯 패배의식이 국민 간에 만연하고 있는 원인은 무엇일까?

내가 생각하기론 그 주요 원인은 우리 정부가 대외 대내 군사 외교정책 공보선전에 있어서 북한 공산당의 야욕을 폭로한다는 것이 그만 지나쳐서 국민에게 은연중 일종의 북한 노이로제(?)를 일으키게 함으로써 일어나는 현상 같은데 이것은 역시 시급히 지양(止揚) 시정되어야 할 국가 중대사라 하겠다.

중동사태에 있어 이스라엘의 예만 보아도 전의(戰意) 그 자체가 결정적으로 전쟁의 승패를 좌우한다는 것이 명백하지 않은가! 우리 국민의 저러한 패배의식을 가지고는 만일 실제 남북의 군사적 충돌이 빚어졌다가는 그 어떤 결과를 가져올까 정말 두려운 바가 있다. 북한 공산군이 만일 다시 도발해 왔다가는 이번에야말로 압록강·두만강 저 너머에까지 쳐부수고 몰아낼 것이라는 충천할 국민적 사기 속에서만이 우리의 무혈(無血) 방위가 이루어질 뿐 아니라 평화통일도 가능할 것이다.

양곡 출하금지

 시골집(왜관(倭館))엘 와 있다. 가지고 온 일감과 씨름하다가 고의 적삼 바람으로 강가엘 나간다. 돌아오는 걸음에 나루터 주막을 지나치다 나도 한 사발 놓고 마루 한 귀퉁이에 앉는다. 주객(酒客)이란 어디나가 마찬가지지만 촌 주막은 한층 더 가리고 삼가는 게 없다. 소를 팔고 간다면서 내 저편에 들어와 자리한 중년 사내 둘이 몇 잔 하고 차차 이야기에 열을 띠더니 한 친구 한다는 소리가,
 "X같은 새끼들! 산 동(등) 만 동(등)한 이 시절에 쌈질이 뭐람! 배지(배)가 불러서 그 지랄하제. 그것들이 나라를 해 가니까 비가 올 텍이 있나."
 육두(肉頭) 문자가 그채로 섞인 욕설이다. 상대방도 맞장구를 친다. 나도 헌듯은 그 소리에 동감해서 심중(心中), 열차가 지나가면 팔뚝질을 하는 선머슴 꼴이 된다. 그러자 사내는 성급하게 엄청나고도 두려운 결론을 낸다.
 "올 가실(을)엔 나락 한 톨도 남대문 안으로 들여보내지 말아야해. 그래야 그 새끼들 X쌈도 할래 기운 없어 못 할 거구 세상이 한번 그 자들에게 똑바로 뵈게 말이야."
 이번엔 상대편은 반대다.
 "그렇다구 되는가. 일이 그쯤 되면 그자들이 우리를 몰아다 그 안(서울)에 가둬 놓고 6·25 때처럼 지(자기)들은 여기 와서 안 사나?"

그들다운 응징안(膺懲案)이요, 그럴싸한 추리다. 나도 저와는 다른 의미에서 그들의 '양곡(糧穀) 서울 출하금지안(出荷禁止案)'엔 쉽사리 찬동할 수가 없다. 저들이 말하는 나라를 "해 가는 X같은 새끼 X지랄" 속에는 내가 존경하는 정치가 S씨도 들어 있을 것이요, 실례지만 선배 시인이요, 한 교우(敎友)인 국회의장 '한솔'도 끼어 있을 것이다. 또 나라 꼴을 보다 못해 정치에 뛰어든 군인 P는 물론이요, 대학 강단을 버리고 정당으로 간 H군도 몰리어 있을 게다.

아니 비단 정치인만이 아니라 입체적인 의미에서 이 나라 사회의 성층(成層)을 이루고 있는 경제인·문학예술인·언론인·교육자·종교가·과학자 등, 각계각층이 죄다 지칭되고 있는 것이어서 그들 옆에 앉아 있는 나부터가 수급(首級)은 몰라도 그 중질의 대상은 되고 있으리라.

그렇다면 바로 내가 배불러 지랄하는 자요, 세상을 바로 보지 못한 자요, 이 땅이 가무는 죄인의 하나요, 밥을 줘서는 안 될 당사자가 아닌가?

스스로 곰곰이 시재(時在), 나의 정신과 작업과 생활을 따져 반문과 반성을 해 볼 때 저들의 덕담이나 한가지인 저 험구를 부정할 용기가 없다.

그들이 침을 뱉으며 또 한 잔 기울일 때 나는 침을 꿀꺽 삼키며 한 잔 비웠다.

국토애(國土愛)

서울에서는 연일 쏟아지는 장마에 물난리 소동인데 왜관 집에서는 달포 전 내가 갔을 때 올감자를 캐고 심은 고구마 싹이 죄 말라 죽는다는 소식이었다. 그런 지 열흘도 채 안 된 요즈음 낙동강 수역(水域)이 위험선에 도달했다는 보도로서 강 나루터에 있는 시골 집 때문에 나는 매일 천기예보(天氣豫報)에 마음을 졸이고 있다. 마치 우화에 나오는 얼음장수와 우산장수의 아들을 둔 어머니 심정이랄까. 이런 조바심은 가끔 자기도 모르는 새 하늘과 국토에 향한 설독(褻瀆)으로 변한다.

"제기랄, 손바닥만 한 땅에 해 나고 비 오고 이게 다 뭐람."

"이런 탈 많은 땅을 믿고 이 말썽 많은 족속들과 어떻게 살아간담."

본시(本是)가 하늘과 땅에 얼토당토않은 원망이요, 또 삼가야 할 야박한 투정이지만 현실이나 전도(前途)에 대한 암울이 가세해서 이런 자독(自瀆)을 저지르고 한 걸음 나아가 지정학적(地政學的) 불리(不利)에 이르르면 이 국토를 태평양 한가운데다 몽땅 떠다 놨으면 하는 부질없는 공상에 잠긴다.

이럴 때마다 문득 나는 향우(鄕友)였으며 참된 화가였던 고(故) 이중섭(李仲燮)의 얘기가 떠오른다. 모든 경위는 생략하고 그가 동란 중 일본엘 한 일주일 다녀온 적이 있는데 그 얼마 만엔가 나는 그와 경부선을 함께 탔다. 차창 밖을 바라보다 내가 그저,

"저 흉한 벌거숭이 산들 좀 봐. 참 중섭이 일본 가서 동해도선(東海道線)을 타니 그 얼마나 숲이 울창해 경치가 좋던가?"
 누구나 하듯이 건네는 말에 그는 머뭇머뭇 하면서,
 "상(常)! 아니야, 일본의 숲은 너무나 빽빽해서 갑갑하고 답답해. 또 너무나 정연해서 차고 무서워. 저 우리 산이 목간통 속에서 만난 사람들처럼 스스럽지 않고 헌디(종기) 자국이 머리에 있는 머슴애처럼 인정스러워."
하는 게 아닌가. 그의 이 말은 당장의 기지(機智)나 과장이 아니요, 또 그는 그런 것을 모르는 천진(天眞)이었다. 문둥이라도 내 엄마가 좋다더니 그의 이 말은 어느 애국자의 말보다도 나에게 신용이 되고 감명을 되씹게 한다.
 한마디로 말해 우리 국토야 우리가 건사하고 가꾸지 못해 그렇지 여름 제철의 기후를 가지고 소동을 떨 일인가? 이스라엘은 사막도 옥토를 이룬다는 이 시대에 말이다.
 딜턴 토머스의 시구(詩句)대로 "비치는 태양이 없는 곳에 빛이 터지고 흐르는 바다가 없는 곳에 가슴의 물결이 밀물지고 불모의 땅 위에 새벽이 와 머무는" 그런 땅을 만들고 살아 보자꾸나.

절망을 안 주는 신문

이곳 왜관 가톨릭 수도원의 목재소 소임을 맡은 수사(修士)가 오셔서 얘기 끝에,
"○○읍서 신문기자가 왔길래 나환자촌을 구경시켰더니 수도원 사업이 이런 건 줄 몰랐다고 두말 않고 돌아가더라"는 것이다.
"○○읍이면 강원도인데 거기서 여기까지 무슨 신문기자가 왜 오는가요?"
나의 이 말에 그 수사는 그것도 모르느냐는 듯이,
"이번 수도원에 나무 들어오는 기미를 알고서지요. 어떤 때는 십여 명씩 올 때도 있답니다."
그 수사의 말씀을 요약하면 부정이 있을 리 없는 수도원 목재 반입에도 트집(?)을 잡아 보려고 반출 현지 기자들이 왔길래 식사를 대접하고 동원(同院) 경영인 나환자 마을을 안내했더니 순순히 돌아가더라는 이야기다. 여기서 소개치 못해 유감이지만 그 자선(慈善)의 마을 모습을 한번 보면 그 기자들이 아니라 다른 누구라도 눈시울을 뜨겁게 할 것이다.
"그래, 그 후 신문에 그 마을 기사가 났습니까?"
"뭐가요? 그 기자들은 목재 따라왔던 건데요."
어찌 되었건 나는 내심 그 기자들이 그곳을 보고도 르포 하나 못 쓰고 악행탐방(惡行探訪)의 목적(?)만 허행시킨 것을 애석히 여겼다.
저런 사이비 기자들의 행세야 논외(論外)지만 이야기는 좀 비약

하여 실상 우리의 신문지면은 선(善)의 발견이나 고양에는 무관심하고, 미온적이면서, 악(惡)의 탐색과 적발에 너무나 치우쳐, 마치 우리 사회를 아비규환 속같이 여기게 만든다는 것이 일반화된 정평이다.

물론 신문은 사회의 거울로서 그 보도적 사명이 이 사회를 정직하게 반영시켰다 하겠으나 한편 신문의 지도적 사명은 민중으로 하여금 최소한 민중 자체나, 사회나, 국가나, 인류생활에 실망을 주지 않고 광명, 또는 희망을 줄 책무가 있지 않겠는가?

지금도 존속하지만 나도 연전(年前) 대구 매일신문에 있을 때 사회면에다 〈꽃과 샘〉이란 선공미담란(善功美談欄)을 두고 외근기자가 1일 1건씩 신행기사(善行記事)를 취재해 올 것을 독려한 일이 있었다.

여하간 신문을 보면 살맛이 안 난다든가 신문을 보니 살 길도 나라도 없다든가 하는 절망에 빠지거나 자포자기의 언사는 뱉게 되지 않아야겠다.

실망이란 신학적으로 말하면 죄중의 죄다. 신문이 이런 실망을 민중에게 주어서야 어찌되랴.

윤리강령보다도 신문 제작에 저런 정신의 선행이 요청된다.

선량(選良)과 의범(儀範)

 이제 투표는 끝났다. 오늘 중으로 판가름 나서 우리의 새 선량(選良)들은 그 모습을 나타낼 것이다. 나는 그동안 측은하기까지 한 저들의 선전(善戰) 분투에 위로와 축하를 보내기에 인색치 않은 자다.
 그러나 내일부터 국민을 대신 대표해서 거동하고 행사할 저들에게 꼭 한마디 해 둘 충심의 애기가 있다.
 이것은 내가 저들 각자가 선거 때 내걸었던 각자의 공약을 성실히 이행하라는 강조도 아니요, 또 저들의 정당이 선거의 기치로 삼았던 근대화 작업의 완수나, 민주주의 수호 투쟁을 시급히 실현하라는 주문도 아니다. 오히려 이런 정치적인 행보에 앞서 이번 새 선량들에게 절대절망이다시피 요청되는 것이 있으니 이는 곧 저들이 우리 국민생활의 의표의범(儀表儀範)이 되어 달라는 것이다.
 국민의 선량이 국민생활의 의범이 된다는 것은 당연하기까지 한 일이다. 그러나 오늘날까지 실제 상황은 이와 역행해 왔다. 솔직히 말해 오늘날 이 사회 부정부패의 씨를 뿌린 장본인으로, 또 그 수괴(首魁)들로 지탄받는 사람들이 다름 아닌 국회의원들인 것이다.
 예를 들 것도 없지만 선거부터 협잡으로 당선해 가지곤 그 이튿날부터 정치라는 이름 아래의 흑막과 권모술수를 일삼는가 하면 그 자금이란 명목으로 협잡질과 노략질, 또는 의정단상에 있어서의 거수기(擧手機) 노릇과 극한 투쟁, 이러한 선량들의 오늘날까지의 행태가 곧바로 우리 사회 풍조에 투영되어 온 것이다. 저 대학에서 유치원 반장에 이르기까지의 추잡선거가 바로 저들의 재판(再版)이요, 문화단체에 이르기까지의 각 사회단체 내의 흑막과 분열과 파쟁도 저들의 거울이요, 또 사치나 낭비의 풍조도 저들의 호화주택, 저들의 호텔, 요정 행각 등 그 행색의 반영이라 해도 과언이 아닌 것이다.

이번 선거에 있어 우리 사회의 극심한 타락상을 공격한 야당이나 이를 자인한 여당이나 곧바로 착수해야 할 화급한 과제는 두말할 것도 없이 부정부패의 제거다.

그러나 이러한 제거책을 법제화(法制化)하든 국민운동을 일으키든 그것에 선행(先行)되어야 하고 이를 앞장서 시범해야 할 사람은 바로 누구도 아닌 새 선량들인 것이다. 또 저들이 딴 짓하면서 국민들에게만 이를 요구한다면 이야말로 국민에게 향한 최대의 배역이다. 우리는 정녕 우리 생활 속에서 존경할 수 있는 선량들을 갖고 싶은 것이다.

초인간적(超人間的) 능력

새해라고 인사치레만 늘어놓기도 무엇하여 평소 느끼던 것을 한마디 하겠다.

가끔 외국 친구들이 와서 서울의 일류 호텔에 묵고는 간밤 전기가 꺼져서 답답했다든가, 해운대 관광호텔에 갔더니 수도가 안 나와서 고생했다는 등의 불평을 한다. 얼마 전 한일민간협력 회의에도 나와 오랜 교분을 가진 경제 평론가가 워커힐에서 묵고 자기 방은 난방이 안 들어 추웠다는 술회를 들었다. 나는 거기서 유숙해 본 일이 없으므로 무슨 회연(會宴)이나 있어 가 보면 그 외견상 버젓함에 그저 대견해 할 따름이었다.

그러나 나도 저런 워커힐의 질적인 시설 빈곤이나 결함에 수긍가는 바가 있다. 왜냐하면 워커힐이 준공되었을 때 초청되어 그 공사 경위를 들은 적이 있는데 그때 실무자는 자랑스럽게 말하기를,

"이 공사는 9개월 걸렸는데 외국 전문가들이 와 보고 우리 같으면 9년 걸릴 것을 그렇듯 단시일에 해낸 초인적 능력에 오직 탄복한다고 하더라"는 얘기였다.

물론 이 이야기에는 그의 과장도 있겠지만 외국 전문가의 눈에 9개년 걸릴 것을 8년 만에 해냈다면 몰라도, 아니 한 5년이나 걸렸다면 또 몰라도 10분의 1의 시간으로 그 거창한 공사를 해낸 소위 초인적 능력(?) 속에는 역시 오늘에 와서 그 치부(恥部)를 드러낼 무리와 모순과 결함이 들어 있는 것이다.

요새 흔히 고속도로, 고가도로, 교량, 건축공사 등의 경과를 들으면 이와 같은 초인적 능력이 행사되고 이를 위한 소위 불철주야가 강행된다. 심지어 고적(古蹟)의 복원에 있어서도 대동소이하다.

그러면 왜 고적복원마저도 이렇듯 야간 작업을 해 가며 시간을 다투는가? 그들의 의욕이 저렇듯 충천하단 말인가? 그들의 충성심이 그렇듯 밤낮을 가리지 않게 한단 말인가? 반문할 것 없이 그들의 저 초인적 능력(?)은 눈먼 공명심이 아니면, 그들의 사전 계획이나 공정(工程)의 차질을 은폐하기 위한 고식적 수단에 불과한 것은 아닌지?

그런데 이런 졸속의 풍조가 우리나라 건설공사뿐 아니라 사회 일반 정책 전반에 향한 폐풍이 될 우려가 있다.

이 졸속의 결과는 오늘 당장은 성과와 전진으로 보일지 몰라도 그 실은 조국의 보람찬 내일을 지연(遲延)시키는 것이다. 새해는 이런 졸속이 지양되었으면 한다.

일본 수상(首相)의 내한(來韓)

"나의 제일 소원이 무엇인가 하면 일본 동경에다 총독부를 차려 놓고 왜놈들에게 복수정치를 하는 것이다."

이 혹언(酷言)은 일제 때 백범(白凡) 김구(金九) 선생의 술회였다고 전해진다. 이 애국자의 솔직한 감정표현이 아니라도 우리 민족의 피 속에는 일본의 침략으로 멍든 검정 피가 때마다 강렬한 증오심을 자아낸다.

이런 민족의 생리현상이 아니라도 이즈음 나날이 우리 생활 속에 번져 오는 게 일본세(日本勢)요, 무교동 밤거리를 지나칠 양이면 군국주의 일본의 군가마저 들려와서 이건 식민지 시대로 환원하는 게 아닌가 하는 착각까지 일으킨다.

저런 역사와 이런 환경 속에서 사토 일본 수상과 자위대 간부의 방한(訪韓)의 보도를 접하고 학생들은 그 입국 저지 운동에 나서고 있다.

솔직히 말해 나의 상처와 나의 역정부터도 학생들에게 못지않은 바 있고, 아니 현실 담당자들도 이 학생들의 폭발의 원인(遠因)이나 근인(近因)에 눈을 감고 있지는 않으리라고 나는 본다.

그래서 일부에서는 연전에 미국 아이젠하워 대통령이 극동 방문 중 일본에 들르려다가 하네다[羽田] 공항에서 일본 학생들에게 쫓겨난 사실을 우리와 대조해서 우리 학생들의 행동에 명분과 타당성을 찬성하려는 경향마저 있다.

그러나 한편 이성적으로 판단할 때 이 지구가 멸할 때까지는 떨어질래야 떨어질 수 없는 이웃이요, 현재는 자유 아시아에 있어서 가장 강력한 민주 우방국가요, 앞으로도 영원한 호혜 국가여야 할 일본임을 누가 부인할 수 있으랴! 또 저 미국 대통령에게 향한 일본 학생들의 거조(擧措)도 그 학생들이 순수한 학생들이 아니었고 좌익계였음을 상기할 필요가 있다.

더욱이 이번 사토 수상의 방한은 정치적 목적에서가 아니라 우리나라 대통령 취임식에 우방(友邦) 하객으로서의 의례적 참례임을 명백히 인식해야 할 것이다. 나는 일전에 한국을 방문한 미국 학자로부터 한국 학생들에 대해 "하루 기천명의 학생이 수개월을 시위를 벌이는 사태 속에 있으면서도 인명의 살상은커녕 건물 하나 파괴하지 않는 그 이성(理性)의 건전성에 오직 감탄과 찬사를 보내지 않을 수 없다"는 칭찬을 들었다.

이런 우리 학생들이 '우리 잔치에 오는 손님의 얼굴에 침 뱉는 행동'에 나아가지 않을 그대들 건전한 이성에 믿고 바란다.

어느 추억

일제하(日帝下)의 일이다. 나는 서울서 중학을 중퇴하고 향리(鄕里)로 돌아가 동경으로 가는 도항권(渡航券) 수속을 했다. 이미 불령선인(不逞鮮人)으로 소문이 나기 시작한 나에게 주재소(駐在所) 수석(首席)인 일본인 순사부장은 이를 각하했다.

그런데 나는 어찌어찌해서 밀항(密航)에 성공했고 그 이듬해엔 동경 어느 사립대학 전문부에 적을 갖고서 여름 방학에 고향으로 돌아왔다.

이런 어느날 신작로에서 '원수 외나무다리에서 만나는 격'으로 바로 그 순사부장과 마주쳤다. 나는 이럴 수도 저럴 수도 없어서 고개를 꾸벅했더니 그는 본체만체 나의 인사를 묵살하고 지나치려 들었다. 그러자 나는 숙원(宿怨)과 무안(無顔)과 분노가 겹친 감정이 폭발되어 다짜고짜 그 일경(日警)의 멱살을 잡고 대들며 "너는 나를 센징(鮮人)이라고 업수이 여겨 인사도 안 받기냐?"고 호통을 치고 시비를 벌였다.

마침내 나는 주재소로 끌려갔고 그의 지시로 숙직실로 인도되었다. 두 사람이 다 흥분이 가신 뒤 나와 대좌한 그는 "너는 내가 너의 밀항한 사실이나 또 너의 불온한 사상을 몰라서 가만히 두는 줄 아느냐? 첫째 너의 어르신네(나의 선친은 은급관리[恩給官吏]였다)를 봐서고, 둘째는 너의 젊디 젊은 전정(前程)을 생각해서 가만히 두고 보자니 이제 나에게 행패까지 부리느냐?"

나는 유구무언이었고 결국은 훈방되었다. 지금도 나는 그때 그 일경 생각을 하면 원망은커녕 부끄러움이 앞서고 그 어떤 감사와 그리움의 정까지 느낀다.

좀 화제와는 연상(聯想)이 비약하지만 지난 2개월 동안 선거 열풍 속에서 우리 대학생들은 처음의 교련(敎鍊) 반대가 선거 반대로까지 확대되었고 이래서 당국은 주동 학생들의 구속과 학원휴업령까지 나아가기에 이르렀다.

솔직히 나는 이러한 학생들의 정치적 불법 행동을 유감스럽게 여기지만 한편 이들을 사직(司直)의 처단에 맡기려는 관계 당국의 강경 처사에 반대하며 재삼의 고려를 요청하는 바요, 누구보다도 대통령의 영단(英斷)과 관서(寬恕)를 빈다.

필경 저 대학생들의 행동 속에는 나의 학생 시절의 경우처럼 미숙(未熟)과 무모(無謀)와 방향을 잘못 잡은 복합적인 자기분노가 포함되어 그런 불법적이기까지 한 폭발을 자아냈을 것이다.

실상 오늘의 조악(粗惡)하고 타락된 사회현상 속에서 젊은이들의 순결한 정의감과 개혁의 의지가 왕왕 그 정곡(正鵠)을 잃는다 해도 발동되지 않는대서야 우리 사회의 앞날이 오히려 암담할 것이 아니겠는가?

등전 만리심(燈前 萬里心)

 요즈음 밤 이슥히까지 책상에 앉아 있을 양이면 펼쳐 논 책보다도 먼 상념(想念)이 나래를 편다. 현실적이거나 의욕적인 것보다도 환상이나 회포(懷抱)에 잠긴다. 그중에도 고향 생각은 "못 가는 신세" 어쩌구 하는 유행가사처럼 가슴을 적신다. 아롱지게 새겨진 산천의 경색(景色)이나 풍물보다도 자식이 성년하는 나이에 든 탓인가, 부모님 산소에 벌초나 되었는지 하는 생각 같은 게 나며 불효의 죄책(罪責)이 솟구친다.
 그럴 때 심중에선 죽마(竹馬)의 벗인 아무개가 있고서야 그가 아무리 공산당 괴뢰가 되었을망정 추석에 저의 집 산소 갔다 오는 길목에 있는 우리 집 묘소 앞을 그대로야 지나쳤을라구 하는 소박한 신뢰를 가져 보기도 하고 이런 기대를 부질없게 여기기도 한다.
 이런 이북 고향 연상이 꼬리를 물다가는 어느덧 일본에서 열리는 올림픽에 참가한 북한 대표 선수단 동정(動靜)에 상상이 이르고 어떤 이름 모를 안타까움을 되씹는다.
 우리 민족은 누구나 그렇겠지만 이번 올림픽에서 세계 각 나라와의 경기나 승부보다도 가장 관심거리요, 불안거리요, 기대거리는 남북 양 팀의 출전이라 하겠다.
 이에 대한 착잡한 심정은 형언을 절(絶)하나 나의 감정만을 정직히 정리해 보면 첫째, 한국 팀이 잘 싸워 이기는데 어느 모로나 북한 팀보다는 나아야 하겠다는 것이고, 둘째, 북한 팀도 열국(列國)

보다 잘 싸워 이겨서 우리 민족의 우수성을 떨쳐 달라는 것이요, 셋째, 정치를 초월한 어떤 극적인 민족의 협동과 단합의 장면을 보고 싶다는 것이며, 그렇지는 못하더라도 전 세계의 이목이 집중된 이 제전에서 서로가 정치나 사상의 상반(相反)과 적대심으로 추태나 소동만은 일으켜 주지 말아 달라는 게 간절한 염원이다.

이런 견지에서 나는 섣불리 정치적 유도공작(誘導工作)이나 재일교포들의 조련계(朝聯系)와의 기승(氣勝)한 응원경쟁 같은 것은 자제를 요한다고 본다. 벌써 일본 당로(當路)에서도 한교(韓僑)의 이런 소동을 경계하고 있다고 보도되고 있지 않은가.

행차 뒤에 나팔 같은 얘기지만 오히려 북한 선수들이 와 닿는 니가타[新潟] 항구에 우리 측 교포들이 꽃다발을 들고 환영을 나갔으면 어찌 되었을까 하는 순진한 상상도 해 본다. 모든 게 단일팀이 못 된 미련(未練)의 탓이리라. 그러나 민주주의 특색은 '바보' 소리를 듣는 그 휴머니티의 행실(行實)에 있으며 이 점이 구경적(究竟的) 승리가 되지 않겠는가.

깊어 가는 가을 밤. 시대를 격(隔)해 고운(孤雲)의 추야음(秋夜吟) 등전만리심(燈前萬里心)이란 경계(境界)는 어떤 것이었을까!

케네디 대통령의 흉사(凶死)

미국은 이번 케네디 대통령의 흉사로 말미암아 그 위신이 천 길, 만 길, 땅에 떨어졌다. 오스왈드라는 정범의 백주 대로상의 장총(長銃) 저격도 그러려니와 이 흉한을 살해한 깡패 출신 바 주인 루비라던가 하는 자의 총격 사건은 마치 서부 활극의 악한 소굴을 연상케 한다.

그래서 미국의 비등한 여론은 이 사건을 놓고 미국은 법치국가냐?고 자조적으로 반문하면서 맹렬하고도 가혹한 자기비판을 하고 있다. 또한 세계의 물론(物論)도, 우방 원수의 흉사라, 예의상 삼가기는 하면서도 미국의 사회기풍에 대하여 불신적 비난을 가하고 있다.

그 일례로는 타국의 정치 사회 문제에 관하여 엄정한 중립을 지키고 있는 로마의 교황 바오로 6세가,

"문화 세계에서는 일어날 수 없는 일"이라고 일침을 놓은 것만 보아도 미루어 힐난의 도수를 알 수 있다.

뒤집어서 막말로 한다면 미국은 미개한 나라요, 야만의 나라요, 법보다 주먹이 앞서는 무법천지의 갱 나라라는 혹독한 평가다. 여기다가 공산 진영에서는 옳다구나 하고,

"자본제국주의의 말로를 노정(露呈)한 것이다"라고 선전해 젖힌다. 이래도 미국은 할 말이 없다.

처음에는 오스왈드가 친(親)쿠바의 좌경분자(左傾分子)로서 소련

시민권도 얻으려 들었던 국제적 배후 음모가 있는 듯한 인상도 풍기더니만, 루비 사건 이후는 오히려 극우적인 정적(政敵)의 적성(敵性) 국가를 가장(假裝)한 소행이란 추측이 짙다.

하여간 우리는 케네디의 흉사로 말미암아 문명이나 문화와 인간의 본성 간에 정비례할 수 없는 큰 함정을 느꼈으며, 또한 민주주의적인 자유생활의 그 한계성을 성찰케 한다.

사실 자본주의와 그 자유사상 속에는 공산주의와 대등하는 물질주의와 인간중심 사상이 기저(基底)되어 있다. 그래서 어느 면으로 볼 때, 윤리적으로 공산세계보다 더 타락할 요소를 지니고 있기도 하다.

이것은 동독보다 서독이, 아마 남한도 성적(性的)인 분란이라든가 범죄지수(犯罪指數)나 그 형태에 있어 월등 과다(過多)하다는 보도 등으로 반증(反證)된다.

이런 의미에서 신(神)의 섭리는 양 세계에 공평타 할까! 여기서 강조하기는 오히려 쑥스러우나, 참된 민주주의의 자유를 쟁취하고 향유하고 이를 유지해 나가기에는 인류 보편의 법칙인 자연율―즉, 도덕적 양심이 근저(根柢)되지 않으면 안 된다.

언뜻 역설 같지만 자유라는 것은 이 자연법칙을 따르는 것이다.

우리나라, 우리 사회 역시도 민주주의와 그 자유의 개념이 고정되지 않아 왈가왈부하지만 피상적으로 미국식이니 공산식이니 비방만 말고 저 케네디의 흉사에 직면한 미국의 고민을 우리의 것으로 고민해야 할 때가 아닌가 한다.

민주통일의 특공부대

　요새 세상은 남북 가족찾기 운동 때문에 국민적 감동이 부풀 대로 부풀어 있다. 당자들인 월남자들이나 납북자들의 가족은 더 말할 것도 없거니와 일반 국민들도 이것을 계기로 남북 간의 대화의 실마리가 풀려 우리의 비원(悲願)인 통일이 이루어지지나 않을까 하는 기대와 열망에 들떠 있다.
　나로 말해도 고향을 등질 때 육순(六旬)의 노모(老母)와 신부이신 형님을 내쳐 두듯 하고 탈출해 왔다. 풍편에 듣자니 신부 형님은 그 후 곧 공산당 감옥에 끌려가 생사를 모르고 어머니는 친지의 집을 이곳저곳 헤매시다가 돌아가셨는데 그 뉘집에서 임종을 하셨는지 묘소나 지었는지 알 바 없는지라 그 망극하고 창연한 마음 이루 형언할 바 없다.
　남북의 소통(疏通)이 이렇듯 절실하면서도 오늘의 김일성 집단의 호응에 기쁨과 기대보다 솔직히 말해 불안과 의구가 앞서는 것은 웬일일까?
　이것을 한마디로 말하면 유물론적 공산주의자들에게 향한 인간 불신 이외에 아무것도 아니다. 나에게는 이런 체험이 있다. 연전 아직도 공비가 출몰할 시절 지리산 지구에 갔다가 함양 전투경찰대 사령부에선가 귀순한 여공비를 만난 적이 있다. 산에서는 선전 서기(宣傳書記) 노릇을 하였다는 그때 갓 스물이나 될까 말까한 앳된 소녀였다. 함께 간 일행이,

"산생활은 어떻던가?"

"왜 산을 버리고 내려왔나?"

하며 연달아 물었으나 그녀는 얼굴을 홍당무처럼 붉힌 채 고개를 숙이며 대답을 못 하였다. 그래서 내가,

"산에서도 그렇게 부끄러워했나?"

하고 말했더니 그제사 그녀는,

"산에서야 어디 부끄러움이 있나요!"

라고 아픔에 찼다고밖에 표현할 수 없는 목소리와 표정을 지었다.

나는 그때 깨달았다. 즉 부끄러움을 모른다는 것은 양심이 잠자는 것이고, 인간성의 마비를 뜻하는 것이요, 부끄러움을 안다는 것은 양심의 눈뜸이고, 인간성의 회복을 뜻하는 것이라는 것을 그녀를 통해 확연하게 한 것이다. 그렇다면 오늘의 북괴 호응(呼應)이 저 소녀의 귀순처럼 인간 양심의 회복에서 이루어진 것일까? 동족상잔을 일으킨 바로 장본인인 김일성 집단이 대오일번(大悟一番)하여 민족 양심에 돌아온 소이연(所以然)일까? 여기에는 누구나 부정적인 대답을 가질 수밖에 없고 오직 그들이 국제적 정치 기류에 편승하여 자기들의 고립을 피하고 자기들의 이념과 그 침략 의지를 확대하기 위한 하나의 책략 이외에 아무것도 아니라는 결론에 도달한다. 그럴진대 오늘의 우리들의 이 부풀고 들뜬 희망과 기대와 감격은 자칫 잘못하면 북괴의 획책하는바 공산주의적 무혈혁명이나 그 침해에 말려 들어갈 위험이 짙다 하겠다.

그러므로 나는 이런 때일수록 견고한 반공이념을 가진 우리 기독신자들, 나아가서는 전체 종교인들이 단합하여 저러한 감상적 풍조에 제동적 구실을 하여야 된다고 생각하며 이에 대처할 우리의 확고한 자세의 천명이 있기를 요청하는 바이다. 왜냐하면 우리 국민 중에서 원칙을 지닌 민주주의자들이란 누구도 아닌 바로 우

리 기독교 신자들이요, 이들만이 민주통일의 가장 강력한 특공부대이기 때문이다.

시류여성(時流女性) 소고(小考)

자세히 기억지는 못하나 로맹 롤랑의 서간집(書簡集)에,
 "나는 어떤 사람을 대할 때 그 사람의 식견(識見)이나 행동거지보다도 그 사람에게서 흘러나오는 내면의 빛에서 그를 판단한다."고 적혀 있었다.

내가 왜 이런 소리를 꺼내는고 하니 요즈음 거리에 나서면 우리 여성들의 몸맵시나 치레가 놀라울 정도로 좋아지고 말쑥해졌는데 이것이 외형에만 치우쳐서 각기 저마다의 빛이라곤 좀체 느껴지지 않기 때문이다.

좀 실례된 표현이지만 특히 젊은 여성은 그녀가 주부인지 여학생인지 여사무원인지 술집 호스테스인지 식모인지 구별이 안 간다. 이것을 계층적인 측면에서 차라리 민주화되고 잘됐다고 한다면 할 말이 없으나 솔직히 말해 이렇듯 오늘의 우리 여성들이 개성미는 고사하고 교양미도 잃었다는 얘기다.

그래서 결국 젊은 여성 자신들이 여성미를 미인 콘테스트에 나갈 균형미로 목표 삼고 그 접근을 위하여 정형을 비롯해 온갖 수단을 다하는 모양이다.

그러나 저 괴테도 그의 《파우스트》에서 절세미인 헬레나를,
 "수없이 찬미받고 수없이 헐뜯긴 헬레나"라고 하였듯이 누구에게나 손쉽게 아름다운 것은 참된 미가 아님을 말해 준다.

결국 미란 그 자체에 있어서나 발견에 있어서나, 수용에 있어서

나, 개성적인 것이다. 저 니콜라이 하르트만은 미의 발견에 있어 "사랑하는 사람만이 눈뜬 사람이다"라고 갈파한다. 우리 속담에도, '제 눈에 안경!'이라는 말이 있고, 또 그 미의 수용에 있어서도 '곰보 자국 구멍마다 정이 폭폭 든다'는 이야기가 있다.

그런데 그 개성적인 미의 외형을 살리고 죽이는 것은 바로 그 내면 여하에 달려 있다. 즉 어떤 한 사람의 같은 얼굴이라도 그 사람 그때그때의 심기(心氣)와 희로애락에 따라 변하는 것이다. 그렇듯 어떠한 사람의 진정한 개성미는 그 사람의 지성과 감정과 덕성의 총화(總和)로써 이루어지고 발휘된다.

얻어들은 풍월이지만 불교의 보시행(普施行)에는 안시(顏施)라는 게 있다고 들었다. 남에게 베풀 힘도 없고 물질도 없는 사람이 평화한 얼굴, 자비스러운 얼굴을 함으로써 남의 마음을 화평하게 하고 즐겁게 하여 베풂을 삼는다는 얘기다. 이렇게 되면 전신이 구전(具全)하거나 말거나 앉은뱅이 같은 불구라도 문제가 안 되며 내면 미의 극치로서 우리 신앙인들이 발휘하고 도달해야 할 미의 완성을 시사해 준다. 이제 이로(理路)를 중단하고 나의 소망을 한마디로 말하면 보석이나 화장이나 차림의 찬란보다는 제 빛을 가지고 다니는 여성들을 만나고 싶은 것이다. 아니 이것은 또 어쩌면 오늘날 여성들의 남성들에게 향한 주문이기도 하리라.

보이지 않는 필수품

생텍쥐페리의 작품 〈어린왕자〉 마지막 대목, 별의 왕자와 여우가 작별하는 장면에서 여우는 자기가 간직한 비밀을 털어놓는다면서,
 "뭐 별것이 아니야. 세상 일은 마음으로 보아야 잘 보인단 말이야. 눈으로는 본질적인 것이 안 보여."
라고 일러 준다.
 실상 저 여우의 지혜대로 세상 사물과 사리(事理)의 본질이나 정의·믿음·사랑과 같은 인간의 도리에 속하는 것들은 우리 육안만으론 보이지 않는다. 그뿐만 아니라 성문화된 법이라는 것도 그 눈에 안 보이는 인간의 도리를 바탕으로 하여 제정되거나 집행되지 않으면 그것은 한낱 강제력에 불과하며, 또 자유라는 것도 저 인간도리의 이행이 전제되지 않으면 그것은 방자(放恣)에 떨어진다. 한마디로 말해 인간의 삶은 눈에 보이는 것만으로 영위되는 것이 아니라 눈에 안 보이는 것이 이를 지탱해 줘야 한다는 것이다.
 그런데 불행하게도 오늘날 우리의 세상살이는 저러한 눈에 안 보이는 인간살이의 막중한 필수품들이 낡은 지팡이나 헌신짝처럼 버려지고, 저 이집트를 빠져나오던 이스라엘 백성들처럼 황금의 송아지를 만들어 눈에 보이는 것만 섬기려 든다.
 자유의 젖과 꿀이 흐르는 가나안, 아니 한국에 이르기 위해서는 우리 각자가 내팽개쳤던 눈에 안 보이는 것들을 도로 간직하고 지키고 섬겨야 한다.

기술(技術)과 정신

직인근성(職人根性)이라면 우리말로도 성어(成語)가 안 될 것까지는 없으나 이것은 일본 특유의 숙어다. 이를테면 장인(匠人)의 기질이랄까, 요샛말로 하면 기술자 본디의 성깔이나 성미를 나타내는 말이다.

그런데 연전에 영국의 석학인 허버트 리드(Hebert Read) 박사가 일본 산업계를 시찰하고 나서 그 소감으로,

"일본이 전후(戰後) 단시일 내에 오늘의 부흥을 이룩한 것은 산업의 주체가 되는 인간의 직능과 노동력 속에 일본 고유의 생활철학, 즉 직인근성과 같은 것이 작용했기 때문이다. 앞으로도 일본의 기업가나 경영자는 일본인의 독창적인 근로와 경영철학을 발전시켜 나가야 할 것이다"라고 피력하였다.

당시 일본에 체재 중이던 필자는 리드 박사의 이 혜안(慧眼)에 상응하는 이야기를 얻어듣고 있었기 때문에 그 말이 더욱 실감을 주었다.

즉 도쿄에 사는 한국인 친구가 그 집 안마루를 새로 가느라고 목수를 들이댔더니 그 목수는 자기가 일단 다 해 놓고도 나무 이가 잘 안 맞는다고, 아니 덜 곱게 맞았다고 두 번이나 다시 뜯어서 고쳐해 주며 그대로써는 자기네 '노렌(간판)'에 흠이 간다고 하더란다.

모두가 저렇지는 못하지만 일반적으로 일본의 기술자들은 자기네 기술이나 그 상품의 신용과 명성에 대해서 책임감과 자부와 긍

지를 지니고 있는 게 사실이다. 하기야 우리 기술자들도 그 기술만 으로는 세계 기능올림픽에 가서 준우승을 맡아 놓고 하는 터수이 지만 그 기술이나 상품에는 공신력(公信力)이 없어 눈에 불을 켜지 않으면 뒷탈이 생기는 게 오늘의 현상이다.

    결국 인간 만사가 그렇지만 기술도 거기에 상반(相伴)하는 정신이 따라 주지 않으면 저러한 양립(兩立)되는 현상을 빚는다. 그래서 나는 우리 산업근대화 속에 저러한 정신면(精神面)의 부재를 메꾸는 작업이 병행되기를 주장하고 희망한다.

노사(勞使)의 인간존중

요즘 어느 회석(會席)에서 얻어들은 이야기다. 외국의 어느 고관이 한국을 방문하여 산업시찰을 나섰는데 현지에서 어떤 건설 도중인 대규모 공장의 소위 브리핑을 받고 지적하기를,

"모두가 만족할 만한 계획과 그 설명이었지만 이 공장의 주체가 될 근로자들의 복지와 그 시설에 대한 항목이 빠져 있는 것이 유감이다"라고 말하더란다.

문제를 저렇듯 거창하게 펼치지 않더라도 흔히 우리 사회 노사 문제를 임금 문제 하나로 이해하려 드는 것에 나는 반대다. 손쉬운 예로 우리는 가정부를 부리는 데 있어서도 일반적으로 남만큼 돈을 주면 그만이라 생각하고 조금이라도 돈을 낮게 주면 그 액수만큼 인격적 처우를 덜 하려는 경향이 있다.

이러한 현상은 중소기업에서부터 대기업에까지 엿보이는 징후로서 종업원들에게 노임만 지불하면 인격적 존중은 그들로부터 일방적으로 받아야 한다고 생각하는 성싶다. 그러나 이것은 아주 위험한 사고(思考)로서 인간관계는 상호간의 인격존중이 없이는 참된 관계가 성립되지 않는다.

그래서 가령 고용주와 사용인이 서로 인격적 존중과 감사하는 생각을 갖고 이를 실천하며, 종사자들에게 회사의 발전이 그들 생활 향상에 직결되어 있다는 신념을 불러일으켰을 때 그 직장은 헌신과 능률의 기적을 낳으리라.

'돈만 주면 사람이야 얼마든지 있다'는 생각은 이제 기업 경영자들이 완전 청산해야 하며, 설령 현재 종업원 확보에는 아무런 지장이 없다손 치더라도 그 종업원들의 능률을 최대한 발휘시키느냐, 최저로 머물게 하느냐는 바로 그 기업가의 인간존중 여하에 달려 있다. 그리고 이러한 노사의 인간존중 문제는 소위 북괴가 획책하는 남한의 사회적 붕괴를 막는 지름길임을 명심하자.

무직인생(無職人生)

직업 에세이를 쓰라는 청탁을 받고 나의 직업이 무엇일까 하고 곰곰 생각해 보았다. 소위 시인이란 영광된 칭호인지, 현실적 무능자라는 팻말인지를 달고 다닌 지 어언 30년이 되지만 이 땅에서 아니 이 세상에서 시작(詩作)이 생활로 성립되지는 않는다.

연전에 어떤 젊은 시인은 명함에다 시인이라 박아 가지고 다녔다지만 이것은 그가 직업인 구실을 못 하는 데 대한 역정이었거나 객기였을 것이다. 그래서 대부분의 시인들은 다른 직업에 기생(?)하며 산다. 흔히 신문·잡지 기자, 학교 교사·각종 회사의 선전부원 등인데 솔직히 말해 출중한 시인 치고 그런 여타 직업에서 성공적일 수가 없다.

이것은 천부 능력의 한계에서도 그렇고 또 창작적 세계와 그런 실제적 직업세계와는 본질적으로 상반되는 까닭이라고 하겠다. 그러므로 시인은 천생 무직이 본모습이 아닌가 한다. 물론 예외는 얼마든지 있어 자기 창작과 일반 직업세계를 조화해 내고 균형 있게 발전시키는 사람도 있기는 하다.

그런데 엄밀히 따져 보면 나부터도 신문기자로서 편집국장 주필까지 지냈지만 지금 해낼 수 있고 하고 있는 일이란 때마다 이런 칼럼난에 사회시평(社會時評)이나 끄적이는 게 고작이요, 대학 강단에는 30년이나 몸담아 왔건만 현대문학 일반 강화를 되풀이할 뿐 아무런 학문적 업적도 없다. 그런데 더욱 기가 막힌 것은 저러한 타

직업에 불안한 기생이 나의 생활의 8할을 차지하여 소위 본업인 시는 "그 필연성에 따른 생활(R. M. 릴케)"에서 벗어나고 있다는 사실이요, 또 이것이 우리 한국 시인의 일반 현상이라는 점이다.

그러면 시인의 소업전념(所業專念)을 위해서는 무직이 가장 바람직하다는 얘기가 되는데 그렇다고 이슬을 먹고 살 수도 없고, 내가 아는 바로선 미국의 저명한 대학에서 학생들의 창조적 정신을 촉발시키기 위하여 정규적 강의 부담 없이 초빙하고 있는 상주 시인 제도가 현대 시인이 누릴 수 있는 최상의 생활이 아닌가 한다.

제3부

성급과 나태

맹목의 삶
인간왜소화
알다가도 모를 생태
박애 교육
푸른 노인네들
기예와 선
도로변의 광고판
국책의 인문 과학기구
카터의 대한자세
프레이저 발언
문인생활의 고경
출판인들에게 바란다
성급과 나태
참된 휴머니즘
일면성의 위험
소크라테스의 국가관
법의 새 인식

힘과 정의
선량의 선행 요건
대통령 못지않게
질책과 격려
언령
서비스업의 낙후
기술자의 타성
정신적 고려장
장식 소고
여성의 매력
정치발전의 요체
정치가의 용기
9대 대통령에게 바란다
주간 뉴스를 보고
예술 창작가로서의 백서
소유의 행·불행

맹목(盲目)의 삶

 월드컵 축구 한·일 2차전이 있은 그날과 그 시각에는 물론, 그 전후 하루 이틀은 온 시민의 화제가 온통 그것으로 들끓었다. 신문 만화에는 결혼식 주례를 하던 사람마저 호주머니 속에 트랜지스터 라디오를 숨겨 가지고 듣다가 한국 측 득점에 왕청스레 만세를 부르는 것도 있었다.
 실제로는 종로 어느 밴드 사무실에서 텔레비전으로 경기를 지켜 보던 어느 젊은이가 볼이 네트에 꽂히는 순간 흥분하여 심장마비를 일으켜 사망했다는 보도마저 있다.
 스포츠와 그 애호를 부정하고 또한 저러한 열광적 현상을 우리나라만의 것으로 여기거나 그것을 탓하려 드는 것이 아니다. 오직 우리나라 대중 에너지가 외향 일변도로 기울어지고 있는 현상의 하나로 이런 예들을 처들어 본 것뿐이다.
 이야기는 비약하지만 인간을 '생각하는 갈대'로 명명한 파스칼은 그의 명상록 146장에서 이렇게 갈파했다.
 "인간은 분명히 생각하기 위해 만들어 졌다. 이것이 인간의 모든 존엄성이고 가치이며 모든 의무를 제대로 생각하는 일이다. 그리고 생각의 순서는 자신부터, 그리고 자기의 창조자와 자기의 목적부터 시작하여야 한다"고 말이다.
 쉽게 말하면 '나는 왜 사는가? 어떻게 살아야 하는가?' 등 자기 존재와 생활에 대한 제일의적 문답(第一義的問答)을 행하는 것이 인간의 가치이며 의무라는 것이다.

    그런데 요새 세상 사람들은 어떤가? 일반적 생활인들은 숫제 저러한 인간의 근원적 문제엔 방심 상태에 있거나 외면하고 있다. 심지어 소위 지식인들까지도 자기 전공분야나 직능의 전문적 이야기 이외에 저러한 존재론적인 화제나 인생론이 나오면,

    "골치 아프다. 집어치워라!"

하기가 고작이요 일쑤다. 그러나 조금만 생각해도 저러한 자기 존재에 대한 망각이나 기피는 결국 삶의 맹목을 의미한다. 그 눈먼 삶 속에서는 참된 자기나 그 생활을 발견할 수도 설정할 수도 없고 결국 물질적인 풍조와 겹쳐서 저들의 삶을 향락주의와 찰나주의에 몰아넣고 만다. 물론 저러한 존재론적 문제들의 해답이 생각한다고 쉽사리 얻어지는 것은 아니다. 그렇지만 진정한 삶이나 자기라는 것은 저러한 물음에서 비로소 시작되고 태어나며 또 이것이 파스칼의 말대로 인간의 존엄성이고 가치이며 의무인 데야 어찌하랴.

■ 《우주인과 하모니카》(1977)

인간왜소화(人間矮小化)

어느 문화적 모임에서 한 분이 그저 말끝에 무심코 하는 얘기로 "세상만사 시키는 대로 하면 되는 거죠. 또 그 외엔 딴 도리도 없구요" 하니 그 자리에 폭소가 터졌다. 또 이와 얘기는 좀 다르지만 외국에서 근 20년을 살다가 귀국한 친지의 술회인즉,

"오늘의 한국이 물량적 발전은 놀랍기 그지없을 정도지만 그 인간 자체들은 퍽 잘아진(왜소화) 느낌이다"라는 것이었다.

그런 얘기를 들으면서 전체 사회까지 따지지 않더라도 내 주위부터 곰곰 살펴볼 때 그 근기(根氣)나 기국(器局)이 큰 인물은 다 가고 그야말로 시류가 시키는 대로만 사는 인간들만 남은 성싶다.

내가 친히 훈도를 받았거나 우애를 지녔던 분을 언뜻 떠올려도 공초(空超) 오상순(吳相淳), 수주(樹州) 변영로(卞榮魯) 같은 시인이나 김범부(金凡父), 김익진(金益鎭) 같은 석학이나 화가 이중섭(李仲燮), 조각가 차근호(車根鎬) 같은 천재나 또는 외교관리였던 장철수(張澈壽), 포대령(砲大領) 이기련(李錤鍊) 같은 기인들까지를 오늘의 동도(同途)의 인물들과 대비하여 추모할 때 그분들이 이승을 떠난 지 불과 20년 미만인데도 마치 저 삼국유사에 나오는 전설적 인물들처럼 커 뵈고 아득하다.

삼국유사 얘기가 나왔으니 말이지 나는 그 책을 읽을 때마다 저 천 년도 훨씬 전에 우리 조상들이 펼쳐 보인 그 인간살이의 모습이나 그들의 비전으로 지녔던 인간상에 감동을 넘어 황홀해지곤 한

다. 그 예를 일일이 들 것도 없이 향가(鄕歌) 14수에 얽혀 있는 설화의 인간 모습들만을 연상해 주어도 나의 이 말이 대번 수긍이 가리라.

그들의 달관(達觀)·고매(高邁)·활달(豁達)·해학(諧謔)·우아(優雅)·순후(醇厚)한 인간 모습과 그 융화는 인류의 이상상(理想像)이라고 하여도 결코 과언이 아니라고 나는 생각한다.

그런데 그것이 누구도 아닌 바로 우리 선조들의 모습이었으니 한마디로 하면 오늘의 타락하고 오손(汚損)되고 왜소화한 우리들의 모습을 우리 겨레의 저 진면목(眞面目) 속에다 비추어 반성하고 되찾아내고 회복하여야 할 것이다.

■《우주인과 하모니카》(1977)

알다가도 모를 생태(生態)

　별로 신통스러운 얘기도 아니지만 내가 하와이 대학에 가 있을 때 데리고 갔다가 퇴직 적금으로 거기 떨어뜨려 놓고 온 막내 딸애가 지난해 대학에 들어갔는데 누가 시켜서가 아니라 그 애는 쭉 1주(週) 20시간씩 방과 후 저녁에는 식당에서 일을 하고 지낸다.
　여기서도 비어 홀에 여자대학생이 아르바이트를 더러 한다는 소리를 듣기는 했지만 만약 나의 저 딸애가 한국에 있다면 첫째 가족들이 망측하다고 식당에 나가게 하지도 않을 것이고 또 그 애 자신도 아마 가족들이 시킨다 한들 좀처럼 그런 용단을 내지 않았을 것이다.
　얘기는 좀 다르지만 행세깨나 하던 나의 친구 하나는 여러 가지 사업의 실패와 그 실의 끝에 미국에 이민을 가려고 2년 전부터 서두르고 있는데 그는 미국에 가서의 생활방편으로 냉동기술을 습득하여 면허까지 따 놓고도 국내서는 현재도 비실비실 놀고 있다.
　이쯤 얘기하면 현명한 독자는 이미 나의 이로(理路)를 짐작하겠지만 고국에 있으면 생념(生念)도 안 낼 식당일을 미국에서는 자진해서 아주 자연스럽게 하고 있는 나의 딸애나 미국 가서는 냉동기술자로 일할 각오와 그 준비를 갖추고 있으면서 고국에서는 실업자의 온갖 곡경(曲境) 속에서도 이를 활용할 생각을 않는 나의 친구의 처지나 그 심리를 너무나 잘 알 것 같으면서도 또한 몰라지기도 하는 것이다.

예를 들자면 한이 없지만 극단적인 얘기로는 젖먹이 어린애들마저 미국에 있을 때는 울지도 보채지도 않았었는데 한국에 돌아오니 응석이 늘어서 기르기가 힘들어졌다는 젊은 부부의 술회도 있다.

그러면 어째서 우리보다 부유한 나라 안정된 사회에서는 모두가 자기 삶을 영위하는 데 있어 어려서부터 자립적이고 근검질소(勤儉質素)한데, 또한 우리도 그 속에 들면 그런 각오와 실천을 하면서도 아직도 사회 전반이 빈약하고 견고치 못한 제 나라 제 사회에서는 그렇듯 허영과 허세, 나태와 방종, 의뢰심과 요행심에 기울어져야 한단 말인가.

정부가 추진하는 생활개선 운동이나 도시 새마을 운동은 그 외형적 소비성이나 폐풍을 규제하려는 노력과 함께 저러한 국민의 생활의식과 그 기풍을 어떻게 변혁시켜야 하느냐의 연찬과 노력을 기울여 주기 바란다.

■《우주인과 하모니카》(1977)

박애(博愛) 교육

일전에 교회의 젊은이들과 좌담 중 화제가 오늘날 인심의 각박함에 미치자 어느 학생이 자기 경험이라면서 지난 공휴일에 자전거를 타고 교외로 나갔다가 돌아오는데 어느 지점에서 중년 남자 한 사람이 자전거 바퀴를 매만지고 있길래 "펑크입니까?"고 말을 건넸더니 그 사람 돌아보지도 않고 한다는 소리가 "자식! 보면 몰라?" 하더라는 것이다. 그때 학생이 펑크냐고 물은 것은 고장이 어디 났는지를 확인하러 들었다기보다, 즉 남의 불행에 흥미를 가지려는 것이 아니라 "고생하십니다. 제가 도와드릴 게 없을까요?" 하는 따뜻한 마음의 발로였음은 두말할 것도 없다.

세상 인심과 인정이 어찌나 메마르고 거칠어졌는지 이웃의 어린애가 개에게 물려 죽어가도 팔을 끼고 이를 구경만 하는가 하면 저렇듯 타의(他意) 없는 인정에도 악의(惡意)의 반발마저 돌아오는 세태(世態)가 되었다.

그러면 왜 이렇게까지 우리 인심이나 인정이 황폐해 가는가 하고 따져 볼 때 그 연유야 여러 가지로 들먹일 수 있을 것이요, 또 실제로 복합적인 것이리라. 그런데 그중에서 내가 곰곰 생각해 본 것은 우리가 오늘날까지 지향하고 국시(國是)로 삼고 있는 민주주의의 자유와 평등에 빠진 것이 하나 있다는 사실이다.

즉 구미의 소위 선진 민주주의 사회에는 자유와 평등 추구에 기독교적 박애가 밑받침이 되어 있는데, 우리는 해방 후 오늘까지 자유와 평등만이 추구되고 고취되었지 박애는 모든 면에서 도외시되었다고 해도 과언이 아니다.

단적으로 말해 자유와 평등은 자기주장이요, 박애는 자기희생이다. 즉 자기의 본능·자기의 감정·자기의 욕망의 조절과 억제 없이는 박애는 행할 수가 없으며 또한 이 박애 없이는 엄밀한 의미에서 인간의 집단생활이 성립되지 않고 자유와 평등도 존재할 수가 없다.

그러므로 우리가 참다운 민주사회를 이룩하려면 먼저 국민에게 이 박애 정신을 가르치고 북돋우고 그것을 실천하도록 하여야 한다. 그러기 위해 학교 교육이 이를 담당해야 함은 물론이려니와 종교계나 문화계 나아가서는 사법(司法)이 이에 협력하여야 하며 이번 대통령이 제창한 효(孝)의 교육도 이 박애 교육의 출발로 삼아 주기 바란다.

■ 《우주인과 하모니카》(1977)

푸른 노인(老人)네들

칠순도 넘은 P화백이 재작년 도일(渡日)해서 전전(戰前)에도 입선을 해 오던 일본미술원전(日本美術院展)에 출품하고 회우(會友)가 되어 돌아왔다. 그 '원전(院展)'은 일본의 국전인 소위 '제전(帝展)'에 맞서는 재야(在野) 미술단체로서 거기 회우만 되는 것도 화가로서의 큰 영예일 뿐 아니라 사회적 평가도 아주 대단하다고 듣고 있다.

그런데 일전에 그 P화백은 내달 초엔 동경으로 다시 가야겠다면서 하는 말이 "내가 이제 가서 한 5년 공부하고 정진해서 '원전'의 정회원이 꼭 되고서야 돌아올게. 그것이 내가 그림을 시작할 때의 목표였으니까 말이야"라는 것이었다.

고국에서도 굴지의 대가인 그의 집념에 대한 찬부(贊否)는 고사하고 그 초심불망(初心不忘)에 고개가 아니 숙여질 수 없었다.

또 내가 형사지(兄事之)하는 K시인도 올해 고희(古稀)를 맞았다. 이분은 근 20년 동안 불교 역경(譯經) 사업에 전념해 왔는데 마침 저 P화백과의 회연(會宴)에서 그 말을 받아 하는 말이 "나도 앞으로 10년 작정하고 나의 구도(求道)생활을 마무리하는 저술 하나를 해야겠어. 그리고 연애도 이제부터 해야겠고" 하고 덧붙이기를 "바로 그날[生辰] 친구들에게 끌려서 어떤 주막엘 갔더니 소녀가 내 손바닥에다 이름하고 전화번호를 적어 주며 한번 조용히 만나자고 하는 게 아니겠어"라는 이야기를 듣고 일동은 당장 그리로 몰려갔었으나 그녀가 부재 중이어서 허탕은 쳤지만 모두 다 그 노춘(老春)을 축원하는 마음이었다.

또 한 분 내 주변에 퇴직 관리인 칠순 노옹(老翁)이 계신데 그분은 지난해부터 도예(陶藝) 공부를 시작하더니 이즈음엔 자기 작품이라고 화병 필통 등을 일가친척 친지들에게 나누어 주면서 내년에는 개인전을 갖는다고 열을 올리고 있어 그 자녀 손들은 그분이 건강을 해칠까 봐 걱정들이다.

이제까지 우리 노인네들은 노성(老成)이 아니라 노쇠(老衰)가 고작이었는데 저렇듯 문자 그대로 노익장한 노인네들이 각 부문에서 속출하니 저러한 노인들과 동일선상(同一線上)의 주자(走者)로서 서게 된 자신의 무근기(無根氣) 무기력이 부끄럽기만 하다.

■《우주인과 하모니카》(1977)

기예(技藝)와 선(禪)

지난 12월 중순에 고베[神戶]에 있는 일본 친구가 남화(南畵)의 대가 한 분을 소개해 보내면서 보내 준 야마다[山田無文]란 선사(禪師)의 《불이(不二)의 묘도(妙道)》라는 책에는 일본 문화의 근저는 전부가 선(禪)이라고 풀이하면서 다선일미(茶禪一味)·검선일미(劍禪一味)·배선일미(俳[詩]禪一味)로서 우다히[謠唱]도 선이요, 노오[能:가면무(假面舞)]도 선이요, 서도(書道)나 꽃꽂이도 선에 들어야 그 기예(技藝)의 참된 경지에 이른다고 설파하고 있었다.

내가 그 일본문화와 선의 관계는 잘 모르지만 전쟁 전후를 통해 10년 가까이 일본생활을 하면서 직접 보고 느낀 것은 일본의 기예의 세계는 퍽이나 세분화되고 정련(精練)되어 있어서, 평면적으로 안정성과 그 수준이 높으며 입체적으론 조숙한 천재기재(天才奇才)보다 노성(老成)하며 달인(達人)이나 명인의 경지에 이르는 이가 많다는 사실이었다.

거기에 비해 우리 예술이나 기예의 세계는 아직도 혼효조잡(混淆粗雜)하여 평면적인 수준이 안정성이 없으며 입체적으론 더러는 세계적 천재나 전승명장(傳承名匠)들을 갖고 있으나, 일반적으로는 명인달인(名人達人)에 이르기까지의 외골수 정진을 못 하고 꽝철이(운석[殞石]:미완성을 뜻함)가 되고 마는 느낌이다.

이것은 일반 직인(職人)의 세계에 있어서도 매한가지로, 세계 기능올림픽에 가서 우승을 하는 우리지만 평면적인 수준이나 그 공신력이 없어 우리들부터가 아직도 외제품을 숭상하는 형편이요, 그 기술자에 있어서도 숙련공은 되었지만 명장(明匠)이 되기에는 그 정신적 차원이 부족하다고 보아진다.

이 역시 일본에 체류할 때 어느 친지에게서 얻어들은 이야기인데 그는 집의 안마루를 새로 하느라고 목수를 불렀더니 그 목수는 자기가 다 해 놓고도 이가 잘 안 맞는다고, 아니 덜 곱게 맞았다고 두 번이나 다시 뜯어 고쳐 해 주며 그대로써는 자기네 노렌[暖簾:옥호(屋號)와 그 명성이나 신용]에 흠이 간다고 하더란다.

여기다가 우리들의 오늘의 삯일하는 직인들이나 날림집 날림공사를 하는 기술청부업자들을 비교해 보라.

물론 오늘 우리의 이러한 원인은 격난의 역사 속에서 질정이 없는 생활 속에서 빚어지는 것이요, 그런 역경 속에서 그래도 우리 예술가나 기능인들이 이만한 수준을 이루고 있는 것은 대견한 일이라고도 하겠다.

그러나 한 걸음 더 나아가 엄밀히 생각하면 위대한 작품이나 그 명장(明匠)이란 하나같이 시련과 고통을 딛고 서서 이루어지는 것으로 그야말로 참선(參禪)과 같은 고행정진(苦行精進)의 수행(修行) 없이는 달성되지 않는다.

그래서 예(藝)는 도(道)요, 선(禪)이라 하는 바요, 흔히 말하는 예술가의 프리스트적 측면이란 것도 저러한 구도자(求道者)적인 정혼(精魂)의 환기(喚起)를 뜻하는 것이다.

■ 《우주인과 하모니카》(1977)

도로변(道路邊)의 광고판

고속버스나 열차를 탈 양이면 양 연변의 반반한 언덕이나 산봉우리에 대문짝, 아니 성문(城門)보다도 큰 상품 광고판들이 서로 다투어 세워져 있다. 거기다가 정부의 산림청·국세청까지 이에 한몫 끼어 있는가 하면 자기네 신문이나 방송의 선전만으로도 또 무엇이 부족한지 매스컴 기관에서까지 광고판을 내걸고 있다.

그 울긋불긋하고 야단스러운 광고판들을 우리 산업 발전의 상징이나 자본주의 사회의 특징으로 그저 보아 넘기고 있는지 어쩐지는 잘 모르지만 자연이나 국토에 조금이라도 관심이 있는 사람이라면 어떤 시급한 대책을 바라 마지않을 것이다.

얼마 전 우리나라를 방문한 일본 친구가 경주를 갔다 와서 하는 말이,

"한국은 일본의 실패를 그대로 답습하기 전에 빨리 산야(山野)의 광고를 규제해야겠더군요. 일본에서는 10년 전에 그 광고 철거 캠페인이 일어났었는데 이미 때가 늦었어요. 가령 히다치[日立:일본 굴지의 메이커]가 동해도선(東海道線:도쿄에서 시노모세키[下關]까지의 열차 선로) 연변의 자기네 광고판을 철폐하려고 하니 73억 원의 예산이 들게 되므로 그만 흐지부지하고 말았어요."

라는 것이다.

그의 충고가 아니래도 정부는 하루 바삐 어떤 규제를 만들어 평지는 몰라도 최소한 언덕이나 산봉우리에 그 덕지덕지 붙은 광고

판들이 사라져야지 이대로 가다가는 그야말로 일본처럼 손도 쓸 수 없는 사태를 빚을 것이다.

■《우주인과 하모니카》(1977)

국책(國策)의 인문 과학(人文科學) 기구

음력 정초에 어느 맨션아파트 단지에서 약국을 경영하는 젊은이가 왔길래 이야기 끝에,
"요새는 어떤 약이 가장 많이 팔리느냐?"고 무심코 물었더니,
"신경안정제와 수면제가 제일 많이 나가요" 하는 것이었다. 그리고 덧붙여서 하는 말이,
"그것도 대부분이 주부들이거든요. 살기들은 흥청대지만 골(머리)이나 마음은 모두들 멍들어 있나 봐요."
라고 했다.

나도 오늘날 우리 생활의 물질 일변도에서 오는 정신적·정서적 난파를 항상 우려하고 있는 터라 전혀 예기치 못한 바는 아니지만 저러한 중증 상태에까지 이르른 것에 크게 충격을 받았다.

그리고 막상 신경안정제나 수면제로 심신을 유지하고 있는 주부나 가족을 가진 그 온 집안이 상대적으로 겪고 있을 환난(患難) 상태를 생각할 때 몸서리가 쳐졌다.

그러나 한편 저런 현상의 본근 원인을 곰곰 따져볼 때 그렇듯 개탄만을 할 수도 없고 처방도 손쉽게 내릴 수가 없다.

왜냐하면 우리가 오늘의 저러한 물질주의의 병폐를 지탄하기는 쉽지만 이제 겨우 산업 기술의 근대화와 그 발전으로 누천년래(累千年來)의 가난을 극복하고 경제 자립국을 이룩해 보려는 이 마당에서 우리의 맹렬한 물질에의 욕구, 즉 경제 추구의 의욕과 의지를

저지하거나 배격할 수도 없기 때문이다.

그래서 결국은 오늘의 산업기술 사회의 물리적 가치체제와 병행 대응하는 인문적 가치체제의 정립으로써 국민의 정신과 정서생활에 안정을 기하는 수밖에 없는데 그것도 현상의 대처로써가 아니라 규범적 차원에서의 인문정책이 시급히 요청된다.

그러기 위해서는 국민정신연구원 같은 소극적인 비상임 자문기구가 아니라 대통령 직속의 경제과학심의회와 같은 인문정책의 전문심의기구가 필요하며 또 한편 자연과학의 과학기술연구소나 사회과학의 개발원과 맞먹는 인문 과학 연구기관을 설치하여 우리 국민의 정신이나 정서생활의 병리를 진단하고 그 대책을 마련하며 거시적(巨視的)인 비전을 창조해 나가야 한다고 나는 생각한다.

■《우주인과 하모니카》(1977)

카터의 대한자세(對韓姿勢)

 동란 중 어느 미국 종군 기자를 만나서 얘기 끝에,
 "그대들의 대통령 트루먼 씨는 민주주의의 좋은 목자(牧者)냐?"
하고 물었더니 "그렇다"고 대답했다.
 "아흔아홉 마리의 양(羊)을 놔두고라도 한 마리의 양을 찾아 헤매는 그렇듯 좋은 목자냐?"
고 재차 물었더니 그 기자는 웃으며 "그렇게까지 좋은 목자는 아닐 것이다"라는 것이었다.
 나는 다그쳐서,
 "여차하면 트루먼 씨는 쉰한 마리의 양을 얻기에 마흔아홉 마리라도 버릴 것을 헤아리지 않을 그러한 가능성의 목자가 아닐지 몰라서 여기에 한국인의 심각한 고민이 있다."
고 토로하고 나서 내친김에 "그러나 성서는 한 마리의 양을 찾아 헤매는 목자라야 아흔아홉 마리의 양도 잃어버리지 않는다는 것을 가르친다고 나는 생각한다."
고 하였더니 그는 입맛이 쓴 표정이었다.
 이야기는 좀 비약하지만 카터 미국 대통령이 도덕정치를 표방하고 나섬에 대하여는 이상이나 정신을 위주로 삼는 나 같은 사람은 그야말로 쌍수로 환영하는 바요, 또한 그의 취임식 때부터 오늘날까지의 갖가지 청신한 작풍엔 매료되어 있기까지 하다.
 그런데 이 나라 이 겨레의 운명이 좌우되는 주한미군 철수 문제를 놓고 그와 그의 정부가 오늘날까지 취해 오고 있는 태도를 볼 때 나는 그의 도덕적 의지 속에 도사리고 있는 하나의 사상적(捨象的) 맹점 같은 것을 느끼며 의구심에 사로잡히곤 한다.

물론 나는 정치나 군사 문제엔 문외한이라 철군 문제에 대한 현실적 여부나 앞으로의 귀결에 예단(豫斷)이 없고 오직 소박한 국민적 심정을 털어놓는 것뿐이다.

그런데 카터 대통령이 선거 때부터 철군 문제를 공약으로 내세워 그 방침의 윤곽을 드러낸 오늘에 이르기까지의 자세가 바로 그 도덕적 측면에서 볼 때 너무나 일방적이요, 독선적으로서 마치 "나는 철군을 할 테니 그리 알아서 하라"는 식의 강자의 위압과 같은 느낌을 받는다면 이것은 하나의 신경과민일까?

■《우주인과 하모니카》(1977)

프레이저 발언

미 상원 외교위 대외원조소위에서 행한 도널드 프레이저 의원의 발언 보도를 읽고 나는 문득 저 성서의 '부자, 천당에 들기가 낙타, 바늘귀 뚫고 나가기보다 어렵다'라는 구절이 머리에 떠올랐다.

평소 거의 반한적 발언과 함께 그의 이번 말의 논리적 귀결을 유추해 보면 '한국은 별로 미·일 안보에도 가치가 있는 지역도 아니니 공산화가 된들 우리에게 손해날 것 없지 않으냐. 그런 한국을 구태여 계속 도울 필요가 어디 있느냐?'라는 얘기가 된다.

탈(脫)이데올로기 시대라고 불리고 또 고립주의적 경향이 대두하고 있는 오늘의 미국에서 한 정치가가 그의 국가주의적 소견을 밝혔다고 해서 그 말 자체만으론 화를 내고 덤빌 것까지 없다면 없다.

그러나 문제는 '공산주의와의 대결에서 사느냐 죽느냐' 하는 우리 판세에 그것도 공동방위조약을 맺고 있는 우방의 가장 자유를 내세우는 정치 지도자의 한 사람이 이런 무책임한 말을 했다는 데 한국민의 역정이 솟는 것이다.

이 기회에 우리의 솔직한 심정도 털어놓는다면 한국의 일반 민중은 8·15해방까지 이데올로기의 사회체제의 차이나 그 생활에 대해서는 전혀 백지 상태였고, 소위 해방의 사자(使者)로 진주한 미·소 양군에게서 거의 타력적으로 양립하는 사회체제를 구축하게 되었으며 또 그들이 쥐어 준 소련제 무기와 미국제 무기로 이데올로기의 청부전쟁에까지 나갔던 것이다. 그리고 저러한 세계사적인 이데올로기의 대결은 그 상처와 맹점을 그대로 이 땅에 내던져 놓은 채 자기들끼리만 '이데올로기의 종언(다니엘 벨)'을 고하고는 소위 데탕트에 나아가고 있다. 그리고 툭하면 우리 편이라는 곳에서는 '민주주의의 전시장 역할을 잘못하니 손을 떼야 하고 전략적 가치가 없으니 손을 떼야 한다'는 입씨름이 때마다인가 하면 이제 와서는 '너희 죽고 사는 거 나와 무슨 상관이냐'는 투의 발언마저 튀어나오니 어찌 우리가 분격을 안 할 것인가.

저러한 우방의 생존권에 대한 비인도적 폭언은 우리 한국뿐 아니라 미국을 위해서도 규탄 시정되어야 한다고 나는 생각한다.

■《우주인과 하모니카》(1977)

문인생활(文人生活)의 고경(苦境)

이로(理路)를 펴기보다 속칭 우리 글장이들의 글값, 즉 원고료는 현재 산문 1장당 5백 원이요 시는 1편당 5천 원이 보통이다. 이것도 그 고료 속에는 대부분 문예진흥원의 정책지원금이 포함되어 있거나 그 파급 효과에서 나타난 작금의 인상액으로서 아직도 산문 1장에 4백 원, 3백 원, 심지어는 1백 원 미만도 허다하며 시에 있어서도 보통 5천 원에서 단돈 1천 원마저 받고 쓰기가 일쑤다.

그래서 가령 어떤 작가가 5백 원짜리 고료로 한 달에 1백 장을 쓴댓자 고작 수입이 5만 원이요 2백 장을 써야 10만 원인데 그러나 신문·잡지에 연재소설을 쓰지 않는 한, 한 작가가 매달 2백 장의 원고를 쓰는 것은 둘째로 하고 그것을 소화해 낼 지면이 없다.

시의 경우는 실제 한 달에 10편을 발표한대도 최고 5만 원, 그러나 이런 다작의 요술을 부릴 시인은 없다.

이것도 한국의 약 1천 명 문인 중 소위 청탁원고를 쓰는 50명 내외의 경우고 일반 문인의 경우나 산문을 안 쓰는 시인일 때는 한 달에 돈 만 원 얻어 걸리기가 힘든다. 또 그 50명 중에도 펜 하나로 생계를 지탱하며 생활하는 이들은 신문·잡지의 장편소설가 몇 분, 방송 드라마 작가 몇 분, 시나리오 작가 몇 분, 도합 20명도 안 될 것이다.

이번에 일부러 조사해 본 바지만 1960년대부터 현재까지의 원고료 인상률은 불과 83%인데 물가의 상승률은 506%이니 그야말로 안개를 먹고 사는 짐승이 아닌 다음에야 어찌 밥 먹고 처가솔(妻家率)을 부양하며 살 수 있을 것인가? 그래서 문인들의 대부분이 학교나 신문·잡지·출판사나 각종 업체의 홍보 선전부 등 직장에 종사하면서 마치 창작을 부업이나 취미 꼴로 하든가, 이도 못하면 만년 실업자의 행색과 그 곡경(曲境)을 치르며 산다.

터놓고 말하면 신문들만 하더라도 직업적 기사나 그 통신보도의 제작에는 다투어 돈을 들이면서도 문인들의 창작이나 글에는 돈을 아낀다기보다 숫제 안 내는 폭이다.

잡지사나 출판사도 매한가지다. 마치 오늘의 한국의 기업들이 그 근로자들의 싼 노임을 취리(取利)의 대상으로 삼듯 우리의 잡지사나 출판업자들도 원고료의 염가를 의식적이든 무의식적이든 그들 경영의 발판으로 삼아 온 것이 사실이다.

그래서 한국문인협회는 때마다 원고료 인상을 결의하여 그것을 문공부를 비롯해 각 잡지 출판사에 통고하지만 이러한 요청이 한 번도 시행되어 본 예가 없다.

그러면 문인들이 절필동맹(絶筆同盟)이라도 하면 되지 않느냐고 반문할지 모르지만 창작이나 문필이란 너무나 개인적인 자유업으로서 생계는 따로 하고 얼마든지 저렴한 고료에라도 응할, 아니 무보수로라도 그 발표욕을 충족시킬 작가들이 있기 때문에 소위 노임투쟁을 바랄 수는 없다.

이러한 상황 속에서 한국의 문인들은 가정이나 사회생활에서 현실적 무능력자가 아니면 폐인 취급을 받으며, 그나마 직업이 있다는 사람은 그 재능이나 시간의 10분의 1도 창작에 바치지 못하고 항상 망향의 수인(囚人)생활을 벗어나지 못한다. 또한 물질과 기술만이 판을 치는 이 시대, 이 사회 속에서는 그 문인 자신들에게도 남산골 샌님의 긍지마저 잃게 해서 '오직 글밖에 모르는 배냇병신이 된 것'을 한탄케 하고 있는 것이다.

　여기서 잠시 이웃 일본 문인들의 문필 보수 현황을 살피면 중견 작가가 4백 자 원고지 장당 1만 원 평균으로서 이것을 한국 셈으로 따지면 2백 자 원고지 1장에 한화(韓貨) 6~7천 원꼴이니 50장만 써도 1개월 생활은 충분할 것이라 부럽기 짝이 없다. 그래서 일본의 중진·대가나 인기작가인 경우 동경도(東京都)의 최고 소득자로 손꼽히고 벌써 중견만 되어도 명승지에다 별장을 짓고 해외 취재여행을 1년에도 몇 번씩 하는 호사들이다. 나는 한국의 문사된 것을 비관하거나 무턱대고 저들을 부러워하는 게 아니라 저들의 창작생활에 대한 중후한 보상과 그 생활의 안정이 작가들의 집필 태도나 그 작품에 얼마나 풍성한 성과를 가져올 것인가 하는 것에 관심을 불러일으키기 위해 이런 대비를 해 보이는 것뿐이다.

　오늘날 국민정신의 작흥(作興)과 그 일환으로 문예진흥책이 실시되고 있다. 원고료 지원·출판기금 지원·창작 지원·시상(施賞)제도 등이 어느 정도의 성과와 그 파급 효과를 내고 있는 것도 사실이다. 그러나 이러한 소극적 유도정책을 가지고는 일시적 부분적 지원은 되어도 도저히 오늘의 창작생활자들의 고경(苦境)을 해소, 구출하지 못한다는 것을 나는 호소하고 싶은 것이다.

　그리고 문제의 해결은 결국 원고료의 인상인데, 앞서 말했듯 문인 자체로는 도저히 해결할 수 없는 원고료의 적정 표준선을 물가 상승률이나 각종 도서 등 매체의 정가 인상 폭에 맞춰서 때마다 소관 당국이 조정해 줄 것을 요청하는 것이다.

　물론 원고료를 관허요금이나 협정요금처럼 당국이 직접적 간여를 할 수 없음도 잘 알지만 문공부 같은 곳에서 이에 대한 실정의 명확한 파악과 그 중요성을 인지하고 성의를 가지고 직접적이요 적극적인 권장에 나선다면 신문사나 잡지사·출판사도 이를 외면할 수 없을 줄 나는 본다. 그래서 나는 김성진(金聖鎭) 문공부 장관의 그 의욕적 경륜에 기대를 걸어 이 글을 쓰는 것이다. 이것이 한국의 문학과 세계적 문학작업을 하게 하는 길이며 한 걸음 더 나아가서는 국민정신의 순화와 진흥을 이루는 첩경이기도 한 것이다.

끝으로 이 신세타령 같은 글은 이런 허접스런 글을 쓰는 나보다도 천분이 있고 성실한 작가들의 오늘의 비극적 생활을 대변하기 위한 것임을 덧붙여 둔다.

■《우주인과 하모니카》(1977)

출판인들에게 바란다

한국일보사가 제17회 출판문화도서를 공모하고 있다. 양서(良書) 출판을 고취하는 이 상(賞)의 금년도 모집을 계기로 수요자의 입장에서 평소 우리 출판인들에 대해 느끼고 있는 소견이나 요청 같은 것을 솔직히 적어 볼까 한다.

내가 보는 바로는 양서의 출판이란 바로 그 출판 행위의 주체가 되는 출판인들의 의식 수준에 비례한다고 생각한다. 상식적인 얘기로는 출판에는 문화적 목적과 영리적 목적, 두 가지 측면이 있겠는데 개별적 출판사의 방침에는 정도의 차가 있긴 하지만 우리 출판계의 전체를 살펴볼 때 너무나 영리적 목적에 치우쳐 있음이 숨기지 못할 사실이다.

주워읽은 이야기지만 독일의 유명한 출판인 쿨트 월프는 성경 말씀을 인용하여 출판인들에게 경고하기를 "태초에 돈이 있었다가 아니라, 태초에 말씀이 있었다"라고 말했다 하며 일본의 이와나미 서점 창업주인 이와나미 시게오[岩波茂雄]는 "나에게 포부가 있다면 그것은 도서든, 잡지든, 시류나 세상에 영합하려는 동기에서는 한 권의 책도 만들어 내지 않겠다는 다짐이다"라고 말했다고 하는데 저러한 경구(警句)나 자계(自戒)를 들을 때 오늘의 우리 출판인들의 대다수가 아마 자기반성으로서가 아니라 오히려 저항으로 임하리라고 나는 짐작한다.

물론 출판도 기업인 이상 '돈벌이는 생각 말고 좋은 책만 잘 만들라'는 그런 비현실적 요청은 어리석은 일이요, 또 '돈을 잘 벌어야 좋은 책도 잘 만들어 낼 것이 아니냐'는 합리적인 구실이나 목표가 있음을 나도 모르지 않는다. 그러나 한편 우리는 출판으로 소위 '돈은 어지간히 벌었다'는 경영자들의 오늘의 행태도 그저 보아 넘길 수는 없다.

세상이 다 아는 얘기지만 소위 성공한 굴지의 출판인들이 원양어업 등 엉뚱한 사업에 손을 대고 있는 이들이 많으며 또 엄밀한 의미에서는 교육이나 여타 문화사업에의 투자 같은 것도 고려해 볼 문제다.

자유기업시대에 자기의 능력과 노력으로 벌어서 그 돈을 다시 자기의 능력이나 재력을 확대해서 사용하는 데 무슨 시비가 있느냐고 반발하고 나선다면 더 할 말은 없지만 이야말로 출판사업의 본질적인 면인 문화적 사명감엔 그 출발부터 인식이 없이 오직 영리적인 면만을 추구해 왔고 또 그것만으로 만족한다는 증거가 되리라.

한마디로 말하면 출판인은 생애를 오직 출판에 순수하게 헌신하는 것이 정상적이며 또 사업에서 얻은 이윤은 자기 생계를 제외하곤 출판문화에 재투자하고 환원시키는 것이 가장 바람직할 뿐만 아니라 어쩌면 이것이 출판인으로서의 의무요, 자세이기도 하다. 즉 이때부터 그의 출판사업은 그의 삶의 자기표현이 됨과 동시에 창조적이 된다. 그리고 그는 이때부터 그 겨레, 그 사회 나아가서는 그 시대와 세계의 문화 창조에 주체의 하나가 된다.

좀더 구체적으로 말하면 어떤 출판인이 그의 사업 성공의 단계와 더불어 시류나 공리(功利)의 제약 속에서 점차 벗어남으로써 가장 좋은 책을 가장 잘 만들 수 있게 되는 것이다. 가령 우리에게는 잘 알려진 일본의 예로 50년 걸려 완성한 모로하시[諸橋] 《대한화

사전(大漢和辭典)》의 창업주 스즈키 이페이[鈴本一平]처럼 출판인의 일념은 시대를 넘어서 성취하게 되는 것이다.

저러한 출판인의 보람 있는 일감은 우리에겐 너무나 많아서 손쉬운 얘기로 인문도서 번역사업의 경우만 하여도 아직 플라톤·아리스토텔레스·칸트·헤겔 전집이나 셰익스피어·괴테·톨스토이·도스토예프스키 전집 하나 없는 정도며 동양 고전이나 우리 고전의 국역 등도 요원하여서 능력 있는 역자에게 충분한 시간과 흡족한 대우를 하여 완성하는 것은 딴 기업에 손을 대서 달러를 벌어들인다거나 다른 문화투자나 자선행위에 나서는 것보다 출판인으로서 마땅히 해야 할 일이며 또 출판인의 본망(本望)이어야 한다.

그리고 나는 출판인들이 저러한 출판의 본질적 사명을 창조적으로 수행하기 위해서는 회사 자체 내에 우수한 인재를 모으는 것도 필요로 하지만 그 경영자를 중심으로 저작자의 그룹을 형성시키는 것이 바람직하다고 생각한다. 내가 아는 지식이 그것뿐이라 또 일본의 예를 들지만 이와나미 서점의 이와나미 시게오 둘레의 아베 노세이[安部能成] 등 인문 과학자들의 그룹인 '풍수회(風樹會)'나 〈축마서방(筑摩書房)〉의 후루다 이키라[古田晁]를 에워싼 우스이 요시미[臼井吉見] 등 문학자 그룹은 좋은 본보기로서 그들은 도서 선정에도 브레인이 되었을 뿐 아니라 그 제작의 기술에도 다양한 의견을 보태어 일본 출판문화에 기여한 그 영향은 상상 이상으로 크다.

이것은 우리의 대부분의 출판사처럼 선전광고에 사례봉투 하나씩을 주고 이름을 빌려 쓰는 그런 그룹과는 근본적으로 차원이 다르다.

여하간 이제 우리 출판도 국민경제의 향상과 더불어 양산적(量産的) 성장을 크게 보여 주고 있으므로 여기에 병행하는 출판인 자체의 의식의 쇄신이 이루어져야 우리 출판이 그 시대적 문화적 사명을 다하리라고 나는 본다.

■《우주인과 하모니카》(1977)

성급(性急)과 나태(懶怠)

20세기 문학의 가장 중요한 개척자의 한 사람인 독일의 소설가 프란츠 카프카는 현대인의 죄악을 '성급과 나태'라고 갈파했습니다. 언뜻 들으면 의아해지지만 좀 곰곰이 생각하면 실로 탄복할 명언이라 하겠습니다.

즉 현대인들은 삶의 성취나 이상의 달성을 그 준비의 노력이나 시기의 성숙을 고려하지 않고 성급히 획득하려 들며 또한 이러한 성급함이 자신의 삶이나 이상을 향한 노력을 손쉽게 포기하거나 나태 속에 빠지게 한다는 얘기입니다.

솔직히 말해 나는 오늘의 우리 젊은이들, 특히 우리 학생들의 사고와 행동 역시 저러한 성급과 나태를 범하고 있다는 느낌입니다. 그들의 현실에 대한 비난과 반감을 이해 못하는 바 아니지만 '과연 그들이 행동에 나아가 오늘의 현실을 개선시킬 능력의 준비가 되어 있으며 또 자기들이 나설 시기인지 아닌지의 여부가 고려되고 있는 것인가?' 냉엄성을 지니고 객관적으로 이를 판별할 때 그것은 역시 자기들의 준비에 대한 노력과 시기에 대한 성숙에 인내심이 없는 성급한 욕구요, 나아가서는 자기들의 본분에 대한 나태라 아니할 수가 없습니다.

어느 시대 어느 사회를 막론하고 그 현 실태란 그 시대를 짊어진 세대들의 지적, 정서적, 의지적 능력의 총량으로써 결정됩니다. 물론 거기에는 역사적, 타력적(他力的) 요소가 없지 않지만 그것에 대한 요리 능력 역시 그 세대들의 저러한 지정의(知情意)의 총량이 좌우하는 것입니다.

그래서 가령 현실이 아주 조악하다면 그것은 그 현실을 담당한 세대들의 저러한 능력의 빈곤에서 오는 것으로, 만일 그런 조악한 현실의 개혁이나 개선을 원한다면 말할 것도 없이 보다 월등한 지적 능력과 순화된 정서와 견고한 실천의지를 갖추고 또 거기다가 그 시기에의 성숙을 기다려서 발휘하지 않으면 그것을 성취할 수 없음은 명백한 일입니다.

그럼에도 불구하고 스스로의 능력의 축적이나 그 능력을 발휘할 시기에의 객관적 고려가 없이 현실에 대한 반감만 가지고 충동적 행동에 나아간다면 그야말로 성급과 나태를 되풀이하는 것이 될 뿐입니다.

이 시간 우리 앞에 벌어진 크고 작은 모든 세상살이가 실패작으로 보이고 시행착오로 여겨지는 것은 순수한 이상 추구자인 여러분이나 시인인 나나 동감입니다. 그래서 더욱 나는 내일로 닥칠 그대들의 시대를 위하여 오늘의 그대들은 보다 깊은 예지와 기량을 갈고 닦아 주길 절원(切願)하는 바입니다.

참된 휴머니즘

"우리 이제부터 한번 인간적으로 사귀어 봅시다."
 공용족(公用族)과 사용족(社用族)의 소위 사바사바 술좌석이 제법 어울려 가서 야합에 이르는 첫 신호입니다.
 현대를 휴머니즘의 시대라고들 합니다. 그리고 말끝마다 인간존중을 내세웁니다.
 그러나 오늘날 '인간적'이라는 간판 아래서 그 얼마나 인간의 죄악이 묵인되고, 방치되고, 타협되고, 동정되고, 발호하고 있는 것입니까? 인간이란 명목 속에서 선악의 가치판단이 분간되지 않고 당위의식이 마비되어 있는 것이 오늘이라 하겠습니다. 그래서 악의 의지를 거부도 부정도 못하는 해괴한 휴머니즘이 통용되고 있습니다.
 이러한 인간 선악의 혼동과 도치 상태를 추구한 근대문학의 대표 작품이 바로 저 도스토예프스키의 〈죄와 벌〉로서 주인공 라스코르니코프는, 나폴레옹처럼 선택된 강자는 인류 행복을 위하여 사회적인 도덕률을 무시하고 그 위에 설 권리를 지닌다는 이론 위에서 인간 해충이라고 여겨지는 고리대금업자 노파를 도끼로 쳐죽이고서도 죄의식을 느끼지 않으려고 합니다. 그러나 결국은 자연 양심의 가책 속에서 창녀 소냐를 만나 그 불우한 속에서도 자기희생을 해 나아가는 그녀의 삶의 모습에 감동되어 마침내 자수를 하게 되는 것입니다. 즉 그의 인간양심을 거스린 사상적 살인은 실패로 돌아가는 것입니다.

　이렇게 볼 때 죄나 악을 인간적이라고 해서 용납하고 부정치 못한다는 것은 인간의 본래적 양심이 마비된 바로 그 인간성의 상실을 의미한다고 하겠습니다.

　흔히 우리가 입에 담는 휴머니즘의 그 유래나 모습을 한마디로 말하기는 곤란하지만 대체적으로 공통된 것은 인간의 생명, 인간의 가치, 인간의 교양, 인간의 창조력 등을 존중하고 이를 지키고 이를 풍성하게 하려는 정신임에는 틀림없습니다.

　그런데 그 휴머니즘의 오늘의 현상을 보면 인간의 무력과 악함과 병폐와 파탄을 변호하고 비호하고 이를 합리화하려는 성향으로 변질되어 가고 있는 느낌입니다.

　또 그렇게까지는 아니더라도 그 휴머니즘이 지니는 인간애 자체가 마치 영화관에서 어떤 장면을 보고 눈물을 펑펑 흘리다가도 한 발자국 나서면 깨끗이 잊듯 센치멘탈한 일시적 공감에 머문다든가, 그렇지 않으면 어떤 관념적 태도만으로써 마치 물에 빠지는 사람을 보고서도 안됐다고 생각은 하면서 보고만 있듯이, 비인간적 현실과의 대립에는 무력한 자기나 남을 우리는 일상 속에서 보고 또 체험합니다.

　결국 휴머니즘이 참되게 발동되기에는 인간의 선의, 그것만이 아니라 이를 지탱하는 사상과 행동이 요구됩니다.

　여기의 사상과 행동이란 관념적인 것이 아니라 실생활에서의 실감과 이의 실천행(實踐行)입니다.

　여기서 생각나는 것은 저 2차 세계대전 중 나치 독일하에서 반전운동을 벌이다가 희생된 오누이 학생을 그린 〈흰 장미〉인데, 그것은 주인공들의 맏누이가 쓴 기록으로서 그 첫머리에

　"저들은 무엇을 하였는가? 어떤 사람들은 저들을 비웃고 죽음에

매질을 가하기도 했고, 어떤 이들은 저들을 '자유의 영웅'이라고 찬양도 한다.

 그러나 저들은 과연 영웅이라고 불려져야 할까? 저들은 아무것도 초인적인 것을 하려 들었던 것이 아니요, 오직 어떤 단순한 것을 지킨 것밖에 없다. (중략) 저들은 어떤 비범한 이념에 몸을 바친 것도 아니요, 위대한 목표를 추구한 것도 아니다. 오직 저들이 바랐던 것은 나나 당신네나 함께 인간적 세계에 살고자 하였던 것뿐이다."
라고 되어 있고, 또한 그 책 중 저들 남매에게 철학을 지도하였고 함께 처형도 된 쿠즈트 후버 교수가 남긴 메모에는,

 "내가 독일 국민으로, 독일 대학의 교수로, 또한 정치적 인간으로서 권리만이 아니라 도의적 의무로 여기지 않을 수 없는 것은 독일 공동체 형성에 협력하는 것이요, 또 그것을 위하여 명백한 장해가 되는 것과 싸우는 것이다. 그리고 나의 목적한 바는 학생층의 각성이었는데, 조직에 의한 것이 아니라 오직 소박한 말을 통하여 폭력행위에 의하지 않고 정치에 현존하는 중대한 장해에 대한 도의적 인식을 시키는 것이었다."
라고 적혀 있습니다.

 이상의 기록에서 우리의 젊은 지성들도 현대 휴머니즘의 참된 모습을 보고 배울 수 있으리라고 나는 생각합니다.

일면성의 위험

　어떤 문제로 대결 상태에 놓인 사람들은 흔히 그 문제 자체를 일방적으로 단순화하는 경향이 있습니다.
　이것을 심리적 측면에서 보면 그렇게 문제를 단순화하고 상대방을 완전히 부정적으로 보아야 투지도 생기고 자기의 목표를 관철하려는 강렬한 힘이 솟아나는 것이 사실입니다.
　그런데 이러한 일면적 단순화에는 커다란 몇 가지 자기 함정이 있습니다.
　첫째는 그 문제의 발단이나 진전 속에는 자기나 자기 편의 과오와 실책이 함께 들어 있기 마련인데 이것은 선반 위에 얹어 놓고 오직 상대방의 과실이나 오류만을 지탄, 비방하고 나섬으로써 자신의 잘못에 대한 뉘우침과 고침이 없다는 점입니다.
　둘째는 자기들의 지니고 있는 그 동기나 목표의 순수성이나 정당성에만 집착하거나 이를 절대화하여 문제의 진전과 과정이 자아낸 복합성이나 상대성에 대하여 객관적 통찰력을 잃음으로써 해결의 노력보다 승부만을 겨누게 된다는 점입니다.
　셋째는 자기 쪽이나 상대방의 인간 능력의 한계나 그 무상성(無常性)을 망각하고 상대방에게 전면적 선(善)을 요구하거나 또는 상대방이 그 나름대로 지니고 있고 또 제 쪽에서도 바라는바 적극적 가치도 완전 무시하거나 이를 파괴하고 있다는 점입니다.
　좀더 이를 설명하면 가령 제 쪽의 요구나 목표가 관철되더라도 스스로가 자신하거나 바라는 대로 완미(完美)한 상태나 이상상(理想像)에 나아가지도 나아갈 수도 없다는 것과 또 이쪽도 그 처지에 놓이면 별도리가 없는 불가피한 사정이 포함되어 있다는 것을 명백히 인지해야 합니다.

또한 이러한 일면적 단순화로 양방(兩方)이 흥분되고 대결되어 있는 마당에서는 그들이 공동으로 내세우는바 다수(多數)나 자신의 한계를 알면서 자각적으로 자유의지를 발동하여 가능한 선이나 이상을 실현해 가려는 유덕(有德)들의 참된 노력이나 그 정진(精進)마저 희생시킨다는 사실을 두려워해야 할 것입니다.

이상 나의 소견은 오늘의 불교 내 불화 현상에 대한 주제넘은 충언을 하려는 것이 아니라 정치를 비롯한 우리나라 무릇 사회의 분쟁사태에 대한 본질적 고찰임을 덧붙여 말해 둡니다.

소크라테스의 국가관

예전에 학생소요 와중에서 이규호 문교부 장관이 소크라테스의 사형 승복을 쳐들어 국법의 준수를 호소한 적이 있습니다. 그때 그의 이 말은 설득력이 있었고 반응도 좋아서 철학교수 출신다운 면목을 보여 주었습니다.

그런데 소크라테스는 무엇 때문에 당시의 악법에 고발당하였으며 자기에게 행해진 재판에 승복하였던가? 더구나 '국외추방이나 사형'이란 판결 중 왜 사형 쪽을 택하였던가? 내가 아는 바 또 나름대로의 생각을 몇 마디 적어 볼까 합니다.

소크라테스의 말년의 아테네는 인접 무단(武斷)국가인 스파르타와의 30년 전쟁에서 패하여 그 괴뢰정권 밑에 있다가 겨우 벗어나 소위 자주정치가 재건되는데 마치 오늘의 우리처럼 물질적 부흥에만 쏠리고 맙니다. 즉 전쟁에서 피폐한 극장, 신전 등 공공건축 유흥시설만 마구 크게 짓고 지중해 무역에만 모두 눈이 벌개져서 정신이란 것은 뒷전이었습니다. 이때 소크라테스는 대화라는 방법을 통하여 인간이 지녀야 할바 본모습, 인간이 자신의 운명을 용감히 받아들이는 정신적 기개 또 비참 속에도 지니는 인간의 위엄 등을 고취하였습니다.

그러나 그의 가르침은 잘 먹혀 들어가지 않을 뿐 아니라 아테네의 물질적 부흥을 어떻게 해서라도 되찾으려는 정치가들에게 일종의 현실적 장애로까지 여겨져 멜레토스 등 젊은이들로 하여금 '젊은이들을 부패시키는 이단자'로 고발케 하는 것입니다. 그래서 재판에 회부되었고 유죄판결이 내려졌는데 '아테네에서 떠나지 않으면 사형'이라는 것이었습니다. 그러나 소크라테스는 아테네를 한 걸음도 떠나지 않겠다고 선언하고 독배를 흔연히 받고 죽습니다.

　그의 남긴 말들 속에는 그의 생각을 정리하면 어버이[父母]는 좋고 나쁘고 간에 이를 저버릴 수 없듯이 조국도 버릴 수 없는 것으로 조국을 버리면 조국은 조국이 아니라 현실적 권력집단에 불과해지며, 그런 것은 참된 의미의 나라일 수가 없다는 것입니다. 나라란 모든 국민 누구에게나 마음의 의지처여야지 어떠한 당파의 사물(私物)이 되어서는 안 되며 그래서 어떤 집단의 농단(壟斷)을 기피하여 조국을 버린다는 것은 바로 조국을 그 농단에 맡겨 버리는 것이 된다는 것입니다.

　자기가 이상하는 바 국가를 마음속에 그리며 그 국가의 법률이 현실적으로 잘못되어 있더라도 이것을 따르는 것이 그런 이상 국가를 만드는 길이라고 소크라테스는 믿었던 것입니다. 그리고 소크라테스의 이 감내(堪耐)가 악법을 만들고 행사한 현실 권력집단에 향한 최대한의 항거였던 것은 말할 것도 없습니다.

법의 새 인식

새해 인사치레나 늘어놓을 정황도 아니어서 나도 신년에 들어 곧바로 벌어질 개헌작업을 앞두고 법에 대한 인식문제에 한마디 소견을 보탤까 합니다.

물론 나는 문외한이라 나의 주견을 개진할 능력은 없고 오직 주워읽은 책의 소개에 불과한데 지난해 한국을 다녀간 적도 있는 신자유주의 제창자인 R. A. 폰 하이에크 교수는 "법은 본디 있는 것, 그것을 찾아내는 것이지 만들어 내는 것이 아니다"라고 갈파했습니다.

그리고 그는 덧붙여 설명하기를 법을 인간이 임의로 만든다는 생각은 의회제도의 선진국이었던 영국에서 의회가 자기네가 결정한 것을 '법률'이라고 부른 '우연'에 그 출발이 있었다고 말합니다. 그래서 오늘날의 의회의 다수결로 만들어지는 법률에는 편의의 범주에 속하는 것이 많고 이것을 일률적으로 법이라고 부르는 데서 현대의 법의식의 혼란이 왔다고 강조합니다.

말하자면 그가 뜻하는 바 법이란 인간의 도리 중 사회규범에 속하는 것으로 이것을 찾아내서 성문화한 것이지 만들어지는 의도적 법률, 즉 조직이나 그 권력 유지의 목적 같은 강제 기능에다 수속상 만족만 채운다면 그것은 형식상 법이지 실질상 법이 아니라는 얘기입니다.

또한 그는 인간의 도리나 그 규범이 무시된 자의적 강제력의 법이나 그 법률의 집행은 필경 법의식의 저하와 혼미를 일으켜 결국에는 법 무능의 역기능을 자아내게 된다고 경고를 하고 있습니다.

여기서 우리나라의 헌법 제정 과정이나 이제까지의 그 개헌의 동기나 목적들이 어떠했느냐 하는 것을 굳이 따져 보지 않더라도 편의의 범주 그것도 어떤 권력 유지의 목적에서 오는 강제 기능에다 수속상 만족만 채웠던 것은 숨기지 못할 사실입니다.

그러므로 이번 새로이 고쳐질 우리의 헌법은 현실적 정치 집단의 이해에서 만들어질 것이 아니라 인간 도리의 발견과 그 추구로서 이루어져야 하고 또 그 법의 집행이나 운영도 밝게 하여 그야말로 법치 사회를 이 나라에 실현하도록 바라고 믿는 바입니다.

힘과 정의

히틀러의 나치즘이 아니라도 '힘이 곧 정의다'라는 말들을 곧잘 쓰고 또 세상살이를 그렇게 판단하는 사람들이 의외로 많습니다.

그러나 힘이란 그 자체는 결코 정의도 불의도 아닌 물리적인 것이요, 정의란 윤리적 즉 정신적인 것입니다.

그런데도 '힘 곧 정의'라는 생각을 하게 되는 것은 이 세상살이 속에서 아무리 옳은 생각이나 행동이라도 그것에 따른 힘이 없으면 소용이 없고 그릇된 생각이나 행동이라도 힘이 있으면 정당화되는 경우가 늘 있기 때문입니다.

일반적으로 인간은 홀로서의 힘만으로는 불의 부정을 정당화하지 못하지만 열 사람, 혹은 백 사람, 천 사람, 이렇게 모이게 되면 힘을 이루고, 그 집단적 물리적 힘에다 자신들의 이해를 일치시키게 되면 그들이 내거는 정의는 정신적 본의(本義)를 상실하고 맙니다. 그래서 힘의 슬로건, 즉 사물이 되고 만 정의를 앞세우고 무슨 일이든지 자신들의 이해에 종속시키려 듭니다. 이쯤 되면 그 목적의 변질을 볼 뿐만이 아니라 그 수단도 가리지 않는 상태에 나아가게 되는 것입니다.

한 집단이 가장 폭력화될 때가 어느 때인고 하니, 저렇듯 바로 그들의 이해를 집단적 힘에다 일치시키고 그것을 의식적이거나 무의식적이거나 정의라고 주장할 때라고 하겠습니다. 이것은 우리가 얼마든지 경험한 바로서 그 예를 들면 자유당 정권의 애국 독점,

공화당 정권의 안보 독선 의식 등으로 그들은 자기들의 집단적 힘을 폭력화하면서도 이를 정의를 위해서라고 정당화하려 들었던 것입니다.

내가 왜 이런 자명한 얘기를 꺼냈는고 하니 오늘날 새로운 정치질서를 위해 여러 당들이 사회정의구현이라는 목적을 내걸고 집단적 힘을 모으고 있습니다. 그러나 앞서 말한 대로 그 사회정의가 슬로건뿐이고 사리사욕의 집단화에 불과해진다면 지난 양당 정치의 극한 대립보다도 오히려 주체하기 힘든 저 이조의 사색 붕당의 재현을 초래할 우려가 있기 때문입니다.

그러므로 현실의 조직자들이 그 힘의 목적에 대한 끊임없는 윤리적 자기성찰과 더불어 또한 그 힘의 사용수단에 대한 객관적 정당성을 어디까지나 유지하려는 결의와 각오를 지녀야 새 시대 새 정치가 이루어지리라고 나는 믿습니다.

선량(選良)의 선행 요건

　앞으로 얼마 남지 않은 국회의원 선거를 앞두고 출마자들의 움직임이 점점 활발해 가고 있습니다. 나 같은 시문(詩文) 종사자의 눈으로 보면 얼마 전에 국회의원을 하다 그렇듯 된서리를 맞고서도, 또 그런 봉변을 눈앞에 보고서들, 그 크고 무거운 짐을 지겠다고 나서는 것을 보면 역시 인간의 욕구 중에서 정치적 욕구가 어지간히 강한 것이란 느낌입니다.
　그런데 저렇듯 국민의 대표를, 자청해 나서는 이들에게 내가 꼭 한마디 충심으로 하고 싶은 이야기가 있습니다. 즉 그것은, 저들의 공천 정당이 기치로 삼는 바 정당강령에 대한 논란도 아니요, 또한 저들 각자가 내거는 공약의 진실성 여부도 아니요, 오히려 그러한 정치적 포부에 선행하여 이번 제5공화국의 선량들은 무엇보다 국민생활의 의범(儀範)이 되어 주어야겠다는 말입니다.
　국민의 선량이 국민생활의 모범이 되어야 한다는 것은 너무나 당연한 일입니다. 그러나 오늘날까지의 실제 형편은 이를 역행해 왔습니다. 지난번 국회 해산의 이유를 들먹이지 않더라도 과거의 국회의원들이 오늘날 이 사회의 부조리와 부정부패의 씨를 여러모로 뿌린 장본인이었음을 부인할 수가 없을 것입니다.
　좀더 구체적으로 말하면 선거부터 불법이나 부정의 권력·금력 등 수단을 가리지 않고 당선하여 의정 단상에서는 거수기 노릇이 아니면 파벌투쟁이요, 정치라는 이름 아래 흑막과 권모술수를 일

삼는가 하면 그 정치자금을 조달하기에 모리와 협잡을 예사로이 저질렀던 것입니다.

이러한 국회의원들의 행태가 저 대학에서 유치원에 이르기까지의 추잡선거를 낳게 했다 하겠고, 각종 사회단체나 문화단체의 분열과 파쟁의 거울이 되었다 하겠고, 저들의 호텔·요정의 정치행각과 호화주택, 호화생활이 우리 사회의 사치나 낭비의 풍조를 부채질했다고 해도 과언이 아닐 것입니다.

그래서 나는 앞서도 말했다시피 이번의 새 선량은 특출한 정치가이기에 앞서 국민생활의 의범이 될 인물이어야 한다고 믿으며 또 국민도 그런 인물을 선택해야 한다고 주장하는 바입니다.

여기에 적합지 않은 예일지 모르나 가톨릭의 교황 비오 10세는 그가 교황에 피선되자 그 크고 무거운 짐에 대한 자각 때문에 제단에 꿇어 엉엉 울었다고 합니다. 저렇듯 종교 지도자의 경지는 아니더라도 최소한 선량에 당선되면 그 이튿날부터 일반 시민으로서의 멍에(짐)는 다 벗고 특권을 누린다는 생각만은 출마자 전원이 불식해야 할 것입니다.

대통령 못지않게

이번 각계 취임축하연에 있어서 전(全) 대통령은 대체적으로 호평을 받은 것 같습니다. 나 역시도 두서너 자리에 불리어 갔었는데 그분의 소탈한 자세와 솔직한 연설에 좋은 인상을 받았으며 특히나 언론·문화예술인 경축연에서의 원고도 밀어 놓은 즉석 연설은 큰 감명이었습니다. 그중 한두 대목을 기억나는 대로 여기다 옮기면 "새 시대 새 사회는 대통령이 혼자서 한다고 되는 것이 아니고 국민 모두가 특히 언론·문화예술인 여러분의 적극적 참여와 그 협력으로써만이 이루어질 수 있는 것입니다"라는 말까지는 그저 일반적 사령(辭令)으로 보아도 되지만 "본인은 언론·문화예술인의 그 직능과 직책을 대통령의 직책 못지않게 중요하다고 여기는 사람이올시다"에 이르면 그분이 지니고 있는 직능관이나 사회관이 그 어떤 것인가 하는 것을 잘 나타낸다 하겠고 또한 대통령의 이러한 각 직능에 대한 투철한 인식은 앞으로 우리 국가 운영에 매우 소중한 것이라고 느껴졌습니다.

왜냐하면 과거 이승만 대통령이나 박정희 대통령에게 있어 그 대통령으로서의 자질과 업적, 공훈 등에 부정적인 사람은 거의가 없었습니다. 하지만 그분들에게 있어 처음부터이거나 점차적으로 나타난 것이 바로 자승(自勝)과 독선으로서 이것이 국민의 신망을 실추케 하였고 그분들 자신을 파탄에 몰아넣은 원인이 되었던 것입니다.

그래서 그분들은 옛 문자를 빌면 '만기종람(萬機綜覽)'이 아니라 '만기독람(萬機獨覽)'에 나갔으며 마침내는 "자기가 아니면 이 나라는 잘못된다"는 착각마저 일으켜 소위 종신집권을 도모하기에 이르렀던 것입니다. 물론 여기에는 환관화된 참모들의 발호와 우리 민중 속에 군장(君長)을 신령시하는 소위 샤머니즘적 성향의 탓도 없지는 않습니다.

그렇지만 필경은 이러한 아유(阿諛)나 추앙도 대통령 스스로가 '자신은 국민이 선출한 민주정치의 지도자'라는 명백한 인지와 '자신은 국민의 각 소업(所業)과 직능의 지휘자에 불과하다'는 자각과 '국민 각자의 직능과 직책은 대통령 직책에 못지않다'라는 존중의 자세로서 저러한 전근대적 관념이나 유혹에서 먼저 탈피되어 있어야 할 것입니다.

어느 외국의 시장이 그 취임사에서 부하직원들에게 "당신네들은 그 직책 속에서 모두가 시장입니다"라고 하였다는 말을 읽은 적이 있는데 이번 전 대통령의 그 못지않은 인식과 그 발언을 진심으로 환영하며 그야말로 우리 국민 모두가 대통령 못지않은 사명감과 책임감으로 새 공화국을 밀어 나간다면 우리 앞에 가로놓인 모든 난관도 어렵지 않게 극복해 낼 줄로 믿습니다.

질책과 격려

우리는 흔히 가정에서 자녀나 아내에게, 또는 직장이나 사회에서 손아랫사람이나 부하에게 인도와 격려보다는 비난과 힐책으로 임하는 수가 많습니다.

이것은 물론 상대방의 실수나 결함에 대한 불만과 불쾌로서, 목적이 그 개선에 있지만 터뜨리는 역정 때문에 오히려 인간관계의 파탄만을 가져옵니다.

가령 집안에서 불호령만을 능사로 삼는 가장이 가족들의 애정에서 멀어지고 직장에서 부하들을 나무라기만 하는 상사가 존경을 잃고 있는 예를 우리는 얼마든지 봅니다. 극단적인 예로는 어떤 사람은 밖에서의 불여의(不如意)한 화풀이를 집안에 들어가 가족을 들볶음으로써 이를 해소하려 들기도 하고, 또 어떤 사람은 자기 상사에게 받은 책망의 밸풀이를 자기 부하에게 옮겨서 소화시키려는 우행(愚行)마저 있습니다.

저러한 경향은 비난과 힐책이 일상생활에서 관습화된 모습으로서 인간관계의 악화뿐만 아니라 인간능력의 개발이나 능률 발휘에 저해와 지장을 가져오고 있습니다.

그러면 그러한 비난과 힐책 대신 인간관계를 인도와 격려로 임하기에는 어떤 무엇이 필요한가 하면 그것은 별것이 아니고 결국 남을 대할 때 좀더 따뜻한 사랑의 눈을 가지는 것입니다. 그래서 상대방의 실책이나 결함에 대하여 그의 입장이 되어서 생각해 주는 관대와 온정의 이해가 필요합니다.

　이것은 자기 자신의 오늘이 얼마나 많은 실수와 결함의 집적 속에서 이루어졌고 얼마나 많은 사람의 용서와 인도와 격려와 은혜 속에서 성취된 것인가를 돌이켜 보면 깨달을 것입니다.

　인간은 누구나 자기 존재의 대하여 남이 소중히 알아주고 사랑해 주기를 바라고 있습니다. 때문에 다른 사람의 경멸의 눈은 점점 더 실패와 절망을 안게 하고 사랑의 눈은 삶의 용기를 북돋워 주고 그 능력을 자극해서 큰 일을 성취케 합니다.

언령(言靈)

언령이라는 한문 숙어의 그 어원을 상고(詳考)치는 못했으나 우리는 무속적 차원에서만 쓰고 있는 성싶습니다. 그런데 일본에서는 현대언어학 특히 시어의 고찰에 자주 쓰이는 말로서 즉 말에 내재한다고 믿어지는 신령한 힘을 뜻합니다.

가령 오늘의 어느 시인이 찬란한 언어와 능란한 솜씨로 만해 한용운이나 필리핀의 호세 리잘의 시보다 훨씬 애국적인 시를 만들어 내었다 해도 내실이 없이는 그 말은 마치 무정란(無精卵)과 같아서 독자들에게 감동이라는 새 생명을 부화시킬 수가 없다는 것입니다.

이렇듯 말이란 눈에 보이지 않는 신령한 면이 있어서 《논어》에 '교언영색(巧言令色)하는 사람은 어짐이 적다'든지 불교에서 말하는 열 가지 죄악 중의 하나인 '기어(綺語)' 즉 비단 같은 말이 큰 죄악으로 꼽히는 것은 다 언령이 결한 말을 뜻함이라 하겠습니다.

그런데 우리는 오늘날 참으로 말의 풍성한 잔치 속에 삽니다. 신문을 비롯한 각 언론기관을 통해서 매일 쏟아져 나오는 정치 종교 및 사회 각계의 지도자 또는 각 방면의 전문 지식인들의 그 옳고 착하고 아름답고 거룩하기까지 한 말이 액면 그대로라면 우리 사회가 금방 이상사회로 변하고 그것을 누릴 것 같습니다.

그런데 실제로는 우리의 세상살이가 고쳐지기보다는 오히려 더욱 그릇되고 거칠어질 뿐만 아니라 말을 하는 사람이나 말을 듣는 사람이나 가책과 감동이 없이 말은 말대로 공전시키고 있다면 나의 지나친 말인지.

여하간 오늘의 말, 특히 사회적인 말이 빈말이거나 공염불이 되는 것은 결국 우리의 말이 언령을 지니지 못한 까닭임에 틀림이 없습니다.

그렇다면 말이 생명을 지니고 신령한 힘을 지니기 위해서는 무엇을 필요로 하는 것일까? 설명할 것도 없지만 그 말을 지탱하는 내면적 진실, 즉 그 말이 지니는 등가량(等價量)의 윤리적 의지와 그 체험인 것입니다.

"행하기는 쉽고 말하기가 어렵다"는 역설적 격언도 있는데 이것도 역시 언령을 지닌 말을 가리키는 것일 겝니다.

서비스업의 낙후

해방 전 일이지만 나와 한동네 친구가 원산서 제일 큰 일본인 경영의 술집 마루요시[丸芳] 회관의 급사장(給仕長)으로 있었습니다. 그의 얘기인즉 자기네 주방에는 설거지를 하고 나면 금이 가고 이가 빠진 그릇을 골라내는 소임이 있어 그는 그 일만을 담당한다는 것이었습니다.

그런데 우리네는 이즈음도 서울서 제법 손꼽히는 음식점이나 심지어는 호텔 식당엘 가도 금이 가고 이가 빠진 접시나 그릇, 잔이나 재떨이가 예사로이 놓여 있습니다. 이것 한 가지만 보아도 그 식탁이나 식탁보, 거기 따른 기물들이 얼마나 소홀한 것인가는 미루어 짐작이 아니라 일상적으로 체험하는 바입니다.

더구나 이와 더불어 그것을 시중하는 종사원들의 불친절과 무성의는 면역이 되었기 망정이지 처음 당한다면 기가 찰 노릇입니다. 얼마 전 일본서 온 노교수 한 분하고 2층 방이 있는 일식집엘 갔더니 접대부들이 맞이는 들이면서 마루 한옆에 짝짝이 끼어져 있는 슬리퍼는 내놓을 생각을 안 해 제 손으로들 챙겨서 신고 올라갔는데 방에 들어가자 그 손님이 농 반으로 하는 말,

"보디(육체) 서비스는 잘한다고 들었는데 슬리퍼 하나 챙겨 놓을 줄은 모르는군요."

하여 내가 아주 무안해진 일이 있었습니다. 또 지난가을엔 우리에게 너무나 잘 알려져 있는 여동찬(불란서인) 교수와 어느 유명한 절

을 찾아가 그 앞 조그만 호텔서 묵은 일이 있는데 수도가 안 나와서 목욕은커녕 변기도 사용 불능이요, 이부자리는 시트도 없는 데다 땟자국이 다닥다닥이었는데 돌아오면서 여 교수가 하는 말,
"나는 괜찮지만(자기는 한국에 익숙하니까라는 뜻) 다시는 이곳에 외국사람을 데리고 오지는 마세요."
하는 바람에 무참하기 짝이 없었습니다.
 몇 달 전 일본여행에서 새삼 느꼈지만 일본은 어느 3류 여관엘 가도 손때, 아니 티끌 먼지 하나 없는 방에 언제나 갓 빨래를 한 새 홑이불의 침구와 정결한 화장실과 그 세심한 접대, 또 어떤 조그만 음식점엘 가도 정결한 식탁과 골라진 그릇들과 그 극진한 서비스! 감탄을 넘어서 새암이 날 정도였습니다.
 나는 이러한 우리 서비스업의 낙후를 경제적, 문화적 후진성이라기보다 그들의 직업의식의 불철저에서 오는 타성이라고 여기며 이에 대한 자율적 또는 정책적인 시정이 없고선 우리네 불편도 불편이려니와 관광 한국의 장래는 밝을 수가 없다고 보는 바입니다.

기술자들의 타성

지난해에 내 서재의 책꽂이를 서너 칸 늘린 일이 있습니다. 한 벽 전체를 가로지르는 선반인 데다 이왕의 것과 어상반(於相半)해야 하니 조금은 손이 가는 것이었습니다. 그런데 이것이 한 달이나 걸려 겨우 완성을 보았는데 그것도 두 업자의 손에서였습니다.

그 경위를 좀 설명해 보이면 사흘에 완성하마고 장담한 동네 가구 수선 전문점에서 일주일 후에야 겨우 나무 널판을 가지고 왔는데 그새 칠이 잘 마르지 않아서 그랬다면서 아직도 칠이 묻어나는 것을 가지고 왔을 뿐 아니라 그 널판은 이왕 것보다는 두 푼은 얇고 휜 데다 그 칠이 너무 진해서 먼저 것과는 어울리지가 않았습니다.

그렇지만 그것을 물리칠 만한 용기는 없어서 그저 가만히 보고만 있었더니 이번엔 그것을 달기 위하여 쇠받침을 박는데 널판의 폭보다는 2센티쯤이나 긴 것이었습니다. 그래서 그 부속은 맞지가 않는다고 하니 꼭 맞는 쇠받침은 없어 이것을 박고 그 끝을 쇠끌로 잘라 내면 된다는 것이었습니다.

하지만 그렇게 하면 책을 빼고 꽂다가 손을 다칠 우려가 있으니 맞는 것을 구해다가 끼워 달라고 하였더니 그렇게 한다고 돌아가서는 방바닥에 널판을 재어 놓은 채 또 한 주일을 감감소식이었습니다. 그래서 집의 큰애를 시켜 독촉을 하니 내일내일하고 미루는 것이 보름을 넘기다가 끝내는 알맞은 쇠받침은 아무리 찾아도 없다는 통보였습니다. 결국은 딴 업자를 데려다가 거기에 맞는 쇠받침을 해 달았던 것입니다.

　얘기는 전혀 달라지지만 일본서 사시던 분에게서 얻어들은 것인데 툇마루를 새로 갈려고 목수를 불러 댔더니 그는 세 번이나 놓았다 다시 뜯고 하기에 그 연유를 물은즉 "마루 이가 곱게 맞지를 않아서 그런다"면서 만일 일이 소홀하게 되면 "저희집 노렌(점포 이름)에 흠이 간다"고 말하더라는 것입니다.

　너무나 극단적인 실례를 그것도 하필 일본과 대비시켜 송구스러우나 실제가 일본의 직인(職人)들은 그 근성, 즉 기술자의 특성을 그 맡은 바 일을 솜씨 있게 하려는 데다 발휘하는데 우리네 기술자들은 그 특성을 고객을 곯리는 데다 쓰려는 사람이 너무나 많습니다.

　이것 역시 나는 우리의 경제적, 문화적 후진성에서 그러하다기보다 기술자들의 직능의식의 불철저에서 오는 타성으로 여기며 아무리 세계 기능올림픽에서 해마다 우승을 해도 그들의 재주와 솜씨에 수반되는 정신적 풍토의 향상과 그 진작이 없이는 우리의 기술자나 그들이 만든 제품에 대한 국민적 불신을 불식할 수 없으리라고 생각합니다.

정신적 고려장

나의 이름 옆에는 시인이라는 호칭과 더불어 예술원 회원이라는 게 덧붙어 있습니다. 명실공히 그 말석을 차지하고 있는 나지만 나는 이것을 몹시 영광스럽게 여기고 또 그렇게 여기려고 노력해 왔습니다. 왜 굳이 노력까지 했느냐 하면 얼마 전 어느 신문의 만화가 풍자하다시피 이번 그 변혁안이 보도되기까지는 일반에게 있어 학예술원이라는 기관이 어떤 성격의 기구인지는 고사하고 국가기관인지, 민간단체인지조차 구별 못 하는 정도의 인식밖에 없었습니다.

그래서 나는 산문을 쓸 때나 명함 같은 것에 즐겨 예술회원을 내세우고 또 가령 가족들이 나의 현실적 부실을 치켜들 때도 "시인이 예술원 회원까지 되어 국가적 예우를 받았으면 그만이지 더 이상 바랄 것이 무엇인가"라고 방패막이를 하고 있었습니다. 이상이 나의 예술원 회원으로서의 자시(自恃)의 그 전부이며, 또한 선배 동료 학예술원 회원들의 생각도 별로 이에서 멀지 않을 것으로 압니다.

그런데 이번 학예술원 변혁안의 핵심은 저러한 예우적 성격을 탈피해서 기능적 기구로 개조한다는 것인데 한마디로 말하여 그러한 학예술의 진작을 위한 기능적 기구라면 인문 과학에는 정신문화 연구원, 사회과학에는 개발원, 자연과학에는 과학기술원과 같은 학술기관이 있으며 예술에도 문예진흥원이란 기관이 있지 않습니까? 그리고 현실적 정책에 대한 지혜를 빌려면 문교부나 문공부에서 정책자문위원회가 설치되어 있지 않습니까? 어느 나라나 아카데미는 학문과 예술의 원로나 권위들로 구성해서 우선 그 나라 문화의 상징으로 삼고 있는 것이 상식이요, 또 이들을 예우하는 것은 저들의 학문적 업적이나 예술적 소산이 영속적으로 모든 국민의 공동 소유가 되기 때문인 것입니다.

그런데 저러한 원로나 권위들의 연령을 제한하고 아직도 학문이나 예술에 끝까지의 헌신이나 그 업적이 미지수인 중견학자나 예술인들까지를 구태여 아카데미 회원으로 끌어들여야 할 목적이나 그 이유는 무엇인지요? 물론 변혁안이 지적하듯 이제까지의 학예술원의 공적 활동은 지극히 소극적이었음을 부인할 바 없습니다. 그리고 말하자면 불란서 아카데미의 국어순화 운동 같은 것을 그 기능의 모범으로 쳐드는데 우리 예술원에서도 회원 간에 그런 의욕이 없었던 것이 아니라 거기에는 언제나 그런 전문 연구기구를 산하에 둘 만한 예산이 문제였습니다. 한편 각 회원들의 전공 부문에 있어서의 개인적 활동에 있어서는 내가 속한 예술회원들의 경우만을 보아도 아주 병 중에 있는 분을 제외하곤 거의가 노후(老朽)는커녕 각 분야에서 왕성한 성과를 올리고 있습니다.

그래서 지난 14일 임시총회에서 만난 학예술원 회원 간에는 "정신적 고려장을 당하게 되었다"는 자조 섞인 농담들이 오고 갔습니다. 그 격난의 세월 속에서 오늘의 학문과 예술을 개척하고 이룩하고 키워 온 저들에게 보다 우대책은 고사하고 정신적 생매장을 무엇 때문에 하려는지 솔직히 말해 나는 아무리 생각해도 알 수가 없습니다.

장식 소고

나는 여의도에서 아파트살이를 하고 있는데 우리 집이 특이한 것이 있다면 거실에 성황당 같은 돌무덤이 지어 있는 것입니다. 처음 우리 집을 찾는 사람들은 거의 한마디씩 "저 돌들은 모두가 잡석이죠?" 하곤 합니다. 실상 그 돌들은 수년 전 아직도 한강변 모래밭이 새마을 취로사업으로 정리가 되기 전 이곳저곳 아무 데나 뒹굴고 있는 것을 내가 산책을 나갔다가는 한두 개씩 주워다 놓은 것입니다.

그러니까 그 돌들은 말할 것도 없이 소위 수석(壽石)으로서의 아취 즉 어떤 모습을 지닌다거나 모양을 지니지 않은 막 생긴 막돌입니다. 그래서 나 스스로도 이것이 운치 있는 실내장식을 하고 있다고는 결코 생각치 않습니다. 그러나 그것을 놓아 두는 데는 나대로의 이유가 있습니다.

얘기가 조금 달라지지만 페르시아 카페트라고 부르는 양탄자에는 오아시스 옆에 무성한 야자나무와 기린의 모습이나 싱싱한 줄기에 만발한 장미꽃 등이 무늬로 짜여져 있습니다. 그래서 우리는 그 카페트 위에 서면 아련한 환상에 잠깁니다. 아마 그것은 내리쬐는 태양과 계절 없는 사막에 사는 사람들의 자연스런 욕망에서 우러난 장식일 것입니다. 말하자면 그들은 상상 속에서나마 저러한 자연과 계절을 생활 속에서 즐겨 보려 들었다 하겠습니다. 이것은 그들뿐 아니라 우리의 옛 선조들의 생활도 마찬가지였습니다. 그렇듯 곤경과 재난의 세월 속에서도 산수, 화조, 선인도 등 족자나 병풍은 물론이려니와 모든 가구와 식기, 심지어는 침구의 벼갯모 하나에 이르기까지도 그 장식성 배후에는 자연과의 교류로 인한 무한량한 생활의 확대와 확충을 도모하고 있었던 것입니다. 이렇게 장식이란 인간 삶의 공간을 비약적으로 넓혀 주고 깊게 해 주는 것을 원리로 합니다. 저 유명한 나치스 독일이 채택한 고문 방법이 흰 벽만으로 둘러진 방에 흰 형광등을 드리우고 한 사람만을 가뒀었다는 것을 미루어 보아도 장식은 인간 삶의 필수적인 것임을 알 수가 있습니다.

그런데 행인지 불행인지 오늘날 우리 생활의 주거 속에는 흰 벽은커녕 아주 틈바구니가 없도록 많은 물건으로 차 있는데 그 장식이 우리의 삶의 꿈을 부풀게 해 주기는커녕 모두가 비정을 경쟁하듯 나타내는 느낌입니다. 예를 들 것도 없지만 텔레비전, 냉장고, 세탁기, 청소기를 비롯해 모든 철제품과 플라스틱 가구와 유리의 기물은 말할 것도 없거니와 소위 룸 악세사리라는 것들도 기계로써 양산된 것들입니다.

그래서 집 안에 들어오면 그러한 경공업적 상품에 생활공간을 점령당하고 밖에 나가면 빌딩과 포장도로, 차량 등 중공업적 물량에 압도당해 사는 느낌입니다.

그러면 이 속에서 우리의 생활공간을 저 자연과 꿈으로 삼고자 했던 장식의 원리를 어떻게 회복할 수 있을까?

그것에 내가 한두 마디로 대답을 할 재주는 없습니다. 오직 나 역시 잡석이라도 주워다 성황당을 차려 놓고 있는 것은 바로 저러한 공업시대의 비정한 생활공간에 대한 소박한 대응책이라고나 하겠습니다.

여성의 매력

로맹 롤랑은 헤르만 헤세와 첫 대면을 하고 난 다음 헤세에게, "저는 사람을 만났을 때 상대방의 말이나 행동보다도 그 사람 내면에서 발하는 빛을 보고 판단하는데, 당신은 저에게 더없이 큰 신뢰와 평화를 주시더군요."
라는 요지의 글발을 보낸 것을 읽은 기억이 있습니다.

또 요즈음 신문에 소개된 심령과학(心靈科學)의 주장에 의하면 모든 사람에게는 후광(後光) 또는 광배(光背)가 있어 그것을 오라(AURA)라고 하는데, 성자나 현인에게는 그 빛이 찬연하고 일반사람도 정신 상태나 건강 상태가 좋을수록 그 빛이 밝고 맑고 깨끗하며 그와 반대로 정신 상태가 포악하거나 성병 같은 악성 질병 환자에게는 붉고 검고 어두운 오라가 나타난다고 합니다.

여성의 인상미를 말하라면 나는 얼굴이나 몸맵시보다도 또 옷이나 화장이나 헤어스타일이나 액세서리 같은 치장보다도 먼저 저러한 그 내면의 밝고 맑은 빛을 요청하고 싶습니다.

아무리 한 사람의 같은 얼굴이라도 그 사람의 심기(心氣)와 희로애락의 감정에 따라 변화를 일으키듯이, 개성적인 미나 특성도 그 내면적인, 즉 정신적인 밑받침이 있어야 피어나는 것이지 겉만을 꾸며서는 그 불균형 때문에 오히려 추하게까지 됩니다.

왜냐하면 미나 멋이란 어떤 폼만이 아니라 이데아의 창조행위이기 때문입니다. 그래서 자기에게 천부(天賦)된 육신 즉 재료를 가지고 자기 스스로가 자기의 미를 창조해야 합니다. 여기에 이르는 길은 진부한 표현 같지만, 지덕(智德)을 닦아 덕윤신(德潤身)에 이르는 길밖에 없습니다.

불교에 안시(顔施)라는 문자가 있습니다. 이것은 선행을 할 재산도 능력도 없을 뿐 아니라 아주 사지마저 못 쓰게 된 병자라도 남을 위해 보시(布施)를 할 수 있으니, 즉 평화한 얼굴, 사랑스런 얼굴, 기쁜 얼굴을 하여 남들을 즐겁게 만든다는 이야기입니다.

이것은 인상미의 극치 상태로서, 얼굴이나 육신의 구·불구와 정형(整形) 따위는 문제가 안 되는 경지입니다.

정치발전의 요체

　정치발전이라는 말이 한창 유행입니다. 이 말이 내포하는 것은 우리 사회의 민주주의적 자유의 신장과 그 허용을 뜻합니다.
　이것을 좀더 구체적으로 풀이하면 이제까지 정권이 의도적으로 우리 사회 각 부문에 법으로나마 또는 행정조치로 묶고 간섭하던 강제력을 거두고 풀어서 그 운영을 구성원들의 자율적 능력에 맡긴다는 얘기가 됩니다.
　그래서 현 행정부에서도 이러한 정치발전에 선봉장인 김옥길 문교장관이 교육행정의 자율화를 표방하고 나섰습니다. 중학생 교복 자율화, 사립대학 등록금 자율화, 교육감 선거 자율화 등이 바로 그것입니다.
　그런데 당연히 쌍수를 들어 환영을 받고 흔쾌히 진행되어야 할 자율화 조치에 제동이 걸리고 주춤댑니다. 그 이유의 복합적인 것은 잘 모르지만 저러한 자율화 조치들이 우리 사회 전체적인 면에서나 국가 행정 전반에서 볼 때 시기상조라는 중론들인 성싶습니다.
　여기서 저러한 자율화 조치가 중단되었거나 수정된 문제들의 시비는 차치하고라도 모처럼 자율적으로 실시한다는 시·도 교육감 선거의 소식을 들어 볼 때 너무나 바람직하지 못한 현상들이 일어나고 있음에 마음 흐려집니다.
　즉, 신문 보도에 의하면 이번 교육감 선거에 적은 곳은 5, 6명으로부터 많은 곳은 무려 15명까지의 후보가 쏟아져 나와 도지사나 시장에게 서로가 줄 대기 작전을 펴는가 하면, 투표권자인 교육위원들에게 경쟁적으로 금품을 건네고 있다는 소문이요, 그런가 하면 열세에 몰린 후보들은 상대편의 인신공격을 공공연히 하기도 하고, 관계기관에 모략과 중상 투서를 해서 추태와 추문을 연출하고 있다는 소식입니다.

물론 과거처럼 상부의 지명과 지시에 의한 기계적인 선거가 아니고 민주주의적 자유선거라 그 경합에서 오는 약간의 과열이나 잡음은 불가피하다 하겠지만, 만일 이 교육행정의 장을 뽑는 선거가 타락 상태로 그 결과마저가 훌륭하고 양심적인 인물들을 제쳐놓고 줄 대기나 금품수수의 중량에 따라 그 승패가 돌아간다면 어쩔까 하는 기우는 나 혼자만의 것이 아닐 것입니다.

저러한 문교행정의 자율화의 바람직하지 못한 징후에서 우리가 앞으로 개헌을 비롯한 각종 선거와 투표, 또는 각 사회단체의 자율적 개혁과 개편에서 과연 정치발전에 명실상부할 자율적 능력을 효과적으로 발휘할 것인가 하는 의구심이 든다면 신경과민일까요?

이렇게 얘기가 나왔으니 너무나 상식에 속하지만 근본 문제부터 이야기를 안 할 수가 없는데, 이제 우리가 정치발전 속에서 행사하고 누리려는 민주주의적 자유에는 불가결한 두 가지 명백한 인식과 자각이 전제되어야 하는 것입니다.

즉, 첫째는 민주란 백성이 주인이란 뜻인데, 이 백성이란 낱말에는 어느 개개인 자기만이 아니라, 나도 포함된 모든 사람(남)이 들어 있기 때문에 민주란 개인의 권리만을 중시하는 것이 아니라, 동시에 모든 이(남)의 권리도 존중해야 한다는 점.

둘째는 자유란 어떤 인간의 본능적 욕구로 타락하지 않기 위해서는 인간의 도리를 벗어나선 안 된다는 점으로, 그래서 적극적인 의미에서의 참된 자유는 외적 조건에 의해서 잃어지거나 얻어진다기보다 주체적으로 저러한 본능이 지니는 자기모순을 극복한 상태를 뜻합니다. 논어에 "일흔 살에는 마음이 하고 싶은 대로 해도 도에 벗어나지 않았다"는 공자의 술회가 저러한 경지를 말해 주는 것입니다.

이렇게 미루어 볼 때 흔히 민주주의는 개인의 자유를 보장하고 소중히 하는 것이라고 하지만 그것은 어디까지나 타자나 전체의 자유를 침해하거나 희생하지 않는 범위 내에서요, 또 그 자유의 내용인 개인의 욕구 충족에 있어서도 인간의 도리를 벗어날 수가 없습니다.

여기서 이야기를 다시 돌리면, 이제 우리 사회 각 부문에 민주주의적 자유가 제도적으로 마련되고 허용될 때 그 구성원인 우리 국민들이 앞서 말한 민주주의나 그 자유에 전제되어야 할 본질적 면의 인식과 자각, 즉 자율성을 지니고 못 지니느냐에 따라 정치발전의 성패가 달려 있다고 하겠습니다.

요즘 시청자의 인기가 높은 텔레비전 연속극 〈야, 곰례야〉에 나오는 늙은 과수댁 하나는 입버릇처럼 "나는 자율적으로 살기로 했으니까!"라고 말하면서 담배를 억세게 피우고, 소주를 무시로 마셔대고, 주위가 뭐라고 하든 말든 저 하고 싶은 대로 하며, 동기나 이웃과는 비협력적입니다. 그리고 툭하면 "지금이 어느 세상인데(즉 민주주의 세상이란 뜻) 누구 때문에 내 성질대로 못 살 것이냐!"고 큰소리를 탕탕 칩니다. 한마디로 말하면 민주주의적 자유는 저 혼자만을 위주로 자기충동적 욕구대로 사는 것이요, 또 이것이 자율적으로 사는 것이랍니다.

자율이란 말할 것도 없이 자기가 스스로 자기를 다스린다는 뜻으로, 그러한 자기억제의 표준을 보편타당성에 두고 거기에다 자기 의지를 부합시키고 그것에 따름을 말하는데, 저 과수댁은 자율을 자기 멋대로, 자기 마음대로, 즉 이기적으로 사는 것으로 착각하고 있어, 그 언동이 가관이라 폭소를 자아내지만, 한편 그 과수댁의 착각이 우리 국민 일반의 자율화에 대한 인식의 풍자 같아서 나는 어떤 때는 전율을 느끼곤 합니다.

  앞으로 다가선 우리 사회 각 분야의 자율화 중에서도 가장 주목되는 것은 언론과 학원과 노사의 분야로서 여기서 지면 관계로 구체적 문제의식에 언급을 못하지만, 만의 일이라도 이 중의 어느 것이 그 자율화를 효과적으로 쓰지 않고 저 과수댁처럼 역기능적 현상만을 유발한다면 우리의 정치발전은 도루묵이 될 뿐 아니라, 우리의 사회와 국가 장래는 큰 암초에 부딪힐 것입니다.

  물론 나는 우리의 정치발전과 민주주의적 자유 신장을 반대하거나, 부정적으로 보거나, 또 보려는 사람도 아니요, 오직 우리 역사의 획기적인 정치발전의 모처럼의 기회를 맞아 이를 기필코 성취하여야겠다는 갈망과 충정에서 이러한 역외(域外)의 붓을 드는 바입니다.

정치가의 용기

　온 세계의 촉망을 한몸에 지니고 있다가 암살이라는 비극적인 최후를 마친 전 미국 대통령 존 F. 케네디가 상원의원 시절에 쓴 《용기의 옆모습》이라는 책이 있습니다.
　이 책의 내용은 그가 자기의 선배가 되는 역대 미국 상원의원 중 귀감이 될 만한 인물을 골라 그 정치적 행적을 자기 나름대로 음미한 기록인데 나는 지난 연말 일본 동경에서 열린 국제 시인 회의에 갔다가 그 일역판을 하나 사 가지고 와서 읽고 대단히 감명을 받았습니다.
　그중에서도 특히 인상에 남는 것은 에드먼드 로스라는 사람의 이야기로서 그는 상원의원을 한 차례밖에 못 지낸, 말하자면 정치 생명이 극히 짧았던 인물이었지만 다음과 같은 감동적 일화를 남기고 있어 여기다 추려서 적어 봅니다.
　다 아는 바지만 미국의 에이브럼햄 링컨 대통령은 그가 승리로 이끈 남북전쟁을 끝내고 재선되어 얼마 되지 않아 암살되고 맙니다. 그래서 그 잔여 임기를 부통령이었던 남부 출신의 앤드류 존슨이 계승하게 되었습니다. 그런데 이 존슨 대통령은 남부 연합이 분리되었을 때 오직 홀로 남아서 링컨의 보좌역이 되었던 사람으로 괴롭게도 남부 출신이면서도 그 남부를 점령한 북부의 의지를 실천·수행해야 하는 대통령이 되고 말았던 것입니다.
　본디 링컨 대통령의 점령정책은 관대한 것이어서 존슨은 남부 출신이라는 지역감정에서가 아니라 링컨의 유지를 받든다는 뜻에서도 관용으로 나갔지만 당시 여당인 공화당 내부에는 남부를 철저하게 탄압하려는 급진파들이 실권을 잡고 있어서 존슨 대통령이 하는 일은 사사건건 비난하고 나섰습니다. 즉 존슨이 남부사람이기 때문에 그런 유화정책을 쓴다는 비난으로, 이 때문에 대통령과 의회의 관계는 날로 악화되어 갔습니다.

그래서 의회가 점령지역에 대해 가혹한 법안을 통과시키면 대통령은 거부권을 행사하여 이를 되돌렸지만 그럴 때 의회는 3분의 2의 절대다수를 행사하여 법안을 단독으로 성립시키곤 하였습니다.

이런 상황 속에서 존슨 대통령이 공화당 급진파의 동조자였던 육군 장관 스탠튼을 해임시키는 사건이 벌어졌던 것입니다. 이에 대하여 의회에서 들고일어난 것은 물론 대통령이 전제정치를 한다고 탄핵 결의안을 제출하기에 이르렀으므로 당자인 스탠튼 장관은 이에 힘을 얻어 정부에서 쫓겨나기는커녕 장관실에다 바리케이트를 치고 신임장관인 그랜튼 장군을 들여놓지 않는 진풍경마저 연출하였습니다.

이제 만일 상원이 3분의 2로 그 탄핵안을 통과시키면 대통령은 불가불 물러나지 않을 수가 없는 판세였습니다. 이럴 때에 앞서 말한 신출내기 에드먼드 로스라는 젊은 상원의원이 주목의 인물로 부상됩니다. 왜냐하면 상원의 반(反)대통령 세력은 공교롭게도 3분의 2에서 한 사람이 부족하여 말하자면 로스 의원이 캐스팅보트를 잡은 셈이 되어 있었기 때문입니다.

하지만 이 로스라는 사람은 캔자스 주 선출의 의원이었고 또 그곳은 공화당 진보파의 아성이었으며 그 자신도 그러한 진보적 정책을 내걸고 당선되었을 뿐 아니라 평소 존슨 대통령이란 인물 자체를 별로 좋아하지 않았습니다.

그런데 이 로스 의원은 막상 대통령 탄핵안이 나오자 일반의 예상과는 달리 좀체 그 태도를 분명히 하지 않았기 때문에 문제가 일어난 것입니다. 공화당 수뇌들은 로스 의원에게 확고한 탄핵안 찬성의 의사표시를 독촉했을 뿐만 아니라 달래기도 하고 심지어는 돈이 필요하다면 주겠다는 회유책을 쓰기도 하였지만 로스는 끝까지 우물쭈물이요, 뇌물 같은 것은 필요 없다고 거절하는 것이었습니다. 이에 분개한 탄핵파 의원들은 만일 로스가 동조를 안 한다면 그의 사적인 약점을 폭로하겠다든가 죽이겠다고까지 협박공갈로 나갔으며 캔자스 선거구민들로부터 탄핵 찬성의 빗발치는 듯한 압력이 가해져 왔습니다.

마침내 탄핵결의안의 표결날이 닥쳐왔습니다. 당일 미 합중국 상원에는 역사적 대통령 탄핵 성립의 순간을 보려고 모여든 방청객들로 만원을 이뤘고 그 흥분과 긴장은 최고조에 달하고 있었습니다. 더구나 그럴 때 창궐하는 것이 광신적 자칭 애국자들로서 그들은 살벌한 분위기를 조정하여 그 반대자들을 위압하였습니다.

상원의원들은 한 사람씩 대심원장에게 이름을 불리워 앤드류 존슨 대통령이 "유죄냐? 무죄냐?"에 직접 대답을 해 나갔습니다. 로스 의원의 차례가 왔습니다. 장내는 숨을 죽이고 그의 가부의 대답을 지켜보고 있었습니다. 실상 로스 의원은 그 분위기에 눌려서 처음에는 그 대답이 들리지 않을 정도였습니다. 다시 한 번 큰 소리로 똑똑히 대답하라는 주의를 받고서야 이번에는 명확하고 큰 음성으로 "무죄!"라고 대답했던 것입니다.

이 한마디로 탄핵 결의안은 부결이 되고 존슨 대통령의 명예는 구출되었습니다. 그러나 그 대답을 마친 로스 의원은 장내의 소란도 들리지 않는 듯 고개를 숙인 채 한동안 멍하니 그 자리에 서서 떠날 줄을 몰랐습니다. 왜냐하면 그는 이 순간 '자기의 정치생명도 젊은이의 양양한 미래도 명성도 재산도 다 잃고 다 끝이 났다는 것'을 알고 있었기 때문입니다.

그러면 그는 왜 자신의 불리와 멸망을 알면서도 그런 길을 택했는가?

그는 아직 젊고 또 신출내기 정치가였지만 대통령이 이렇듯 한 정파에 의해서 타도되면 삼권분립의 정신이 침해될 뿐만이 아니라 의회의 다수가 당리당략(黨利黨略)에서 대통령의 인사조치를 간섭한다면 당파를 넘은 전체 즉 국가를 대표하는 대통령의 지위와 위신이 떨어지고 그 직책을 수행해 나갈 수 없다고 생각하고 또 그 결론에 도달했기 때문에 일신상의 모든 위해를 무릅쓰고 반대로 나갔던 것입니다.

앞서도 말했다시피 로스 의원은 존슨이라는 인물 자체를 좋아하지도 않았고 그 정책 자체에도 반대였습니다. 그가 무죄를 주장한 것은 결국 존슨 때문이 아니라 대통령이란 막중한 직책에 대한 존중이었습니다.

그가 이미 예상하고 각오한 바대로 신문은 일제히 그를 배신자·비겁자·매국노라고 공격하고 비난했으며 그의 친구들이나 선거구민들도 그에게 험구와 악담을 퍼부었고 심지어는 거리를 걸어도 시민들의 욕지거리를 들어야 했습니다. 그래서 그는 임기를 겨우 채웠을 뿐 재선되지 못했고 나아가서는 신변의 위험이 항상 따라 결국은 뉴멕시코로 이주를 하고 말 정도였습니다.

그는 공의(公儀)를 위하여 정적(政敵)의 명예를 구출하는 한 표를 행사함으로써 스스로가 스스로의 정치생명을 끊었으며 또 당시 세상은 그의 이런 의협(義俠)행위를 칭찬해 주기는커녕 그를 매장하기에 급급했던 것입니다.

그러나 그의 의로움은 결코 그것으로 끝나지는 않았습니다. 그렇듯 그를 매도하던 바로 그 신문들이 얼마 안 가 이번엔 그의 의기(義氣)와 용기를 칭찬하기 시작했고 그를 진정한 정치가의 모범으로 추켜세웠습니다. 그래서 그는 지기(知己)를 후세에서만 얻은 것이 아니라 현실적으로도 뉴멕시코 주의 지사가 되어 생애를 마쳤던 것입니다.

내가 소중한 지면에다 왜 이렇듯 미국의 한 상원의원의 행적을 지루할 정도로 늘어놓는고 하니 이제 머지않아 출현할 새 공화국의 새 국회의원들은 제발 자기들이 소속한 당리당략에만 몰두하지 말고 또 거기에만 이끌리지 말고 국가의 대의와 사회의 공의에 충성과 헌신을 하고 또 그런 용기를 가져 줄 것을 당부하기 위해서입니다.

행차 뒤에 나팔 같은 이야기지만, 가령 저 이승만 정권 때 자유당이나 민주당 의원들 중, 또는 장면 정권 때 민주당의 신구파(新舊派) 의원들 중, 박정희 정권 때 공화당이나 신민당 의원들 중 로스 의원처럼 국가의 기강을 위해 그 어느 편에 섰든 자신을 희생하려는 사람들이 아주 없지는 않았지만 좀더 나왔던들 그야말로 오늘의 대한민국의 정치발전은 세계 민주 선진 국가 대열에 낄 수가 있었을 것입니다.

흔히 이런 말을 하면 정치나 사회의 지도층에 있는 사람들은 국민들의 의식수준을 탓하고 자기네들의 책임을 국민에게 전가하지만 솔직히 말해 국민은 언제이고 민주정치나 그 의회정치를 방해한 일은 없고 말하자면 소위 그 지도층 자체가 대의와 공의를 저버림으로써 민주주의를 후퇴시키고 있을 뿐입니다.

당면한 공명선거만 하여도 국민들의 미개나 우행(愚行)을 탓하지 말고 소위 입후보자들 자신이 페어플레이를 하면 국민들은 자연스레 거기 따라갈 것은 의심할 바 없다 하겠습니다.

9대 대통령에게 바란다

인사와 회포는 줄이옵니다. 저에게라고 오늘의 물질의 구가(謳歌) 속에서 정신의 심각한 파행(跛行)현상을 대번에 치유할 묘방이나 건의가 있겠습니까만 오직 부실은 하지만 인문(예술과 교육)에 직접 종사하는 한 사람으로서 이 분야에 몇 가지 부상되어 있는 문제점이거나 또는 내재하는 바 문제의식에 대한 저의 소견을 솔직히 피력함으로써 새로운 정치 출범에 행여나 참고가 되었으면 합니다. 첫째로 말씀드리고 싶은 것은 국민정신 함양의 핵심인 국민교육의 문제입니다. 제가 생각하옵기로는 그동안 우리의 교육의 곡절 많은 역사 현실 속에서 그 목표나 실천이 너무나 많이 또 자주 개변됨으로써 그 가치 체계를 구성하는 요소들이 서로 모순과 상충을 일으켜 이것이 우리 국민의식의 혼란을 가져온다고 여겨집니다.

즉 현실적 당위와 그 전략에서 그때그때 받아들여졌던 민주주의 교육, 반공 교육, 주체 교육, 기술 교육, 안보 교육, 통일 교육, 충효 교육 등이 지니는 그 목표가 교육이 본래 지녀야 할 보편성과 영속성에 융해되지 못하고 그 실천 역시 진학제도만에서도 입시제, 연합고시제, 추첨제, 학교 성적 중시, 입시 성적 중시, 체능 중시, 주관식 해답, 객관식 해답 등 현상적 문제 해결에 집착해 왔기 때문에 교육 방법이 본래 지녀야 할 정착성(定着性)을 결여하고 있습니다.

한마디로 말하면 교육은 어디까지나 도덕적 규범에서 출발해서 현상을 어거해 나가야지 현실적 효용이나 수습이나 미봉에 시종해서는 참된 교육이 이루어질 수 없지 않겠습니까?

여기서 교육 실천의 맹점이라고 할 한두 예를 들어 보면 중고 입학의 추첨제만 하여도 그것이 지니는 사행심이 교육목적에 타당한가 아닌가를 따져서 시행 여부가 결정되어야지 청소년들의 체력저하나 학원 평준화 문제와 같은 현상적 문제로 이를 채택하고 실시하는 것은 부당하다고 저는 생각하는 것입니다. 그러한 현상적 문제를 해결하는 데는 다른 방법, 즉 수업시간의 조정이나 공사립을 막론한 교원 배치의 개입 등으로 해결해야 했을 것이라고 저는 지금도 그렇게 믿고 있습니다.

또 현재 국민정신이 물질과 기술 편중에서 벗어나야 한다면서 국립 서울대학교에서는 철학개론마저 필수가 아니고 선택과목이 되었다고 합니다. 일본 교육의 추억이긴 하지만 우리 학창 시절엔 고등학교나 대학 예과에서 철학개론을 배우고 또 다시 학부에 진학해서도 어느 학과든 철학개론을 필수해야만 했던 것입니다. 그래야 어느 젊은이가 사회과학을 하든 자연과학을 하든 형이상학적 인식, 즉 눈에 안 보이는 도리나 사리의 세계에 눈을 뜨게 되며 존재론, 즉 삶의 본질과 사명을 깨우치게 되고 효용적 가치(전략적 가치)보다 목적적 가치에 헌신하려는 심지(心志)가 서는 게 아니겠습니까?

오늘의 교육의 실용주의적, 경험주의적, 도구주의적 경향은 사회과학 부문이나 자연과학 부문에서 현실적 성과를 올린 관계자들의 사고방식이 인문정책에까지 영향을 미치지 않았나 하는 의구심을 가지면서 여하간 근본정책에 저러한 규범적 전환을 바랍니다.

둘째로 말씀드리고자 하는 것은 국민정서 순화의 핵심인 문예진흥의 문제이온데 여타 세부적인 문제들은 막설(莫說)하고 문화정책의 입안과 이를 집행하는 행정부서의 독립과 그 행정요원들의 전문화올시다. 언뜻 들으시면 이러한 주장은 문화 종사자들의 자기중심적인 허욕으로 이해되고 또 남이 보면 '저 사람도 한자리 생각이 나서'라고 오해할지 모르오나 저에게 그런 생념(生念)이 없음을 잘 아시겠기에 쾌쾌히 말씀드리는데, 실은 현 정부가 유례없이 문화유산의 보존 발굴과 문예중흥에 적극성을 보이고 과감한 투자를 하면서도 그것에 비해 성과의 빛이 덜 나고 업적에 비방이 따르는 것은 모두 다 행정부서의 전문화가 이뤄지지 않은 데서 온다고 하여도 과언이 아닙니다.

 단적으로 기적하면 오늘의 문화정책의 행정 담당자들이 지니는 문화예술에 대한 견식은 상식의 선에서도 벗어나는 예가 허다합니다. 물론 그들이 정책의 입안이나 집행 시에 각 전문가들의 자문을 받고 있기는 합니다만 그러한 즉석의 지식이나 당장의 훈수로 문화예술이 다뤄져서는 안 되고 또 그렇게 다뤄지는 데 문제가 있다 하겠습니다.

 극단적으로 말하면 오늘까지의 문화행정은 전문적 안식(眼識)으로 볼 때 그 시행 과정에서 비문화적 요소가 있었다고나 하겠습니다. 고적 복원사업이 그렇고 관이 주도하는 예술행사들이 그렇습니다. 과거부터 문화재 관리국이나 국립극장이나 현대미술관의 책임자가 뒷전에 나앉는 일시적 자리라면 짐작이 가실 겝니다.

 또한 저러한 일반 행정가들로서 우리의 국가적 문화사업인 고적의 발굴 보존이나 예술의 진흥이 오히려 전문가들보다 능률적으로 수행된다는 관의 통념이 있는데 이것부터가 개선되어야 할 줄 아옵니다.

 한 걸음 더 구체적으로 말씀드리면 홍보행정이 총리실로 배속되든지 문화청 같은 전담기구가 신설되어야 하며 그 소속 관리들도 점차적으로 과반수가 전문화되어야 한다고 생각합니다. 그래야만 오늘의 정부가 추진하는 문예중흥이 효율적으로 이루어질 뿐 아니라 재야의 예술인들도 이에 적극적으로 또는 자연스럽게 호응할 줄 믿습니다.

마감으로 말씀드릴 것은 재야 현존 문화예술 단체의 문제이온데 결론부터 밝히자면 정부 지원으로 유지되고 있는 '예총'의 해산과 그 산하 단체들의 자생적 재조직이올시다.

이렇게 말씀드리면 그 단체들은 예술인들의 임의 단체인데 정부에서 개입 여부가 없지 않느냐고 하실지 모르나 거기에는 그 유래가 지니는 특수성과 현실적 작태에 대한 이해를 필요로 합니다.

즉 '예총'이란 본시 '문총'의 후신으로 해방 초기 좌익의 '남조선 문학예술총동맹'에 대항하기 위한 현실적 목적단체로서 동란 후는 그러한 눈앞의 조직투쟁 대상이 사라짐으로써 그 사명도 소멸된 셈인데 그렁성 정부 예술행사의 대행역을 하면서 명맥을 유지해 오고 있습니다. 그래서 유명무실한 채 그 감투싸움에 파벌만 조성하고 추문만 퍼뜨려 온 것이 실정입니다.

혹시 관의 입장에서 보면 국난과 같은 일조유사(一朝有事) 시에 예술인 동원의 예비 체제로 그 필요성을 인정할지도 모르나 막상 6·25동란 때도 '문총구국대'란 간판뿐이고 오히려 각 군의 종군작가단, 종군화가단, 종군연예단이 실질적인 활약을 했던 경험을 미루어도 이러한 옥상옥(屋上屋)의 단체는 불필요하다고 보며 공연히 순수예술과 대중예술을 혼성으로 묶어 불필요한 마찰을 일으키고 예술인들의 예술 외적 공명심만 조장하여 진정한 예술인의 자존심만 손상시킬 뿐 아니라 예술인들의 사회적 빈축만 사는 결과를 초래한다 하겠습니다.

그래서 저러한 예총을 해산하고 각 산하단체들도 그 단일화나 비대를 지양하고 각 장르별의 동인 단체로 분산되어 자생조직으로 환원하도록 정부는 유도해야 한다고 저는 보는 것입니다. 그래야만 문화단체들이 그 본래적 품성을 되찾고 사회적으로 실추된 명예도 회복할 것입니다.

너무나 이야기가 설명적으로 흐른 것 같아 죄송하기 짝이 없습니다. 그저 이것도 다 만기(萬機)를 종람(綜覽)하시는 대통령께 대한 저의 못난 충정으로 여기시어 허물치 마시기 바라오며 이만 붓을 놓습니다.

추기―이 글 속에 거론된 행정당로(行政當路)나 현 문화단체의 임원들은 그들 개인에 대한 중상으로 오해하지 마시기 바랍니다.

주간 뉴스를 보고

1

결과적으론 때마다 실망만을 되풀이하면서도 우리 전 국민의 눈을 번쩍 뜨게 하고 가슴을 설레게 하는 것은 남북통일에 연관된 뉴스입니다. 지난주에도 오는 5월, 서울과 평양을 방문하리라고 전해진 발트하임 유엔 사무총장은 유엔에 주재하고 있는 문덕주 한국 대사와 북괴대사 한시해를 각각 만나 그 방문의 구체적 문제를 논의했다는 보도가 있었습니다.

그리고 한국일보 조순환 특파원의 미 국방성 고위관리와의 단독 회견 보도에는 "중동 평화의 기반을 닦은 카터 대통령은 한반도와 같은 세계의 잠재적 위기를 해결하는 데 깊은 관심을 가지고 있다"고 전합니다.

이러한 발트하임의 움직임이나 카터의 깊은 관심이 우리의 복합적인 남북 문제를 쉽사리 해결해 내리라고 보지도 믿지도 않지만 어쨌든 국제적 기운이 남북한 화해를 희망하는 방향으로 전환하고 있다는 점만은 누구나 수긍해도 무방하리라고 나는 봅니다.

또 한편 상식적인 얘기로는 소련과 중공의 극단적인 대립이나 중월전쟁의 여파가 한반도에 미치는 영향은 한국에도 그리 불리하지 않을 뿐 아니라 특히 북한에 있어서는 그들의 자주노선을 강화시키는 데 오히려 유리하리라는 관측으로서 어찌 보면 오늘날 한

반도를 에워싼 국제정세는 우리 남북한 자체만 민족적 대아(大我)에 선다면 통일의 실마리를 찾을 좋은 기회라고 할 수 있겠고 그것까지는 몰라도 민족의 자주적 화해공존을 이룩하는 데 아주 알맞은 기회라고 하겠습니다.

그런데 저러한 객관적 정세에 비해 그 당사자요, 주체인 남북한의 현상은 다 알다시피 적십자 회담도 중단되고, 조절위 회담도 파탄되고, 박 대통령의 1·19제의에 의한 변칙 회담도 그나마 결판나고, 탁구 회담도 결렬되고 만 상태입니다. 말하자면 객관적 국제정세는 남북한의 화해를 촉구하고 있는데 그 당사자인 우리들은 기를 써 가며 분열을 고수하는 꼴인 셈입니다.

이제 여기서 이러한 남북 분열의 책임을 북한 공산주의자들에게 묻고 힐난을 해 봤자 하나도 문제 해결에 도움은 안 될 것이며 또 우리가 믿는 바 현실적이고 실질적인 남북 정치 당국의 대좌를 거듭 촉구해 보았자 저들은 '소 귀에 경 읽기'니 한번 우리는 저들이 내놓은바 '정당 사회단체 연석회의'니 '민족회의'니 '연방제'니 하는 것 등을 연구 검토해 보고 그 방략을 세워 대응해 봄직도 하지 않은가 하는 것이 나의 소견입니다(이것은 내가 지난번 민족통일 촉진회 세미나 석상에서도 개진한 바 있습니다).

이렇게 말하면 나를 보고 "북한의 전략전술을 그대로 받아들이고 그 함정에 말려들자는 것이냐?"고 힐난을 해 올지 모르나 오히려 나는 그들의 전략을 우리의 방편으로 소화하여 새로운 접근과 대화를 모색해 보자는 이야기입니다.

그리고 이러한 나의 발상 속에는 이해가 정면으로 또는 예각적으로 대립되는 정권적 차원에서가 아니라 그 실체야 어떻든 그것을 넘은 통일의 이념적 당위적 명분의 차원에서 양측이 회동하고 그 대화를 통하여 실제적 현실적 문제를 부수(附隨)의 형태로써 해결에 도달해 보자는 논리를 안으로 지닙니다.

솔직히 말하면 우리의 통일정책은 현실적 방략 추구에만 머물러 있어 때로는 통일의 이념적 명분론에서는 북한에게 휘둘리는 경향도 없지 않습니다. 그리고 실제 우리가 바라는 정권 당사자들의 일괄타결은 이상적이긴 하지만 자체가 지니는 현실적 제약성 때문에 오히려 불가능한 면이 없지 않습니다. 그래서 표면적으로나마 그 직접적인 이해에서 최소한 벗어난 정당 사회단체 및 개별인사들 사이의 정치적 교류(이것은 남북조절위 합의사항이기도 하다)가 선행되어서 그 당위성과 명분이 서로 강화되고 또 좀 무책임한 설왕설래를 통하여 양측의 이해가 서로 조절되는 것이 바람직하다 하겠습니다.

물론 나도 이러한 정치적 교류에서 빚어질 우리의 취약성도 짐작 못하는 바는 아니나 그것은 어디까지나 민주사회가 지니는 생태로써 나는 현재 우리 사회가 이를 지탱하는 데 견딜 만하다고 보며 또한 우리 각계 지도인사들의 그 의식 속에 있는 견고한 민주신념을 믿고서 하는 말이요. 그리고 이러한 이념적 화해에 대한 추구는 통일 과정에서 어차피 겪고 딛고 넘어서야 할 단계라고 나는 보는 것입니다.

2

이건 일반적 의미에선 주간 뉴스 속에 속하지 않을지도 모르지만 아무튼 나에게 있어 지난주에 가장 감명 깊게 읽은 기사는 〈한국일보〉 파리 김성우 특파원의 불란서 현대시의 원로인 르네 샤르와의 대담입니다. 거기에서 "시의 존재 이유는 무엇인가?"라는 김 특파원 질문에 르네 샤르 옹은 거침없이 "시는 인간의 끼니다. 그리고 시는 인간에게 있어 새와 산과의 관계와 같다"라고 대답합니다.

즉 시는 인간에게 없어서는 생명이 유지 안 되는 양식이요, 보금자리[居處]라는 말입니다. 이 말을 한국에서 내가 했다면 요새 시속말로 "정말 시 같은 소리 좋아하시네" 하고 핀잔을 받기 십상이었을 것이나 국민학교만 졸업해도 자기네 고금의 명시들을 줄줄 외우고 중등교육 마지막(우리 고등학교에 해당함)에서는 철학을 집중적으로 가르쳐 예지의 원천을 시로 명확히 인식하고 있는 불란서 국민들에게 있어서 시가 인간의 정신이나 영혼의 양식이요 보금자리라는 이 시인의 말은 아무런 과장도 기경적(奇驚的) 비유도 아닐 것입니다.

이렇듯 인간 삶의 필요불가결한 시가 우리 사회에 있어서는 어떤 구실을 하고 있는가? 솔직히 말해서 좋게 보아 주어야 '꾸며 낸 아름다운 말'이 고작이요, 아니면 '대낮에 잠꼬대'쯤으로 알고 있다면 나의 혹평일까?

그러면 한국은 본래부터 이렇듯 시를 외면하고 무시하고 또는 기피하는 나라요, 그런 국민인가 하면 결코 그렇지는 않습니다. 이것을 내가 설명하기보다는 역시 〈한국일보〉 11일자 '메아리' 난을 보면 "우리나라는 일찍이 인재를 등용하는 데 있어서 시재를 보았다. (중략) 그뿐만 아니라 사랑에서나 규방에서 남녀와 노유를 가릴 것 없이 시조를 썼고 읊기를 좋아했다. 인생의 희로애락을 시로 옮겨 읊을 줄 아는 시의 나라였던 것이다. (중략) 시는 우리의 생활의 구석구석까지 골고루 스며 있었고 따라서 우리나라 안은 시심으로 흥건히 젖어 있었다 해도 과언이 아니었다"라고 밝혀져 있습니다. 이렇게 말하면 아마 어떤 이들은 "옛날의 시조야 쓰기도 알기도 수월해서 그랬지, 요새 자유시라는 거야 쓰기는 고사하고 읽을래도 무슨 수작들인지 알 수가 있어야지"
하고 반박하고 나설 것입니다. 이 반박에는 현대 한국 시인들이 예술이 지니는 형상성(形象性)에만 너무 기울어 독자와의 '심적 상호 관련성'에서 너무 멀어진 일부 책임도 없지 않으나 또한 시를 음미한다는 것은 오락행위와는 달라서 한편의 시를 진정으로 이해하고 맛보기에는 독자의 지적인 인식이나 정서적인 감수능력의 자기노력과 훈련이 필요하다는 점도 이해되어야 합니다.

그야 여하간 다시 르네 샤르의 말로 돌아가 시가 진정 인간의 불가결한 양도(糧道)요 거처라면 오늘의 우리 사회에 있어서 '시가 있으면서 없는 상태'는 고쳐져야 마땅할 것입니다.

이러기 위해서는 방금 일반이 말하듯 '읽기도 어렵고 쓰기는 아주 틀려먹은' 자유시는 우선 도외시되더라도 '알기도 쓰기도 수월한 시조'를 국민시가화 해야겠는데 이것이 한낱 일부 시조인들의 대중화 운동으로서는 그 성과를 기대하기 힘듭니다.

그래서 내가 제안을 해 본다면 각급 학교 교과과정에 시조의 이해와 실작(實作)의 시간을 넣어야 할 뿐만 아니라 바람직하기로는 각급 학교 진학시험에 시조 실기시험을 치르도록 하는 것이 가장 효과적이라고 나는 생각합니다.

그러한 제안이 마치 이변(?)으로 들릴지 모르나 저 국가 관리 임용시험을 시재(詩才)로 하던 우리나라라는 생각을 한번 해 보면 너무나 당연한 일이 아니겠습니까?

또 이러한 제안을 하면 '시인들도 과외 수업으로 한몫 볼 셈이로구나' 하고 시의심(猜疑心)을 발동할 사람도 있을지 모르나 그것은 금지법안을 곁들여도 이 땅의 시인된 자 한마디 투정도 없을 것을 내가 단언해도 좋습니다.

객설(客說)마저 나와서 이쯤에서 붓을 놓겠으나 이 국민시가의 정책적 고려만 있다면 '율산사건'도 안 일어나고 우리의 새마음 운동은 저절로 성취될 것을 나는 확신하고 또 확신합니다.

예술 창작가로서의 백서(白書)

제1차 문예중흥 5개년 계획이 발표되었습니다. 공식 보도와 문화공보부의 설명서 등을 읽고서 정부의 목표와 방침과 투자 계획 등의 의욕적이고 구체적이요, 그 규모의 거창함에 경이와 감탄을 금할 바 없었습니다.

먼저 우리 정부가 이만큼이나 문화예술 각 부문의 오늘의 문제점을 자상하게 파악하고 구체적 목표를 세웠다는 사실 그 하나만으로서도 그 종사자의 한 사람으로서 소박히 환영의 뜻을 표하는 바입니다. 이러한 대전제 아래 이 계획에 직·간접으로 참여 내지 대응할 실제 예술창작 당사자의 입장에서 동 계획 속에 눈에 띄는 원칙상 문제와 특히 앞으로 그 운영 집행 과정에 원활을 기하기 위한 몇 가지 소견을 적어 볼까 합니다.

첫째 동 계획의 추진 방법에 있어서 "본 계획은 문화예술진흥위원회의 통제 조정 아래 중앙 및 지방의 모든 문화예술 조직을 총동원하여 추진하겠으며 이를 위해 중앙에서는 문화예술진흥원과 예술원, 예총, 각급 학교, 학·예 연구단체들이 상호 긴밀하게 횡적 관계를 유지하면서 창작 연구 활동을 전개하도록 하고 시·군의 문화원과 마을의 새마을회관을 종적으로 직결시켜 지방 문화예술 진흥의 중추적 역할을 수행하도록 함으로써 문화예술의 저변을 확대해 나가겠습니다.(문공부 계획 설명서 8페이지)"라고 되어 있는데 이 또한 정부로서는 문화예술의 현존 조직을 그 추진체로 삼으려 드는 것은 역시 당연한 추세라 하겠습니다.

그런데 문제는 문화예술의 현존 조직이나 그 연구기관들이 과연 그러한 역할을 해내기에 그 자체의 역량을 갖추고 있으며 단합을 이루고 있는가 하는 것을 검토해 볼 필요가 있습니다. 문화예술 각 부문의 단체나 전체 기관, 또는 경향(京鄕)을 다 함께 일률적으로 말할 수는 없으나 유감스럽게도 오늘의 현존 단체, 기관의 대부분이 간판뿐, 무기력 속에 있거나 단합을 못 이루고 있는 것은 부인 못할 사실입니다.

부끄러운 이야기지만 내가 소속해 있는 문인협회가 유달리 더한 느낌은 있지만 그것은 유독 문단 사회뿐만은 아니요, 문화예술 단체가 빚어내는 여러 가지 분규는 경향을 막론하고 끊일 새가 없습니다. 그래서 현존 문화 단체는 사회의 빈축만 살 뿐 아니라 그 자체 내에서도 불신과 지탄을 받고 있는 것입니다.

그러므로 저러한 획기적 문예중흥 계획을 추진하고 이를 수행하기 위해서는 한마디로 말해 현존 문화예술 단체나 기관의 재조직, 재정비, 나아가서는 해산도 결행되어야 한다고 나는 봅니다. 그러기 위해서는 이를 오늘날까지 지원·육성해 오던 정부가 이에 강력한 촉구책을 취해야 하는데 그것은 어디까지나 예술가들의 자발적이고 자율적인 체제에 맡겨야 함은 물론입니다.

그 실례를 문인협회에서 들자면 바로 그 회원들이 외곽에다 무슨 시인협회니 작가협회니 하여 결코 문학상의 동인 운동이나 유파 행동이 아니라 선거의 별동대(別動隊) 구실을 시키고 있는 등의 현상을 청산케 하고 또 공연히 시·소설·평론·연극·수필·아동문학·번역문학 등을 한데 묶어 놓아 그 이질성으로 단체를 더욱 복합화할 게 아니라 각 분과별로 나눠서 조직의 단순성과 단일성을 회복시켜야만 될 줄 압니다.

둘째는 동 계획의 운영과 집행인데 "이 계획을 효과적으로 뒷받침하기 위해 문화예술진흥원은 문예기금을 적립 운영하고 문화예술계의 광범위한 참여 아래 지원심사위원회, 고전국역위원회, 번역위원회, 문화예술자료센터 등을 설립 운영하고자 합니다.(문공부 계획 설명서 8페이지)"라고 적혀 있는데 그중 "문화예술계의 광범위한 참여"라는 대목에 일언하고 싶습니다.

지극히 상식적인 이야기지만 예술창작이나 그 작가란 연령이나 일반적인 의미의 사회적 지위나 나아가서는 시대현실의 순(順)·불응(不應)으로 그 척도가 되지 않으며 오직 그의 예술 창작 정신의 치열과 예술 창작 활동 그 자체만이 평가의 기준이 됩니다.

그러므로 문화예술 창작의 진흥을 추진하는 데는 소위 문화예술 단체나 기관의 전면에 나서 있는 간부나, 세간적인 명성의 권위자나, 또는 연로층들만을 운영 참여의 대상으로 삼아서는 또 다시 '그저 그렇고 그런' 결과로 돌아가고 말 것이니 신진기예(新進氣銳) 중, 문화의식이 견고한 중견층의 대폭적 참여 특히 현존 단체나 기관 전면에 서지 않으려는 인사들에 대한 예우를 갖춘 동원의 입참(入參)이 요청되는 바입니다.

털어놓고 말하면 진정한 예술 창작가는 그 예술의 본령 속에서 미래지향적이고 이상적이어서 현실비판적이요, 시대불응적입니다. 이 예술가들의 특성을 올바르게 인식 파악함으로써만이 그 운영과 집행의 묘를 얻을 수가 있습니다. 그러므로 이번 정부가 내놓은 의욕적이요, 구체적이요, 거창한 계획 그 자체가 실을 거두기 위해서는 그 운영과 집행이 문화예술의 본령과 얼마나 상부조화하느냐 못하느냐에 달려 있다고 하겠습니다.

5·16혁명 이래 정부가 문화예술에 다대한 관심과 적지 않은 물질적 지원을 아끼지 않았음에도 불구하고 오늘날 우리 문학예술이

아직도 고식(姑息) 상태요, 그 창작가들의 호응을 못 얻고 있는 그 맹점은 바로 그 운영 집행에 있어서의 비문화성, 때로는 반예술성이 이런 결과를 초래하였다는 냉엄한 성찰과 그 지양 위에서 이번 계획이 추진되기를 간절히 바라는 바입니다.

소유(所有)의 행·불행

오늘날 우리의 삶을 살필 때 한마디로 말할 수 있는 것은 우리들 거의가 삶의 행복과 불행을 갖고 안 가진 것, 즉 소유에다 가늠한다고 하겠습니다.
— 남은 저렇게 출세를 잘 하는데
— 남은 저렇게 권세가 있는데
— 남은 저렇게 돈을 잘 버는데
— 남은 저렇게 물질적 환경이 좋은데
— 남은 저렇게 모든 사람의 존경을 받는데

왜? 나는 이렇듯 출세도 못하고 돈도 없고 재능도 없고 인기도 없고 존경도 못 받느냐 하는 것이 우리가 자기의 삶을 암울해하고 고민하고 불행을 느끼는 초점인 것입니다.

그래서 우리가 이 기회에 여기서 한번 생각해 볼 것은 남이 가졌다는 그 소유라는 것이 우리가 바라고 부러워하듯 그렇게 다행이기만 한 것이냐 하는 점이올시다. 앞에서 내세웠듯이 소유란 출세나 권세와 같은 물리적 소유, 돈벌이나 유산의 재물과 같은 물질적 소유, 인기나 존경과 같은 정신적 소유로 나눌 수가 있습니다. 그러면 먼저 물리적 소유의 손쉬운 예를 하나 들어 보면, 부유하고 행복한 명문 가정에서 태어나 뛰어난 재능과 싱싱한 젊음을 가지고 세계에서 가장 권력의 좌(座)인 미국의 대통령이 되었으며 또한 미모의 아내와 총명한 자녀를 두고 있던 존 F. 케네디의 그 물리적 소유가 20여년 후인 오늘에 와서 어떻게 되었을까? 다 아는 이야기지만 그 당자는 흉탄에 맞아 쓰러지고, 그 미망인 재클린은 희랍의 선주(船主) 오나시스에게로 개가를 했다가 또다시 과수댁이 되고 그렇게 되니 그의 자녀들은 고아나 다름없는 처지에서 성장했을 것이요, 어디 그뿐입니까? 그의 큰아우 로버트도 흉탄에 가고, 막내 동생 에드워드도 정치적 몰락의 길을 걷고 있는 것이 그들이 지녔던 소유의 오늘의 모습이 아닙니까?

아니 이렇게 멀리 비길 것도 없이 바로 사흘 전에 4주기를 지낸 우리의 박정희 대통령과 그 일가의 비극은 어떠했습니까? 영부인 육영수 여사부터가 북괴의 저격범에게 살해당하고 자신도 그렇듯 비참한 최후를 맞았으며 그런 참사의 연속에 놓인 그 유자녀들이 그동안 겪어 오고 또 현재도 겪고 있을 그 비통, 그 고독, 그 소외를 상상만 해도 어느 누가 자기의 평범한 소시민적 삶과 그들이 누렸을 부귀의 삶과 바꾸겠다고 나설 리가 있겠습니까?

둘째 그러면 재물이 많다는, 즉 물질적 소유는 그 소유주를 행복하게만 하는가 하면 그렇지는 않습니다. 나도 신문에서 더러 읽고 또 귀동냥으로 얻어들은 이야기입니다만 소위 우리의 굴지의 재벌 중에는 그 재산 때문에 부자 간이나 모자 간이 송사를 벌이고 형제 간, 숙질 간, 친척 간이 재산 분쟁으로 원수가 되는 일이 비일비재라고 합니다. 그뿐입니까? 어떤 재산가의 가정에는 그 부인이 운전사나 사원, 또는 연예인과 놀아나고 몇몇 재벌의 아들들은 7공자(公子)라나 뭐라고 불리면서 방탕을 일삼아 그 물질적 풍족으로 말미암아 그 인생을 그르치고 있다고 듣고 있습니다. 이 이외에도 저러한 물질적 소유욕 때문에 장영자 사건이니, 명성그룹 사건이니, 영동진흥개발 사건이니 하여 그 장본인들은 물로, 그것에 따라 놀아난 기업가, 은행가, 끄나풀들이 하루아침에 모두 쇠고랑을 차고 있는 사실을 우리는 눈앞에서 연달아 보고 있지 않습니까?

다음 그러면 인기나 존경과 같은 정신적 소유라는 것은 우리가 흔히 괜찮기만 하지 싶지만 그것도 겉으로 보듯 좋고 대견만 한 것은 아닙니다. 이 역시 손쉬운 예로 TV의 탤런트나 연예인들의 인기란 것도 그것이 겉으로 보기에는 재능만 있으면 수월하고 화려하기만 한 것 같지만 그들이 그 인기를 유지하기 위하여 써야 하는 그 정신적인 고역은 둘째로 하고라도 그 무대가 화면이 되기까지에 그들이 겪어야 하는 육체적인 혹사의 감내는 한번 방송국의 녹화 장면을 견학만 해도 알 것입니다. 그래서 그들은 그러한 정신적 또는 육체적 고통을 이기지 못하여 때마다 마약 사용 소동을 일으키곤 한다고 하겠습니다.

그리고 한편 인격적인 존경이나 인망과 같은 정신적인 소유는 아주 안전하고 태평스러운 것으로 생각하지만 그것도 그렇지가 못합니다. 가령 우리가 신부나 수녀, 비구나 비구니들 같은 성직자나 수도자를 만나면 그들의 고결한 생활에 존경도 바치고 그 인간적 초탈을 부러워까지 하지만 그 고결과 초탈의 첫 조건인 '동정서원(童貞誓願)', 즉 일생 성욕을 끊고 독신으로 지낸다는 그 자체 하나도 우리 일반은 전혀 상상을 절하는 고통을 당해야 한다는 사실을 함께 인식해야 합니다.

오죽해야 20세기 가톨릭의 대덕(大德)이었던 요한 23세는 저러한 성직자나 수도자들의 '독신' 문제에 언급하기를 "어떤 사람에게 있어서는 동정을 지킨다는 것이 순교보다도 더 힘드는 일임을 나도 안다"고까지 솔직히 토로하겠습니까. 또 이것은 육신의 문제지만 그들의 내면, 즉 영혼의 문제에 있어서는 도고마성(道高魔盛)이라고 도가 높을수록 마귀는 끓는 법이어서 가령 우리가 성자나 대덕으로 숭배하는 이의 영혼에는 큰 마귀나 큰 유혹이 따르게 마련이어서 이와 처절한 싸움을 벌여 이를 이겨 내야 하는 것입니다. 그래서 곧잘 우리는 어떤 존경받는 인물들이 상상도 못할 위선적 스캔들 속에 있거나 사후에 그런 추문을 듣기도 하는 것입니다.

 저렇듯 소유란 물리적인 것이거나, 물질적인 것이거나, 정신적인 것이거나 다행한 면만을 지닌 것이 아님을 살펴보았습니다. 물론 그렇다고 소유가 그 전부 불행한 것이라고 말하는 것은 아니고 그런 소유의 다행한 면은 우리 모두 스스로가 다 알고 있기에 그 대비를 생략하는 것뿐입니다. 현명한 독자는 이미 나의 이로(理路)를 파악하였겠지만 모든 사물에는 명암(明暗)이 있듯이 소유에도 저렇듯 밝은 면과 어두운 면이 있고 또한 모든 소유의 명암은 그 소유에 비례한다 이 말씀이올시다. 즉 그 소유의 밝음이 크면 클수록 거기에 따르는 어둠도 역시 커진다는 얘기입니다.

 이를 좀더 구체적으로 설명하면 가령 물리적 소유인 출세를 한다든가, 큰 권력을 잡는다든가 하면 그 소유에 비례하여 그것을 지탱하기 위한 육체적·정신적 부담이 수반되고 함정이나 위험성이 따르게 마련이고 비극성마저 내포하게 된다는 말씀입니다. 이것은 물질적이거나 정신적인 소유의 경우에도 마찬가지입니다.

 이렇게 볼 때 소유란 결코 부러워하고 바랄 것만이 아니라는 것이 분명해집니다. 그래서 종교에서는 동서(東西)를 막론하고 인간의 참된 행복은 무소유(無所有)에 있다고 가르칩니다. 그러나 나는 우리의 일반적 삶을 사는 이들에게 저런 무소유의 행복을 권할 주제는 못됩니다. 오직 소유를 추구하되 인간의 유한성을 철저히 깨달아 자기 능력 이상의 욕구는 하지 말라고 먼저 말하고 싶고 또 하나는 자기의 여건이나 삶 자체를 남과의 비교에서 가늠하지 말고 자신의 삶의 본질적 추구나 그 감응(感應)에서, 즉 철학에서 말하는 존재의 세계에서 삶의 보람이나 그 기쁨을 찾아내고 누리라는 이야기를 하고 싶습니다. 이것도 좀 구체적으로 설명하고 싶지만 지면이 다하여 이만 거두기로 합니다.

우리 모든 이에게 무엇과도 바꿀 수 없는 단일회적(單一回的)인 삶, 우리 모든 이에게 결코 닮을 수도 없고 닮아지지도 않는 독자적인 삶의 기쁨이나 행복, 슬픔이나 불행이라는 것이 결코 소유의 기준, 즉 그 많고 적음에서 가늠되는 것이 아님을 다시 한 번 강조하며 존재 자체와 그 비의(秘義:신령함)에서 찾아내기를 함께 다짐하고자 하는 바입니다.

■〈경향신문〉, 1983. 10. 30.

제4부

뿌리의 공덕

고민의 과대망상증
식자우환의 세상
보라, 자기 눈의 대들보를
인간의 감정 이야기
개체와 전체의 평형
여성을 위한 인생론
인간의 수치심
마음의 두 가지 컨트롤
한국인의 인정
뿌리의 공덕
기성세대의 성찰
젊은 세대들에게
한 푼 벌고 열 푼 쓰는 삶

인격적 성인사회
우리의 시비와 대화
경제인들의 정신적 자세
참된 '자유' 교육
사회악을 퇴치하려면
TV방송 질적 향상 있어야
나의 인문적 치세 방안
남북 겨레가 어울려 살려면
전 북한 고관의 술회 음미
재소 한인 교수를 만나보고
6·25의 현실적 인식
일제 낙인 총독부 청사를 헐자

고민의 과대망상증

지난 공휴일 오후 나의 강단인 중앙대학 문예창작과 졸업생 몇이 찾아와서 이 얘기 저 얘기 나누던 중 그 하나가, "요새 저희들에게는 하도 고민거리가 많아서 무엇을 어떻게 해야 할지 막연해지고 솔직히 말하면 니힐(허무)에 빠지고 말아요"라고 토로했다.

나는 그 하소연을 들으면 문득 어떤 회상이 떠올라 그것을 이야기 하면서 그들의 마음을 달래 보냈는데, 나의 그 제자만이 아니라 오늘날 저런 마음의 정황 속에 있는 젊은이들이 많지 싶어서 여기다 그 추억을 되옮겨 적어 본다.

50년 전 내가 일본 동경에서의 대학생 시절인데 그때 나는 망국민(亡國民)으로서의 억울함과 역정을 비롯해 사상적 방황과 갈등, 이상과 현실의 상충, 자아발견과 자기혐오 등 그야말로 온 세상의 모든 고민을 자신이 다 안고 또 걸머지고 있는 듯한 착각에서 청춘의 낭만이나 그 약동과는 등진 절망과 허망을 되씹고 있었다. 그래서 이러한 정신적 번민에서의 탈출을 위하여 당시 일본의 저명한 종교 지도자나 정치사상가, 또는 학자나 문인들의 공적 집회나 문하생 모임 같은 데를 열심히 찾아다녔는데 그때 재야 철학자라고나 할 이시마루 고헤이[石圓悟平]라는 분의 모임에 들렀다가 다음과 같은 이야기를 들었던 것이다.

즉, 이시마루 선생에게는 수년래 어떤 시골 청년이 자신의 정신적 고민을 호소하고 그 지도를 간청하는 편지를 계속 보내왔었는데, 그 청년은 문면으로 보아 상당히 유식한 사람으로 선철(先哲)들의 이름이나 그들의 학설 등을 열거하여 자신의 정신 상황이나 내면 의식과 대비하면서 거기서는 자신의 구원이 없다고 고백해 오며 특히 염세적이요, 허무주의적인 철학자나 문학자들의 사상이나 작품이 많이 들먹여졌다는 것이다.

그런데 그 언제부터인가 편지가 한동안 뚝 끊어졌다가 바로 그 날 그 청년으로부터 돌연 편지를 다시 받았는데 그 사연인즉,

"선생님, 그동안 너무나 심려와 번뇌를 끼쳐 드려 죄송스럽기 그지없습니다. 실은 오랫동안 저는 성병에 걸려 있어 고민하고 있었사온데 우연한 인연으로 인하여 명약을 구해 먹고 이제는 완쾌되었습니다. 그래서 저는 인생의 새로운 광명과 희망 속에 부풀어 있습니다……."

라는 내용이었다.

이 글발을 읽어 준 이시마루 선생은, "임질이면 쥬사이도(당시 광고 되던 약명)를 먹고 매독이면 606호(이 역시 당시 유행되던 주사약)를 맞아야지 공연히 나에게다 몇 해를 두고 니체가 어떠니, 쇼펜하우어가 어떠니 해 봐야 철학이 어찌 화류병을 고친단 말인가" 하면서 깔깔대고 웃고, 그때 그 자리에서 듣고 있던 우리들도 모두 폭소를 터뜨렸다.

페니실린이니 무어니 하는 항생제들이 발달된 오늘에야 성병이 한 젊은이의 인생에 치명적 고민이 될 리 만무지만(아니 오늘날에도 에이즈라는 것은 바로 그와 같겠지만) 당시 청년들의 고민의 실체는 바로 저런 데 숨겨져 있었던 것이다.

그래서 이시마루 선생은 덧붙이기를,

"우리의 고민이나 번뇌의 씨나 실체란 저 성병을 지녔던 청년과 마찬가지로 아주 사소하고 단순하고 신변적이요, 개인적이고 또한

자신의 삶의 장애나 욕구불만에 속한 것이다. 가령 빚에 쪼들리고 있다든가, 월급이나 계급이 안 올라간다든가, 어떤 이성이 마음에 드는데 상대를 안 해 준다든가, 가정불화가 있다든가, 특히 여성에게 있어 얼굴이나 맵시가 언짢다든가 등 아주 비근하고 신변적인 데 깃들어 있다. 그런데 이렇듯 개인적인 고민을 가지고 이를 해결하거나 극복하려는 노력은 없이 사회적 모순이나 보편적 문제의식과 혼동하여 고민의 과대망상에 빠져 허덕이고 있는 이가 많다. 그러므로 그대들은 먼저 자기 고민의 씨와 그 실체를 발견하고 이를 해결하고 극복하기에 노력하라."
고 훈계하였다.

물론 나는 이 감명 깊은 교훈을 듣고 그 당장 대오철저(大悟徹底)하여 모든 번민에서 벗어났던 것은 아니지만, 적어도 자신의 고민의 실체를 파악하는 데 노력하게 되었고 또한 고민의 분수를 지키려고도 애쓰게 되었다고 하겠다.

실상 오늘날 우리에게 고민할 소재란 무한량하다시피 많다. 조국의 분단, 사회적 부조리와 모순, 범죄의 창궐과 폭력의 난무, 생활의 욕구와 불만, 가정의 불화나 실연(失戀), 사업의 부진이나 실패 등과 나아가서는 물리악(物理惡:생로병사와 천재지변)과 윤리악(倫理惡:인간의 자유의지로 행하는 범죄나 비행) 등 그 모두가 고민과 고통의 대상이라고 하겠다. 특히 물리악적인 불행을 지닌, 즉 신체장애자들에게 있어 그 무고한 불행 자체가 전 인생의 고민과 고통이 되고 있는 게 사실이다.

신학적인 개념을 빌리면 악이란 물리악이나 윤리악을 막론하고 절대에 대한 결핍 상태, 즉 유한성을 의미하는 것이기 때문에 결국 인간의 이 유한성이 인간고(人間苦)의 씨앗인 것이다.

그래서 우리 인간은 먼저 인간의 유한성을 명확히 인식하고 그 자각 위에서 자신의 고민의 실체를 파악하여 개인적이고 신변적인 고민을 해결하고 극복함으로써 사회적 또는 보편적 문제의식과 대결하고 대처해 나가야 한다. 특히 물리악적인 무고한 불행을 지닌 신체장애자들은 고통 그 자체에 함몰되기 쉬운데 저 삼중고(三重苦)를 이기고 당당하게 인생을 영위하고 인류의 보편적 고민의 승리자가 된 헬렌 켈러 여사를 본받도록 하자.

　한마디로 말해 일체를 고민한다는 것은 어쩌면 하나도 옳게 고민하지 못한다는 것과 다름이 없고, 또한 일체의 고민은 하나의 고민도 해결하지 못할 것이다. 그럼에도 불구하고 우리는 항용 고민의 과대망상증에 빠져서 자신의 고민의 씨나 실체를 발견하고 이를 극복 못한 채 그 수렁에 허덕이고 있다. 암울한 삶에서 헤매고 있다.

식자우환(識字憂患)의 세상

영국의 19세기 시인이며 비평가인 매슈 아놀드는, "교양이란 이 세상에서 생각해 낸 가장 좋은 것들을 알고 배우고, 그리고 또다시 세상에 펼치려는 노력이다"라고 말한다.

오늘날처럼 매스컴이 발달되어 있는 소위 정보화시대 속에서 안다는 것은 별로 힘 안 들이고 그 목적을 달성해 내리라고 생각된다. 날마다 신문만 읽더라도 국내외의 정치·경제·사회의 일반적 정황이나 지식을 얻을 수 있으며, 그 외에도 예술·과학·스포츠·보건·요리·여행 등의 지식에 이르기까지 그야말로 이 세상에서 일어나고 생각해 낸 것들을 모조리 배우고 알 수가 있다.

거기다가 잡지·텔레비전·영화·비디오·라디오 등을 계속적으로 읽고 보고 듣고 그것을 자기 것으로 만들어 간다면 다양하고 해박한 지식을 몸에 지니게 됨으로써 저 아놀드 선생이 말한 교양은 손쉽게 성취될 것이고, 현대는 이런 의미에서 아주 교양시대라고 볼 수 있을 것이며 우리 한국도 꽤 고도한 교양사회를 이루고 있다고 할 것이다.

그런데 한편 20세기 프랑스의 사상가 엠마뉘엘 뮤니에는 교양에 대하여,

"어떠한 영역에 있어서도 교양은 지식의 축적에 있는 것이 아니고 그 주체의 심오한 변혁에 있는 것으로서 그 변혁이야말로 당사자로 하여금 많은 내적 요청에 부응하기 위하여 보다 많은 가능성

을 향하게 하는 것이다. 즉, 교양이란 한 인간이 일체의 지식을 잃은 후에도 남는 인격, 그 자체를 말하는 것이다."
라고 말하고 있다.

　이러한 뮤니에 선생의 말대로 오늘을 생각해 보고 우리 자신을 살펴보면 어떤가. 참된 의미의 교양이 주체의 심오한 변혁을 가져오는 것이라고 한다면 이 매스컴의 홍수 시대, 그 백과사전적 토막 지식이나 습득만으로 과연 오늘의 우리에게 그러한 자기변혁을 가져다 주기에 유효한 작용을 하고 있는가. 오히려 우리의 주체를 분열시키고 혼란을 일으키게 하고 둔화시키고 있지는 아니한가. 그래서 오히려 자신을 알고 자신을 변혁시키고 자신의 인격을 형성하는 데 장애를 가져오고 있지는 않은가.

　흔히 '모르는 것보다 아는 것이 낫고 많은 것을 알아 두어서 손해가 없다'고 말한다. 물론 그것이 보다 많은 지식을 갖고 있다는 지식의 외면적 효용성만으로는 사실이지만 바로 그러한 지식의 축적이 자기 주체에 대한 내면적 상실을 초래하여 소위 식자우환, 아는 것이 병이 된다면 야단이 아닐 수 없다.

　연전에 세계적 사상서로 유명하던 알렉시스 카렐의 《인간 그 미지의 것(Man Unknown)》에는,

　"오늘의 과학(인문·사회·자연 과학 등 전반을 뜻함)이 인간을 더욱 무엇인지 모르도록 분열시켜 놓았다."
고 지적하면서 오늘의 우리 인간은 기계문명의 중압과 인쇄물의 범람, 물질과학의 만능시, 기술시대가 가져온 인간의 도구화로서 자기의 존재나 본질에 대하여, 첫째 생각할 여유를 잃어버렸을 뿐 아니라 과거 종교나 관념철학이 정립하였던 인간에 대한 정의가 일제히 붕괴되고 분열되어 버렸다고 갈파하였다. 그리고 그것의 재건을 위하여는 현재 생활에서 마비되고 위축된 지능의 방향을

전환하고 그 도덕성을 회복해야 한다고 강조하고 있다.
 나를 포함해서 하는 말이지만 오늘날 우리 사회에는 저러한 교양의 외면적 중독자는 너무나 많다. 그래서 뮤니에 선생의 말대로 그 인간에게서 지식을 빼놓으면 남는 인격이나 인간성이 없는 교양인들이 득실거린다. 이러한 아놀드적 교양인들의 발호가 우리 사회의 가치질서를 확립하는 데 가장 장애적 요소임은 두말할 것도 없다.

보라, 자기 눈의 대들보를

공비(共匪), 즉 공산당 유격대들의 약탈·강도행위를 떼도둑으로 빗대서 하는 낱말인데, 이와 대칭이 되는 한자숙어로서 법비(法匪)라는 단어가 있다. 그 어원이나 유래는 내가 잘 모르지만 한마디로 말하면 합법적 도둑 떼, 즉 시속(時俗)말로 하자면 허가 낸 도둑들이라는 뜻이다. 왜 내가 이런 망측한 은어를 끄집어내는가 하니, 바로 우리의 오늘이 법비가 판을 치는 세상이기 때문이다.

합법적인 도둑이 판치는 세상

독자들도 기억하겠지만 지난 제헌절을 기해 서울 시민들의 법의식에 관한 어느 여론조사 결과에 의하면, 법을 안 지키는 사람들을 직업별로 묻는 설문에 단연 1위가 국회의원으로, 그것도 69퍼센트라는 압도적인 숫자다. 그리고 2위가 사업가로 52퍼센트요, 3위가 공무원 48퍼센트라는 응답이다.

말하자면 우리 국민의 대표라는 사람들과 우리 경제계의 핵심 인물들과 국민의 공복(公僕)들의 거의가 국민의 눈에 범법자로 보일 만큼 된 세상살이니 이게 법비 세상이 아니고 그 무엇이겠는가. 그리고 바로 여론조사의 기사가 난 신문 어느 기자의 칼럼에는 "서울 근교의 우리 동네 산에는 60대 후반의 한 노인이 날마다 산꼭대기에 올라가 시가지를 내려다보며 '야호!' 소리 대신에 '이 도둑놈

들아!' 하고 외쳐 대는데, 그 노인은 그렇게 해서 자신의 울화를 푼다"는 얘기가 들어 있었다.

선악의 무분별 상태 문제

또한 외신보도에는 한국에 가서 거래를 하자면 뇌물 비용이 있어야 한다고 공언하고 있다. 그런데 이런 엄청나고 끔찍하고 치명적인 여론보도가 나가도 그 당사자들은 스스로도 이를 수긍함인지 이제껏 집단으로나 개인적으로 일언반구 반박이나 변명이나 반응이 없다.

실상 저런 여론이나 공론에 떳떳이 항의하고 자신들의 결백을 양심적으로 증거하고 나설 국회의원이나 기업가나 공무원이 있다면 얼마나 다행하고 기쁜 일이겠는가. 저 태국의 잠롱 방콕시장 같은 인물이 말이다.

저러한 무반응이 그들의 양심적 자책이나 그 수치심에서라기보다 오히려 양심의 마비에서 오는 선악의 무분별 상태라는 데 문제가 있다. 마치 얼마 전 어느 여고생들이 작당하여 자기 모교인 중학교에 가서 후배들에게 금품을 상습적으로 걷다가 경찰에 연행되었는데, 그들은 "우리 자신이 선배들에게서 당한 관행"이라면서 양심의 가책을 못 느낀다고 하더라더니 오늘날 신문에 대문짝같이 크게 나는 사건의 주인공일수록 저러한 몰양심과 불법적 행위를 한낱 관행이었을 뿐이라고 주장하고 양심의 가책은커녕 오히려 냉소적이고 태연하다. 이런 면에서는 오히려 노상 절도나 도박꾼들이 취조를 당할 때 머리를 푹 숙이고 얼굴을 가리는 것을 보면 아직도 양심이나 수치심이 살아 있는 느낌이다.

저러한 선악의 무분별과 무감각에서 오는 관행이 어느 정도인가

하면 이거 말하기도 무엇하지만 대통령부터다. 즉 우리 가정의례
준칙에 의하면 관혼상제에 있어 열 개 이상의 화환이 놓이는 것은
단속의 대상이 된다.
　그런데 웬만한 유명 인사의 모임이나 특히 상가에는 대통령의
화환부터가 놓인다. 그러니 행정부의 각 장관이나 국회의원들은
물론 기업체나 각 기관과 단체의 내로라 하는 이들은 서로 다투어
가며 화환을 보내서 어떤 집 장례에는 100개가 넘기도 한다.
　이렇게 말하면 청와대에서는 그것은 상가집에서 많이 놓은 것이
잘못이라고 할지 모르나 그 의례준칙을 부실화하는 장본인이 바로
대통령이 되고 있다는 사실을 먼저 깨우쳐야 한다.
　또 이런 사례도 있다. 내 처속의 한 국민학교 여교사가 지난 봄에
정년퇴임을 했는데, 느닷없이 야당 총재로부터는 벨벳 커버까지
씌운 축하장이 보내져 왔고 또 장래 대권 후보라는 장관으로부터
는 축전이 날아왔고, 한편 올해 대학에 진학한 종손애에게는 지역
구 국회의원으로부터 축전이 왔으며 이즈음 나도 호적의 양력 생
일에 구청장으로부터 축전을 받았다.

누가 누구를 단속할 것인가

　이상의 모든 형태들이 아무것도 아닌 국민에게 향한 지도자나
공복들의 자상하고 친절한 선의의 인정 행위라고 그들은 말할지
모르나 공인(公人)으로서 저러한 사사로운 행위로 국민의 환심을
사려 들 것이 아니라 오히려 그 공무수행에 열성을 다 바치고 그
성과를 올림으로써 국리민복에 이바지하여야 한다. 그래서 다산
정약용의《목민심서》에 공무원의 복무 자세를 적은 율기육조(律己
六條) 제4조항 공직자는 사사로운 손을 물리침에는 "관할 업무에

속한 사람이나 출신 지방 사람들을 너무 가까이해서는 안 된다"라고까지 명시되어 있다.

이렇듯 아래 위, 아니 위로부터 모두가 선악과 양부(良否)의 눈이 먼 상황에서 정부는 툭하면 범죄와의 전쟁을 뇌까리고 공무원의 기강을 바로잡는다고 말단 관리들의 책상서랍이나 뒤지고, 또 요새 와서는 호화 생활자의 특별관리를 한다고 떠벌린다. 본디가 사회악이란 그렇듯 단순하게 물리적인 힘으로 퇴치되는 것도 아니지만, 글쎄, 앞에서 지적했다시피 모두가 선악의 가치판단이 마비된 속에서 누가 누구를 소탕하며 단속하고 정화한다는 말인가.

모든 지도자가 솔선해야

그러면 오늘의 이러한 세태를 어떻게 바로잡을 것인가. 간단하다면 간단하다. 먼저 오늘의 우리 사회 각계 지도층들이 대오각성하여 양심의 눈을 떠서 사물과 사리의 옳고 그름과 좋고 나쁜 것을 분명히 가려서 행하고, 이제까지 "남의 눈의 티끌만 보고 자기 눈의 대들보는 보지 못해" 옳고 바른 것은 남이나 세상에만 요구하고 바라던 그 어리석음에서 깨어나야 한다.

그 다음 국민 전체의 윤리의식의 함양이나 시대에 부응한 생활 규범의 쇄신은 대통령 자신이 한시바삐 물리적 힘의 한계를 깨달아 인륜이나 인문의 지도자들을 모아 연구와 검토가 있기를 간곡히 당부한다.

인간의 감정 이야기

일본의 세계적 수학자 오카 기요시[岡潔]라는 이의 말을 빌리면 "감정이 따르지 않는 진리의 인식이란 있을 수 없다"고까지 단언한다. 그의 이 말은 인간이 유정동물(有情動物)일 뿐 아니라 또한 인간의 특성인 지적·의지적 능력의 발휘도 감정이 수반된다는 사실을 지적함이라 하겠다.

그래서 흔히 짐승만도 못한 사람, 또는 행동이라면 바로 감정을 잘못 사용하거나 또는 저열한 사람을 가리킨다.

그리고 감정은 대체로 두 가지로 분류할 수가 있는데 일반적으로 그저 감정이라고 불리는 쾌(快)·불쾌(不快)·호(好)·불호(不好)·애증(愛憎)·희비(喜悲)·공포·분노(憤怒) 등 자신의 실제적 이해에 관련된 주관적 의식과, 또 하나는 정감이라고 말하는 그런 실제적 이해를 떠난 정서나 정취를 말한다.

그런데 오늘날 우리네 삶이나 세상살이에는 앞서의 것인 실제적 이해에의 감정은 예민하게 발달되어 있고, 그 표출이 과잉하고 극단적이리만큼 강열한데 제각기의 이해의 실제를 벗어난 정감은 무디어지고 거칠어지고 메마르다 하겠다.

이런 실례를 앞서의 것은 들 것도 없이 오늘날 정당과 정파 간의 분쟁이나 노사간의 쟁의나 학원의 소요를 비롯해 서로 길을 가다가, 서로 버스나 전철을 타다가, 공중전화를 걸다가, 아니 이웃 사이나 가족 사이에서, 최근에는 대구 방화사건이나 서울 여의도 살인질주사건에서 그 감정의 표출이 얼마나 격렬하고 포악한가를 우리는 일상적으로 목격하고 체험한다.

그 반면 우리는 뒤의 것, 즉 이해를 초월한 정감의 발동은 아주 둔화되고 퇴화하면서 자연의 오묘한 변화나 그 정경에도 돈담무심(頓淡無心)이요, 극진한 인정이나 또 인간의 무고한 희생에도 자신과 무관하다고 외면하고 만다. 그러나 삶의 참된 보람이나 기쁨은 바로 우리의 정감의 발휘 여하로 획득되는 것이요, 또 그 높이와 깊이와 넓이에 비례하여 맛보는 것이다.

이제 여기서 내가 우리 인간의 원초적 생명의 꽃이라고나 할 정감 발휘의 예를 몇 개 들어 보겠는데, 이것은 그 본보기라기보다 그저 내가 체험한 이야기들로서 맨 처음 것은 내 시의 소재가 되어 있기에 그 시부터 먼저 소개한다.

    제미니 6호를 타고
    랑데부를 마친 후
    돌아오는 참엔

    저녁때, 들에서
    목동들이 소를 타고
    버들피리 불며
    마을로 들어서듯

    비프스테이크를 한 입 덜 먹고
    몸무게를 줄여
    팔 포켓에 숨겨 가지고 간
    하모니카를 꺼내

> 품팡품팡 불면서
> 아내와 어린것이 기다리는
> 지구로 내렸다.
> ─〈귀가〉

연전 제미니 6호의 우주 비행사 쉴러 대령이 한국에 왔을 때 기자회견에서 술회한 사실을 내가 조금 윤색한 것뿐이다. 시에 밝혀져 있는 내용의 뒤풀이가 되지만 쉴러 대령은 지구를 떠날 때 비프스테이크를 조금 덜 먹고 자신의 몸무게를 줄인 다음 몰래 팔 포켓에다 하모니카를 한 개 숨겨 넣어 가지고 우주여행에 나섰다가 임무를 마치고 돌아올 때 그것을 꺼내 불었다는 것이다.

나는 그의 술회를 듣고 얼마나 감동했는지 모른다. 한번 인공위성이 발사될 때면 그 기술 조작에 연 인원 30만 명이 매어달린다는 어마어마한 과학의 최첨단 속에서, 그중에서도 그 우주선을 탄 장본인이 인간의 정서적 욕구를 저렇듯 소박하게 충족시켰다는 사실이 눈물겹도록 흥그러웠던 것이다. 그리고 더욱 우리를 주목하게 하고 흥겹게 하는 것은 쉴러 대령이 지구로 내려오면서 하모니카를 불었다는 사실을, 내가 시에서 저녁때 들에서 일손을 끝낸 목동이 소를 타고 돌아오며 버들피리를 부는 풍경에다 대조했듯이 우리 인간은 이제부터 우주를 무한대의 농장으로 삼을 수 있다는 뿌듯한 희망을 안겨 준다 하겠다.

또한 저러한 우주인의 체험은 자기가 사는 이 지구를 한 마을이나 집으로 여기게 되어서 인류는 참말로 한 이웃이요, 한 가족이라는 실감에 나아가게 될 것이라는 낙관이 나의 가슴을 부풀게 하는 것이다. 그래서 우주개발은 오늘날 이 지구상에 있는 민족과 국가 간의 분쟁의 씨앗인 소유권 개념의 의미와 내용도 우주적 무한대에서는 근본적 변경을 가져오고 지역적 물질 분포에다 근거를 둔 현재의 경제적 가치체계도 대폭 변화할 것이요, 사상이나 민족문제에 있어서도 범세계주의적인 사상과 인간관이 싹틀 것이라는 바람을 갖는 것이다.

다음은 나의 향우요, 화가인 고 이중섭의 이야기인데 그는 동란 중 약 2주일간 일본을 다녀온 일이 있다. 그 사연이야 여기서 밝힐 것 없고 그 직후 나와 경부선 열차를 함께 타게 되었는데, 그 당시 차창 밖에 비치는 우리의 헐벗은 산을 바라보며 내가 그저 한다는 소리로,

"일본 갔을 때 동해도선(일본의 중앙선 철도) 탔겠지? 그 울창한 숲, 생각만 해도 부럽네."

하였더니 그는 머뭇머뭇하며,

"그렇지 않아. 너무 빽빽한 게 숨이 막혔어. 우리 산이 좋아. 목욕탕에서 벌거벗고 만난 사람들처럼 말이야. 머리에 군데군데 버짐먹은 머슴애들처럼 친근스럽고."

하고 그 어질디 어진 미소를 지었다.

이것은 이성도 아니요, 말의 억지도 아니요, 기지는 더욱이 아니다. 그의 정감에서 우러난 향토애다. 나는 어느 애국자의 국토애보다 중섭의 이 말을 믿고 또 고개를 숙인다.

또 하나 얘기론 나의 벗 중에 평생 현실생활이 부실했을 뿐 아니라 난잡했던 친구가 마침내 간경화증으로 일찍이 세상을 떠났다. 그는 임종 때 가족들에게 "이번에 병이 나아서 일어나면 앞뒤 뜰에 화초도 심고 가꾸며 재미나게 살자구" 하고 숨졌다. 늦었다. 그러나 나는 그의 이 청순한 정감으로의 회귀가 오탁된 그의 일생을 씻어 주리라고 믿고 바란다. 그리고 이상과 같은 인류적·향토적·인간적 정감이 오늘날 우리 국민 모두에게 다시 소생하고 꽃피우게

되기를 바란다. 이 난장판 같은 세상에 그 무슨 꿈속 같은 헛소리냐고 비웃겠지만 말이다.

개체와 전체의 평형

사람은 누구나 자기 홀로서 살고 있다. 또한 남들과 더불어 살고 있다. 인문적 개념을 빌리면 인간에게는 단독자인 면과 연대자인 면 두 가지를 함께 지니고 있고, 이것을 사회과학적 숙어로는 인간은 개체와 전체의 삶을 아울러 살고 있는 것이 된다.

여기서 인간의 홀로서의 면부터 살펴보자. 흔히들 인류는 한가족이요, 겨레는 한핏줄이요, 한이웃, 한형제, 심지어 부부는 한몸이라고들 한다.

그러나 실제 인류세계는 국경을 만들어 놓고 서로 갈라져 있으며, 한겨레도 이념이나 종교로 서로 대치하고 한 이웃도 이해의 상충으로 반목하기가 일쑤요, 형제자매나 부모와 자녀 사이도 하잘 것 없고, 한몸이라는 부부도 결국은 남이더라는 냉엄한 현실과 냉혹한 체험을 우리는 보고 알고 맛보고 있다.

좀더 이를 또렷이 인식하기 위하여 예를 들면, 전북 고창읍에 여고 2년생인 한 소녀가 옛 성터에 올라갔다가 그만 추락하여 전신불수 상태가 되어 똑바로 눕지도 못하고 엎드려서 7, 8년을 지내는데, 그녀는 자신의 절박한 고통과 그 심정을 시로써 나타냈다는 이야기로 독자들도 아마 《산골처녀 옥진이》라는 그 시집 광고만은 보았을지도 모른다.

여기서 그 시집의 감동적 독후감을 꺼내려는 것이 아니라 이 소녀의 목숨을 부지시키고 있는 그 어머니의 헌신적 시중과 간병 말인데 그런 어머니도 저 딸의 육신적 고통이나 정신적 비애를 대신할 수는 없다는 사실에 주목해 주기를 바란다.

저렇듯 인간은 남으로서는 대체할 수 없는 면이 있어 그 장벽은 뚫을 수가 없고, 그 수렁은 건널 수가 없고, 그 거리는 헤아릴 수가 없다. 아무리 친한 친구 사이, 어버이와 자식 사이, 아니 한몸이라는 부부 사이라도 이 인간 자체에서 오는 단절감은 결코 메울 수가 없다.

인간은 오직 이것을 삶의 여건으로 명백히 인식하고 받아들여야 한다. 그래서 전후 프랑스의 혜성이었던 여류철학자 시몬느 베이유는 "순수하게 사랑한다는 것은 자기와 상대방과의 그 간격을 받아들이는 것이다. 자기 자신과 자기가 사랑하는 것과의 사이의 그 거리를 더없이 사랑하는 것이다"라고 갈파한다.

흔히 사랑이라는 것을 상대방과의 완전일치로 착각하는 이들이 많지만, 만일 두 인간이 완전일치를 이룬다면 그것은 어느 한쪽 편의 개성이나 인격의 말살을 의미한다 하겠다.

그런데 저렇듯 인간은 홀로서이면서 또 한편 더불어서 살아야 한다. 이것도 이해하기 쉽게 우리의 목숨을 부지하는 데 가장 긴요한 의식주에다 예를 들면 내 옷, 내 밥, 내 집하고 모두들 자기 스스로가 마련하고 제 힘이나 그 노력으로 해결한 듯 입고 먹고 살고들 있지만, 실상은 전혀 의식치 않은 생판 남들의 헤아릴 수 없는 노력과 그 협동과 정성의 결과로써 주어지는 것이다.

가령 내 옷 하지만 그 옷이 나에게 입혀지기까지는 원료의 수집, 섬유의 직조, 원단의 재단과 재봉 등의 과정을 거치게 되며 그렇게 해서 마련된 옷을 자기가 사 입게 되는데, 자기가 그것을 사 입는 돈이라는 것도 그저 도깨비 방망이를 두드려서 나오는 게 아니다. 즉 나의 경우 대학의 봉급으로 사 입었다면 그 대학이라는 것도 교수만으로, 또는 건물만으로, 학생만으로 이뤄지는 것이 아니라 그 학교 창설로부터의 역사는 물론이려니와 이제까지의 졸업생과 모든 학부형들까지의 협동이 바로 내가 옷을 사 입은 그 돈과 관련을 갖고 있는 것이다. 이렇듯 밥이나 집, 아니 우리의 삶 자체가 무한량한 남의 노고와 정성과 그 협동 속에서 이뤄지고 있다.

그래서 인간은 서로가 완전히 단절되어 있으면서도 또 한편 남과의 유대 없이는 삶 자체가 성립되지 않기 때문에 더러는 "세상 다 쓸데없더라. 나는 나만을 위해 살아야지"라거나 "나는 나라는 것을 다 버렸다. 오직 남을 위해서, 세상을 위해서 산다"고 큰소리를 치고 나서는 사람들이 있지만 이들은 인간존재가 지니는 저 여건의 양면에 대한 인식의 부족에서 오는 흰소리들이라 하겠다.

그러므로 인간은 홀로서도 잘 살 줄 알아야 하고 또한 남과 더불어서도 잘 살 줄 알아야 하며, 특히 이 두 면의 평형을 잘 유지해야 한다. 이 평형이 유지되지 않고서는 그것이 개인적인 삶이거나 집단적인 삶이거나 파탄을 가져온다.

그런데 이제까지의 인류의 생각의 흐름, 즉 사조(思潮)라는 것이 유감스럽게도 그 어느 한쪽만이 강조되어 균형을 잃어 온 경향이 있다. 다 알다시피 이제까지의 사상이나 이념이라는 것들이 인간의 개체적인 면만에 치우치는가 하면, 또 전체적인 면만에 치우쳐서 나아가서는 이것이 분쟁의 불씨가 되기도 했다.

개인주의와 전체주의, 자본주의와 공산주의 등의 사상이나 그 체제라는 것들이 바로 그것으로서 우리는 그것들이 지니는 모순과 대립을 어느 누구보다도 체험하고 또 현재도 그 모진 고통 속에 있다. 저러한 인간존재에 대한 일면적인 사고는 사회사상뿐 아니라 인문사상에도 양립되어 있어 저 실존주의 문예사상 같은 것은 인간의 단독자적인 면만에 희망을 걸고, 또 소위 구조주의 주창자들은 인간의 행위를 전체 기능의 하나로만 보려고 들어서 인간의 고절(孤絶)의 심연에 눈먼 느낌을 준다.

오늘날 다행히도 인간의 더불어서의 면만을 강조해 오던, 즉 "인간은 사회적 동물이기 때문에 인간의 개인적인 면은 억제되어야 한다"는 극단적 사상이나 그 체제가 붕괴되어 가고 있음은 다 아는 바다. 또한 그 반대로 개인주의나 자본주의가 지니는 불균형과 모순, 그리고 그 사회가 지니는 윤리적 타락과 문란과 패덕의 노출현상을 우리 또한 아는 바다.

그래서 우리가 저러한 사상적 이념적 모순과 그 병폐현상에서 벗어나고 통일을 이루고 세계의 새로운 질서에 기여하려면, 먼저 저러한 인간의 본질적 여건에 대한 명확한 자기인식에서 출발하여 개체적인 삶과 전체적인 삶의 균형이 중화를 이루는 자생철학(自生哲學)이 각 부문에서 창출되어야 하리라고 본다.

여성을 위한 인생론

　여성은 미(美), 특히는 외형적 아름다움을 추구한다.
　오늘날 우리 여성들이 얼굴이나 맵시를 비롯한 육체적 아름다움을 위하여 바치는 돈과 시간과 정성은 실로 엄청나다. 칠하고 바르고 문지르고 뿌리고 장식하고 인치나 파운드의 규격에 맞추기 위해 미용체조를 하고 단식을 하고 성형수술을 하고 그야말로 혼신의 노력을 기울인다. 그런데 여성은 결코 물건이 아니요, 사람인데 문제가 있다. 사람은 결코 얼굴이나 몸의 부분적 생김새나 그 치장만으로 미가 성립될 수 없기 때문이다.
　나도 어디서 주워읽은 지식이지만 심령과학의 주장에 의하면 모든 사람에게는 후광(後光), 또는 광배(光背)라는 것이 있어 그것을 오라(AURA)라 하는데, 성자나 현인에게는 그 빛이 찬연하고 일반인도 그 정신 상태나 건강 상태가 좋을수록 그 빛이 맑고 밝고 깨끗하며 그와 반대로 정신 상태가 불안하거나 건강 상태가 불량할수록 그 빛이 붉고 검고 어둡게 나타난다고 한다. 이것은 그런 전문적인 고찰이 아니라도 짐작할 수가 있다.
　어떤 사람의 얼굴은 그 사람의 그때그때의 심기나 건강의 좋고 나쁨에 따라 변화를 일으킨다. 그것을 스스로 또는 남의 모습에서 일상적으로 체험하고 있는 바다. 그뿐 아니라 우리는 어떤 사람이 지닌 교양이나 정서나 인격 여하가 그의 외형을 돋보이게도 하고 실망을 주기도 하는 것을 당연하게 받아들이고도 있다. 그래서 아무리 외형적으로 조형미를 갖추고 있다 하더라도 그 사람의 언어나 행동에 무식이나 천박이 드러났을 때는 우리는 오히려 그 미에서 불쾌감을 더욱 느끼게 된다.

왜냐하면 미란 본질적으로 어떤 형태가 아니라 그 형태가 내포하는 이데아의 창조행위이기 때문이다. 그래서 자기에게 하늘로부터 주신 육신, 즉 그 재료를 가지고 스스로가 자기의 미를 창조해야 하는 것이다.

여기에 이르는 최상의 길은 진부한 표현 같지만 무엇보다도 '덕이 몸에 흐르는(덕윤신[德潤身])' 경지에 나아감이라 하겠다. 여기서 덕이란 어렵게 생각 말고 고운 마음씨 정도로 이해해 주었으면 한다. 아무리 반지르르한 얼굴을 타고났더라도 그 마음씨를 못되게 쓸 때 그 미는 모두에게 받아들여지지 않고 이와 반대로 얼굴이 못났더라도—소위 정형의 미인이 아니더라도— 마음씨를 곱게 쓰면 그 모습은 돋보이기 마련이다.

그리고 엄밀한 의미에선 아름다운 얼굴이라든가 아름다운 사람이 따로 있는 것이 아니라 어떤 사람이 그의 삶 속에 지니는 '아름다웁게 보이는 순간'을 뜻하는 것이다. 즉 그 사람이 발휘하는 마음씨의 아름다움이 그 외형을 살리는 그런 순간을 말하는 것이다.

가령 그 예를 붐비는 버스 속에서 찾는다면, 앉은 사람이 서 있는 사람에게 그 자리를 양보한다든가 그 짐을 자청해서 받을 때의 그 사람의 얼굴이나, 차장이 노인네나 어린이를 부축해서 태우고 내려 줄 때의 그 얼굴, 발등을 밟히고도 사과를 미소로 받는 얼굴 등 이런 평범한 일상 속에서도 우리는 아름답게 보이는 얼굴과 사람들을 얼마든지 접할 수가 있으며 결국 그런 얼굴의 지속이 아름다운 사람을 만들어내는 것이리라.

물론 나도 육체미나 외형적 미에 대한 여성들의 노력을 전면 부정하려 드는 것이 아니라, 오직 그와 함께 교양을 쌓고 정서를 기르고 마음을 닦아서 저 외형적 미의 노력이 수포로 돌아가지 않을 내면적 아름다움을 우리 여성들이 키워 나가 주기를 바라는 데서 이런 이야기를 해 보는 것이다.

두 번째로 내가 함께 살펴보고 생각해 보려는 것은 여성, 특히 우리 여성들이 지니는 허영과 허세의 문제다.

대체로 여성들의 허영과 허세는 남들의 삶과 그 소유의 비교에서 온다. 즉 남은 저렇게 잘사는데, 남의 집 남편은 저렇게 출세를 잘 하는데, 남의 아이들은 반장을 한다는데, 남의 집에는 피아노를 들여놓았는데, 남의 집에는 차를 샀다는데, 나와 우리 집은 이 주제 이 꼴이 뭐냐는 것이고 이러고서는 살맛이 있겠느냐는 투정과 자격지심이 허영과 허세의 바탕이라 하겠다.

그래서 바로 그런 물건이나 집을 갖추고 남보다 신분적으로 뛰어난 자녀를 갖는 것이 삶의 보람이요, 행복으로 알고 그것을 삶의 목표로까지 삼는다.

이러한 우리 여성들의 사고가 얼마나 집요한가 하는 예를 내가 연전 미국에 있을 때 체험했는데, 즉 미국에 이민 온 한국 여성들이 미국생활에서 가장 허전해하는 것은 아무리 좋은 집을 사고 좋은 차를 몰고 좋은 가구를 들여놓고 살아도 고국에서처럼 광(光)이 안 난다는 것, 즉 남이 알아주지 않는 것이 불만이라는 푸념이었다.

더구나 그 자녀들에 대한 신분지향적(소위 하이칼라 족속을 상위 인간으로 여기는 것) 사고는 미국과 같은 직능 위주의 사회에 가서도 발동되어 우리 젊은이들의 번민의 씨가 되어 있었다. 즉 내가 하와이 대학교에서 가르칠 때 내 강좌를 듣는 교포 학생들의 술회인즉, "우리 부모님, 특히 어머니들은 우리에게 하나같이 하시는 말씀이 내가 고국을 버리고 미국까지 살러 온 것은 오직 너희가 잘되기를 바라서이지 그렇지 않으면 무엇 때문에 이 낯선 땅에 와서 이 고생을 하겠느냐? 그러니까 너희가 이 사회에서 버젓한 사람으로 출세를 해 주어야 되지 않겠느냐는 말씀들인데, 그들이 바라시는 출세란 의사, 변호사, 공인회계사, 교수, 관리, 그렇지 않으면 일반 회사에서도 관리직으로서 그것은 본국에서도 누구나 되기가 힘든데 이 이민족(異民族) 사회에서 그렇듯 수월하게 성취할 수가 있겠습니까? 그래서 이것이 우리 교포 학생들이 학부 졸업기가 임박하면 누구나 하게 되는 고민이고 어떤 친구들은 졸업하자마자 가출 소동을 벌이기도 합니다."
하는 것이었다.

얘기는 달라지지만 옛날 우리가 자랄 적에는 우리 여성들이 겨울이면 여우목도리를 하는 것으로 자기의 유복함을 과시하려고 들었는데, 이즈막에는 아마 밍크코트가 상탄(賞嘆)과 선망의 표적이 되는 성싶다. 그리고 자가용 특히 캐딜락이나 링컨 등 고급차를 타는 것이 최고의 행복을 손에 쥔 증표로 삼는 모양이다. 그러나 실은 저러한 물질적 치장이나 호사는 결코 삶의 참다운 보람이나 그 기쁨과는 무관하다는 점이다.

즉 어떤 사람의 현재가 저러한 소유를 누린다 하여도 그 속에서 삶의 보람을 찾아내지 못하면 그는 자아의 본질적 부분에 오히려 고통을 느끼게 되는 것이다.

적십자사를 창설한 백의의 천사 나이팅게일도 젊었을 때 오히려 안온한 상류 사회의 따님으로서 무엇 하나 부족함이 없는 화려한 생활을 하면서도 자신의 사명감을 찾고자 암중모색하는 그 불안감을 다음과 같이 일기에 적어 놓고 있다.

"나의 전 능력을 다 쏟아서 나를 채워 주는 것, 그것만이 나에게 본질적으로 필요한 것이다. 그런데 나에게는 외국여행, 친절한 벗들, 훌륭한 배필감, 또 무엇무엇, 이것들이 무슨 필요가 있담? 이제 나는 죽음밖에 바랄 것이 없구나."

 이상에서 보듯 그러한 소유의 행복보다 삶의 보람이 더욱 자아의 본질을 좌우하고 있음을 알 수가 있다. 실상 물질은 인간 욕구의 일부를 일시적으로 만족시킬 수 있지만 그것은 곧 시들해지며 물리고 만다. 물론 그러한 물질적 욕구도 인간 생명력의 한 발현임에는 틀림이 없지만 그것과 정신적·인격적 분리로는 삶의 보람과 동떨어진 결과만을 낳는다 하겠다.

 그래서 가톨릭의 성자 사레지오 프란체스코는 그러한 소유에 의한 허영과 허세를 다음과 같이 세 가지로 구별하여 경고한다. 즉,

 첫째, 자신의 것이 아닌 것을 자신의 것으로 착각 말 것,

 둘째, 자신의 것이라도 그 소유가 자랑이 되지 않음을 깨달을 것,

 셋째, 자신의 것이라도 그 소유가 자신에게 가치가 되고 있느냐 없느냐를 판별할 것,

등으로서 우리가 되씹고 되새길 잠언이라 하겠다.

 다음은 여성들 중 특히 중년 여성들이 지니기 쉬운 '수다스러움'이다.

 어찌 보면 여성이 무뚝뚝하기보다는 상냥해서 말이나 이야기가 좀 많은 편이 오히려 여성의 애교요, 매력이기도 하다. 그러나 말이 많으면 자연히 옳은 말보다 헛말이 많아지고 이것이 지나쳐서 남의 뒷공론이나 흉보기, 나아가서는 헛소문이나 험담을 일삼아서는 그 혀놀림이 자기나 남에게 돌이킬 수 없는 재앙마저 가져온다.

 어디서 주워들은 이야기지만 가령 누가 어느 동네에다 그 어떤 소문을 퍼뜨리자면 그 제일 쉽고도 빠른 방법으로는 여인네 하나를 찾아서,

 "이것은 절대 비밀인데 당신에게만 이야기하는 것이니 그 누구

에게도 말하지 마십시오."

하고 전제를 하면서 준비된 이야기를 하면 그 소문은 그 이튿날이면 온 동네에 퍼질 것이라는 것이다. 어찌 들으면 아주 여성을 모욕하는 이야기로 들리겠지만 이런 만담이 생겨나리만큼 여성들 중에는 혀놀림이 가벼운 이들이 많은 것도 사실이다.

이왕 우화로 이야기를 시작했으니 결론도 우화 하나를 소개하겠는데, 이 역시 오래 전에 어디서 주워읽은 것이라 어느 때 누구의 이야기인지도 기억이 안 난다. 여하간 어느 고장에 수다쟁이 여인이 한 사람 있어 동네 말썽이란 말썽을 때마다 빚어서 마침내 이웃사람들이 상대를 안 해 주자 그녀도 그때서야 자기의 허물을 깨달았던지 그 고장에 사는 아주 덕망 높은 선생님을 찾아가서,

"선생님! 저도 저의 이 주둥아리의 못된 버릇을 고치려고 때마다 마음을 먹습니다만, 사람의 얼굴만 보면 남의 흉이나 험담이 저절로 나오니 이 나쁜 버릇을 좀 고쳐 주실 수 없겠습니까?"

하고 청했더니 그 선생은 흔연히 승낙하면서,

"좋소! 그런데 당신의 그 버릇을 고치기 위하여는 채비가 좀 필요하다오. 그것은 별것이 아니라 다음 나를 찾아올 때에 닭을 두세 마리 잡아서 그 고기는 가족들이 자시고 그 털들을 푸대에 넣어 가지고 오시오."

하더란다.

그래서 그 여인은 이튿날 아침 당장 닭을 잡고 털을 뽑아 한 푸대에 넣어 가지고 선생을 찾았더니 이번에 그 선생은,

"그러면 이제 그 악습을 고치기 위해서 동네방네 돌아다니면서 당신이 푸대에 넣어 가지고 온 닭털들을 산지사방 뿌리고 오시오."

하는 것이었다.

마침 바람도 알맞게 부는 날이어서 그 여인은 그 닭털들을 온 동

네 이 골목 저 골목에다 위세 좋게 뿌리고 돌아왔더니 또다시 선생은,

"이렇게 말하면 당신은 성낼지 모르지만 당신이 그 병을 낫기 위하여는 한 번 더 수고를 해 주어야겠는데, 이제 다시 동네를 돌아다니며 당신이 아까 뿌리고 날린 닭털들을 도로 주워서 푸대에 넣어 가지고 오시오!"

하더란다.

이 소리를 들은 여인은 얼굴을 붉으락푸르락해 가면서,

"선생님! 그런 정신 나간 주문이 어디 있습니까? 어느 길바닥, 어느 지붕, 어느 풀숲 속으로 사라져 버린 닭털들을 무슨 수로 다시 모아 온단 말입니까?"

하고 항의하니 선생은 그때서야 타이르기를,

"이제도 못 알아차립니까? 당신이 실없이 발설한 말들, 특히나 남의 흉이나 헛소문들은 마치 당신이 바람에 뿌리고 날린 닭털들처럼 돌아올 수 없는 것이요, 주워 담을 수도 없다오."

하는 바람에 그 여인도 크게 깨우쳐서 남의 흉이나 험담을 안 하게 되었을 뿐 아니라 수다도 떨지 않게 되었다는 이야기다.

인간의 수치심

먼저 〈부끄러움〉이라는 졸시 한 편을 소개하면,

부끄러움이라는 것을
기억이라도 하는가?

그대들이 철들 무렵
어머니가 에비라고 하신
꽃병 같은 것을 깨고 나서
처음 느낀 바로 그것,

에덴동산의 아담과 이브가
하느님이 금하신 열매를 따 먹고
무화과 잎새로 알몸을 가린
바로 그런 것 말이다.

인간이 어떤 잘못을 저질렀을 때
맨 먼저 느끼는 것은 부끄러움!
그것은 인간 양심의 증표요,
그것은 인간 구원의 싹수다.

> 그런데 오늘날 어른 그대들은
> 잘못을 저지르고도 부끄러움을 모른다.
>
> 그것은 그대들의 양심이 마비된 증표요,
> 그것은 그대들이 멸망으로 가는 싹수다.

라고 되어 있다.

　얘기는 좀 달라지지만 아직도 공비들이 출몰할 무렵, 그러니까 1952~1953년경 지리산 지구에 이제는 두 분 다 이승을 떠난 아동문학가 마해송(馬海松), 소설가 박영준(朴榮濬) 씨랑 함께 전선시찰을 간 적이 있었다.

　이곳저곳 돌다가 함양 전투경찰대에서 귀순한 여자공비를 만났는데, 산에서는 '빨치산'의 선전서기 노릇을 하였다던가, 갓 스물밖에 안 된 소녀였다. 우리 문인과 마침 동석한 종군기자 일행은 호기심과 약간의 풍정도 섞여,

　"산에서는 왜 내려왔지?"

　"산생활이 어떻던가?"

　"아가씨, 귀순 동기는 애정갈등에서지?"

라는 등 실없으리만큼 연달아 물어댔으나 그 소녀는 얼굴만 점점 다홍빛으로 물들일 뿐 고개를 숙인 채 대답이 없었다.

　그래서 나도 한마디 한다는 소리가,

　"산에서도 그렇게 부끄러워했나?"

하였더니 뜻밖에도 그녀는 아픔에 찼다고 형용할 수밖에 없는 목소리로,

　"산에서야 뭐 그들에게 부끄러움이 있나요."

하는 것이었다.

그때 나도 일행도 그만 말문이 막혔다.

실상 그 소녀의 표백대로 공산당, 더욱이 빨치산의 짐승 같은 생활에서야 수치심이 있을 턱이 없다. 부끄러움이 없다는 것은 인간의 증표인 양심이 잔다는 것이요, 이와 반대로 부끄러움을 안다는 것은 양심이 깨어남이요, 곧 인간으로서의 회복을 뜻하는 것이다.

저렇듯 나는 지리산 속의 어느 여자공비의 참다운 인간 귀순을 목격하고서부터는 도시라는 인간 숲속 도처에서 횡행하는 법비(法匪)들을 볼 때마다,

"그들에게 부끄러움이 있나요."

하는 외마디 소리가 가슴 한구석에 전령(電鈴)을 매단 듯 울리곤 한다.

이러한 오늘날의 양심의 마비, 즉 수치심의 상실에 대하여 나는 '수치'란 제목으로 다음과 같은 시 한 편을 더 쓴다.

    동물원
    철책과 철망 속을 기웃거리며
    부끄러움을 아는
    동물을 찾고 있다.

    여보, 원정(園丁)!
    행여나 원숭이의
    그 빨간 엉덩짝에
    무슨 조짐이라도 없소?

    혹시는 곰의 연신 핥는
    발바닥에나

물개의 수염에나
아니면 잉꼬 암놈 부리에나
무슨 징후라도 없소?

이 도성 시민에게선
이미 퇴화된
부끄러움을
동물원에 와서 찾고 있다.

　물론 아이러니요, 새타이어(풍자:비꼼)다. 마치 저 고대 희랍의 철학자 디오게네스가 대낮에 등불을 들고 아테네의 거리를, "사람 없소? 사람은 없소?" 외치며 돌아다녔다는 일화를 방불케 하는 시랄까! 이것은 자신의 시를 자화자찬하려는 뜻에서가 아니라 오늘날 우리는 인간의 증표인 수치심을 모두 잃고 또 잃어가고 있기 때문이다.
　저 앞의 시에 적었듯 기독교의 창세기를 보면 아담과 이브가 여호와의 금하신 열매를 따 먹고 에덴 동산 나무 사이에 몸을 숨김도, 또 여호와의 부르심에 마지못해 알몸 사추리를 풀잎으로 가리고 나섬도, 절망이나 공포나 불안이 아니라 인간의 유한성에 대한 자각(이것이 또한 절대에 대한 자각이기도 함)에서 오는 곧 수치심의 발로였던 것이다.
　왜냐하면 그들은 아직도 여호와로부터 에덴 낙원으로부터의 추방의 선고를 받기 전이었으므로 죽음의 절망이나 삶의 수고로움에 대한 공포나 출산의 고통에 대한 불안을 알지도 느끼지도 못하였을 것이기 때문이다. 다만 절대자의 금명(禁命)을 어기고 즉, 잘못을 저지르고 명백해진 것은 알몸의 부끄러움뿐이었던 것이다.

"그래서 나는 이 수치심이야말로 '인간 최초의 것이요, 본연의 것이요, 인간 구원의 가능성이요, 모든 규범의 시발이다'라는 인간 존재의 명제(命題)를 지니고 있다. 오늘도 나는 서창(書窓)에 기대어 그 삶이 축복받았으리라고 바라고 믿는 저 빨치산의 귀순 소녀가 우리들을 보고 손짓하며 부르는 소리를 듣는다."

"어서 어서들 부끄러운 줄 알고, 양심의 눈을 뜨고 인간으로 돌아오라"는 저 눈물겨운 소리를 말이다.

마음의 두 가지 컨트롤

　마음을 다스리는 데는 두 가지 방법이 있을 수 있는데 하나는 역감정을 단속하는 것이고 또 하나는 욕심 제어 능력이라 하겠다.
　우선 먼저 역감정의 단속에 대해서 살펴보겠다.
　종교적 교훈을 쳐들 것도 없이 흔히들 "인간의 행·불행은 그 사람 마음 하나 잘 쓰고 못 쓰는 데 달려 있다"고들 말한다. 이럴 때의 마음이란 인간 마음의 내용인 지(知)·정(情)·의(意) 중 정(情), 즉 감정의 측면을 더 많이 가리키고 있다 하겠다.
　그런데 실로 이 인간의 감정이란 제멋대로요, 간사한 것으로 그 상황이나 조건에 따라 고양이 눈처럼 시시각각 변하는 것을 우리는 누구나 자기 체험으로 아는 바다.
　가령 항상 가정에서 대하는 웃어른의 훈계나, 직장에서 듣는 상사의 똑같은 주의도 심기(心氣)가 좋을 때 들으면 당연하고 순순하게 들리지만, 어떤 때 마음이 찌뿌드드한 상태에서 들으면 거역 반응이 나타나서 불손한 태도마저 취할 때가 있다.
　또 자기에게 기쁜 일이나 즐거운 일이 있을 때는 동료에게도 너그럽고 상냥하게 굴다가도 이와 반대로 괴로움이나 슬픈 일이 있으면 사소한 이해(利害)에도 예민하게 맞서고 또 무심한 농담에도 역정을 내는 수가 있다.
　한편 이러한 역정(逆情)의 내인(內因)에는 질병이라든가, 비애라든가 고민 등 그런 큰 지장인(支障因)뿐 아니라, 간밤에 과음을 했다든가, 수면부족이었다든가 하는 사소한 육체적 컨디션도 영향하며 나아가서는 공연히 안절부절못한다든가, 짜증이 난다든지 하는 잠재의식에서 연유하는 것도 있어 일률적으로 동일시할 수는 없다.

그러나 여하간 그때그때의 자기 역감정의 원인을 잘 파악하고 감시해서 이것을 지성과 의지 즉, 어떻게 컨트롤해 가느냐 하는 것이 삶의 성패를 좌우한다. 그래서 우리는 세상을 잘 살려고 처세술을 익히기보다 먼저 자기 역감정의 조련사가 되는 것이 오히려 다행한 삶의 첩경이라 할 수 있다.

다음으로 나머지 하나가 욕심 제어 능력이다.

우리 인간은 본능생활에 멈춰 있는 짐승들과는 달리 한도가 없고 만족이라는 것이 없는 그 욕심 때문에 번뇌와 괴로움을 면할 수가 없다.

가령 짐승도 먹이를 탐하고 구하지만 먹이가 있을 때는 양껏 먹고 내일의 굶주림에는 아랑곳없이 살 수가 있지만 인간은 먹으면 먹는 대로 내일을 걱정하고, 있으면 있는 대로 더 많은 것을 탐한다. 그래서 인간은 그 채워지지 못하는 욕심 때문에 괴로워한다. 그런데 한편으로는 이 욕심으로 말미암아 인간은 삶의 향상과 발전이 있고 그 보람과 기쁨을 맛보기도 한다.

세상에는 이러한 양면을 지닌 인간의 욕심을 아주 배격하려는 생각과 또 인간의 욕심을 한껏 꽃피워 보려는 생각들이 병존하며 서로 엇갈리고 있는데, 나는 문제를 그렇게 양립시키기보다는 그 욕심에 살면서도 그 욕심을 어떻게 살려 쓰느냐에 해답을 구해야 할 줄로 생각한다.

그러면 어떻게 해서 인간의 욕심을 잘 쓸 수가 있는가?

나의 독창적 견해를 피력하기보다 장 자크 루소의 《에밀》에 있는 명쾌한 해답을 빌리면 "참된 행복에 이르는 길은 자기 능력을 초과

하는 욕심을 줄이고 욕심과 능력의 완전한 평형을 이루는 데 있다"고 한다. 하기야 이것은 그리 신기한 얘기가 아니어서 자기 능력에 넘치고 미치지 못하는 허욕과 과욕을 버리고 자기 능력에 알맞는 처지에 만족한다는 동양의 지혜인 지족안분(知足安分)이나 같은 이야기이다.

 오직 내가 여기서 덧붙이고 싶은 것은 능력과 욕심의 평형을 이룬다는 것을 욕심의 일방적 억제로만 보지 말라는 것이다. 즉, 인간의 능력이란 고정되고 정지된 힘이 아니라 언제나 미래를 지니고 있어 쓰면 쓸수록 무한히 성장하고 확대되는 것이기 때문에 그것과 비례해서 인간의 욕심도 얼마든지 커질 수 있다는 사실을 깨우쳐 주기를 바란다.

한국인의 인정

일본 사람이면서도 한국의 예술을 그지없이 사랑한 야나기 소에츠[柳宗悅]는 그의 저서 《조선과 예술》에서,

"한국인은 돈보다도 정치보다도 군대보다도 한 가닥의 인정에 더 많이 쏠린다. 그래서 그들은 나라와 나라를 연결하고 사람과 사람을 접근시키는 것은 과학이 아니라 예술이요, 정치가 아니라 종교요, 지(智)가 아니라 정이라고 생각한다. 국제문제를 한낱 정치가에게 맡기는 것을 기이하고 유치한 짓이라고까지 생각한다. 한국인들이 예술적 감성에 뛰어나다는 것은 역사적으로 널리 알려진 바로서 특히 그 예술은 인정이 넘쳐 흐른다. 정애(情愛)에 의한 인간의 결합이 이 세상에서 가능하다고 믿는 것이 한국 사람이다."
라고 말했다.

저러한 한국인관은 우리의 전문 학자들에게 있어서도 때마다 피력되는 바로서 가령 윤태림 교수의 《한국인의 성격》이란 책에는,

"우리들(한국인)이 어떠한 부조리나 인간소외도 이를 극복할 수 있었던 것은 오직 그윽한 정 때문이었다. 인간적으로 인정에 충실했기 때문에 플라톤, 칸트, 베르그송을 몰랐어도 또 생활은 가난했어도 인생에 대한 태도는 진실했었다."

고까지 주장되어 있고, 또한 《한국인의 의식구조》를 쓴 이규태(李圭泰) 씨는,

"인간관계의 절충융합에서의 이탈은 한국인으로서 가장 괴로운

고독과 소외감을 느끼게 하는 요소이다. 그래서 '인정머리 없는 놈'이란 말이 한국인에게 유별나게 아프게 들리는 것은 이러한 의존적 인간관계에서의 파문을 뜻하기 때문인 것이다."
라고 갈파한다.

위와 같은 전문 연구가들의 말을 빌리지 않더라도 한국인이 인정에 놀랍다는 것은 일시 한국을 여행한 외국인들마저 이구동성으로 쳐드는 바요, 또 우리 누구나도 외국에 나가 잠시만 있으면 가장 그리운 것이 바로 우리의 그 뜨거운 인정인 것이다.

그래서 한국인의 가장 두드러진 특성을 쳐들라면 인정이 많다는 것을 첫째로 손꼽을 수밖에 없다. 그런데 개인에게 있어서도 그렇듯이 집단에 있어도 그 특성을 잘 쓰면 그것이 장점이 되고 또 그것을 잘못 쓰면 바로 그것이 단점이 되는 것이다.

가령 어떤 사람이 민첩한 성품을 지녔다 해도 그것을 잘못 발휘하면 경솔한 사람이 되는 것이고, 또 어떤 사람이 둔중한 성품을 지녔다 해도 이것을 잘 발휘하면 침착하고 의젓한 사람이 되는 것과 같이 겨레의 특성도 잘 쓰면 미덕이 되고 잘못 쓰면 악덕으로 나타난다 하겠다.

이렇듯 우리 한국인의 장점인 인정도 잘 쓰면 더할 바 없는 인간의 상선(上善) 행위가 되지만, 이것이 잘못 쓰일 때는 비이성적이요, 감정에 치우치는 결함이 된다.

실상 오늘의 세상살이를 살펴볼 때 우리의 저러한 인정이 좋게만 발휘되고 있다고 말할 수 없다. 즉, 우리의 헤플 정도의 인정이 사물이나 사리에 대한 긍정과 부정의 능력을 상실케 하기도 하고, 무질서와 혼란을 초래하고 있기도 하다.

그래서 나는 우리의 '파토스'적인 인정에 '로고스'적인 보완이 필요하다고 여기는 사람이다.

뿌리의 공덕

벌써 한겨울이 지나고 새봄이 다가오고 있다.

지금은 잎새 하나 없이 앙상하게 서 있는 나무나 말라 뻗어져 있는 풀들이 저런 죽고 썩은 모습 속에서 머지않아 그 눈부신 소생을 이룰 것을 생각하면 신비롭기 한이 없다.

그런데 우리는 저러한 초목들의 눈에 보이는 소생에만 감탄하고 그 소생 뒤에 숨어서 겨우내 땅속에서 초목의 생명을 보존하고 유지해 온 뿌리의 공과 덕은 잊기가 쉽다.

너무나 명백한 얘기지만 봄에 싹이 나고 여름에 꽃을 피우고 가을에 열매를 맺기 위해서는, 아니 그 모든 땅 위에 삶이 정지된 이 겨울에도 땅 밑 뿌리의 활동이 없이는 저 부활의 신비를 누릴 수 없을 뿐만 아니라 그 생명은 대번에 죽고 만다.

이렇듯 우리 세상살이란 것도 눈에 잘 보이는 사람이나, 일이나, 그 노력이나, 성과만으로 유지되고 발전되는 것이 아니라 오히려 뿌리와 같은 더 많은 사람들의 일과, 그 노력과, 성과로써 유지되고 발전되는 것이라 하겠다.

이러한 이치는 우리 삶의 가장 기본인 의식주가 어떻게 해서 마련되는가를 곰곰이 살펴보면 쉽게 알아낼 수가 있을 것이다.

그래서 우리는 뿌리에게서 삶의 참모습도 배우고 또 그런 삶의 존귀함과 감사함을 함께 깨우쳐야 한다.

기성세대의 성찰

며칠 전 어느 신문의 '생활 속에서'라는 독자란에서 읽은 이야기인데…….

"9세 되는 막내아들의 생일 잔치에 초대된 한반 아이들이 흥겹게 놀다가 서로가 자기의 장래희망을 밝히게 되었는데 그중에서도 반장을 한다는 아이가 '난 의사가 될거야!'라며 한다는 소리가 '본래 나는 과학자가 꿈이었는데 부모님, 특히 우리 엄마가 의사가 되라면서 책상 위쪽 벽에다 '의사가 아니면 죽음을 달라'라는 표어마저 써 붙여 놓고 이를 조석으로 복창을 시키니 안 될 수도 없다'는 토로였다. 그리고 그 의사가 된 성공사례로 자기 외삼촌을 들면서 그는 지금 아파트와 병원에다 자가용까지 갖춘 10억대나 되는 부자인데 그게 모두 의사이기 때문에 결혼 때 공짜로 생긴(외삼촌댁이 혼수로 해 가지고 온) 재산이라는 자랑을 덧붙이더라"는 것이다.

물론 이를 기고한 주부는 저러한 아이나 그 어머니의 온당치 못한 성취욕구를 개탄하고 있었으나, 나는 이 글을 읽으면서 그 이야기의 내용이 극단적이긴 하지만 오늘의 우리 기성세대들의 의식구조를 감안할 때 어쩌면 내남없이 모두 자연스레 저지르고 있는 소행같이 여겨졌다.

즉 남 앞에서는 2세 교육의 과열이나 자모들의 치맛바람을 흉보고 욕을 하는 사람도 또 공적인 자리에서는 말로나 글로 오늘의 물질주의와 배금사상과 기능제일주의를 비판하고 힐책하는 사람도 실제 자기네 집에서 자기네 자녀들에게 품고 있고 요구하고 가르치는 것은 자기 아들이 '의사가 되어지고'라는 어머니와 대동소이하지 않은가 하는 생각과 느낌에서다.

　가슴에 손을 얹고 성찰할 때 오늘날 우리 기성세대들이 가정에서 2세들에게 품고 있고 요구하고 가르치는 것은 한마디로 말해 출세와 돈과 명예, 즉 소유의 추구뿐이 아닌가. 그래서 2세들에게 동서 종교가 가르치는 무소유의 행복은커녕 인륜과 인문이 가르치는 바 인의예지(仁義禮智)나 진선미(眞善美) 등 삶의 본질과 보람에 속하는 것들을 깨우쳐 주고 갖추어 주려는 기성세대는 거의 없다시피 되어 있다. 이것은 당연한 현상으로서 말하자면 기성세대 자신들이 그러한 삶의 내면적이고 본질적인 필수품들을 지난 시대의 폐물인 양 팽개쳐 버리고 있기 때문인 것이다.

　그래서 여기서 놓치지 못할 것은 오늘날 우리의 차세대들의 이질적으로 보이고 해괴하게 보이는 행패나 망동도 그들의 독자적 소산이나 우연적 소행이 아니라 기성세대들의 의식내용이나 그 정신상태에다 거점을 둔 그것의 연쇄적 반영이나 반응이라는 사실이다.

　이 점을 명백히 하기 위하여 우리는 먼저 오늘의 한국 기성세대들이 갖고 있는 공통적인 이상이나 가치관 또는 실천하고 있는 생활의 윤리나 규범이라는 것이 과연 무엇일까를 한번 따져 보아야 한다.

　우선 내세우자면 민주주의의 달성과 통일의 성취라는 이상과 비원, 그리고 전통적 윤리나 문화적 가치의 계승이라 하겠는데, 정직히 말해서 오늘의 기성사회에 저러한 이상이나 규범이나 가치가 구호나 표어로 존재는 하지만 실제 실천으로서는 거의 부재상태라고 하겠다.

　좀더 솔직히 말하자면 오늘날 한국의 기성세대들에겐 삶에 있어서의 불가결한 꿈이나 지표나 규범이나 가치관은 없고 오직 앞에서 쳐든 2세 교육에서 보다시피 물질주의에 침식당한 물리적(출세), 물질적(돈), 정신적(명예) 소유욕만이 남아 있다고 해도 과언이 아니다.

아주 잘라서 말하면 오늘날 한국 기성세대들의 상승(上昇)의 의지란 '남보다 잘 사는 것'이 그 전부인 것이다. 저러한 기성세대들의 내면의식을 오늘의 젊은 세대들의 횡포나 망동에다 연결할 때 그 필연성이 너무나 명백해진다. 바로 이것도 어제 읽은 신문기사이지만, 전주의 어느 여고생이 반장 선거에서 떨어졌는데 그녀는 경쟁상대였던 당선된 반장 친구를 불러내어 그 얼굴에다 염산 400cc를 끼얹어 중상을 입혔다는 것이다.

내가 그 기사를 읽으면서 머리에 즉시 떠올린 것은 대구 보궐선거 때 벌어진 정 모 후보 부인의 자살소동이었다. 즉 기성세대들의 삶에 있어서의 근본적 가치의 부재가 저러한 새 세대의 흉변을 야기하고 있는 것이다.

그리고 한편 저러한 기성세대들은 삶의 본질적 가치나 규범들을 스스로 포기하고 있으면서도 오직 공허한 형식논리로 자신들을 분칠하고 있다는 사실이 젊은이들에게는 누를 길 없는 반감과 역정을 자아낸다 하겠다. 그래서 그들은 개인적으로는 감성적 차원의 니힐리즘이나 찰나주의적 향락에 빠지고 사회적으로는 아나키즘적 눈먼 저항에 나아간다.

이렇듯 오늘의 모든 사회적 현상은, 특히나 물질주의적 사조나 본능적인 풍조는 새 세대만의 독자적 소행이 아니라 어디까지나 기성세대들의 연쇄작용 속에서 일어나고 있음을 우리는 명확히 인식해야 한다. 이렇게 따져볼 때 기성세대들은 오늘의 젊은이들을 개탄하고 힐난하기에 앞서 자기들 자신의 오늘을 반성하고 뉘우쳐서 인간의 참된 삶을 지탱할 이상과 규범과 가치를 설정하고 그것에 충실해야 젊은 세대들이 그것을 거점으로 긍정적이고 진실된 이상과 건전하고 성실한 삶에 나아간다는 결론에 도달한다.

이즈음 들리는 말로는 공무원들의 기강을 쇄신하기 위하여 정신쇄신 운동인지를 일으킨다고 한다. 그리고 그 내용이란 것은 경조사(慶弔事)에 큰 화환 보내지 않기, 호화 요정 출입 삼가기 등이다.

이 보도를 읽으면서 나의 감정 그대로의 표현을 한다면 '지금 온 세상이 곪아터져 가는데 무슨 잠꼬대 같은 소리'인가 싶다. 참말로 온 국민의 정신적·윤리적 쇄신이 선풍처럼 일어나지 않으면 이 나라는 '소돔과 고모라'나 수라장이 되는 게 아니냐 하는 끔찍한 생각이 든다. 이때야말로 정부는 경제회복과 그 부양책도 긴급하겠지만 이에 못지않게 인륜과 인문의 지도자들을 모아 국민정신의 쇄신책을 마련해야 된다고 나는 생각한다.

젊은 세대들에게

그렇다!
세상은 어느 시대건
그 시대를 사는 사람들의
그 능력이 결정하는 것이다.

내일로 닥칠 그대들의 시대는
오늘날 그대들이 갈고 닦는
그 슬기와 솜씨로 마련되는 것이다.

이 시간 그대들 앞에 벌어진

크고 작은 모든 세상살이는
지난 세대들의 시행착오요
한낱 실패작에 불과하다.

그대들은 그대들의 내일을 위하여
화전민이 밭을 일구는 그 정열로
햇빛의 흰눈 같은 드맑은 이성으로
잡초의 짓밟힘에도 눈물짓는 사랑으로

> 넘치는 자신과 폭발하는 에너지를
> 그대들이 이룩할 유토피아를 위해
> 오늘은 묵묵히 슬기를 닦아야 한다.
> 오늘은 묵묵히 솜씨를 갈아야 한다.

위의 것은 연전에 내가 근무하는 중앙대학교 학생축제에 부친 메시지 형태의 시다. 한마디로 말하자면 오늘날 우리의 사회현실이라는 것은 4천만 우리 국민의 지(知)·정(情)·의(意), 즉 지적 능력과 정서적 순화도와 의지적 실천력의 총량과 총화로서 빚어지고 있다 하겠다.

그래서 오늘의 젊은이들이 우리의 부실하고 조악한 현실 상황을 쇄신하고 개혁하려는 의욕을 갖는다면 기성세대들보다 월등한 지적 능력과 정서적 순화력과 강인한 실천의지를 먼저 갖춰야 하는 것이다. 그렇지 않고 오직 오늘의 현실만을 전면적으로 부정하고 자기 자신들의 능력의 한계에 대한 객관적 반성은 없이 노력은 아예 제쳐 놓고(즉 공부는 안 하고) 오직 자기들의 목적이나 그 동기 자체의 순수성이나 정당성만을 앞세우고 한 걸음 나아가 그 수단과 방법에 있어서도 스스로의 분수와 분간을 잃는다면, 오늘도 오늘이려니와 우리의 내일을 암담하게 여기지 않을 수가 없다.

물론 젊은 세대들의 래디컬리즘(급진주의)은 그들의 순수한 정신과 열정에서 우러나옴을 모르는 바 아니요, 또 어떤 이상이 순수할수록 이를 위협하거나 저지하는 세력과의 타협을 단호하게 거부한다는 것도 이해한다. 그리고 실상 이 세상 기성세대들은 너무나 쉽사리 타락된 사회현실에 순응하고 점진(漸進)이라는 미명하에 스스로가 내걸었던 이상마저도 그 자신의 이기심 때문에 헌신짝처럼 버리는 것도 사실이다.

오늘의 부패하고 정체된 사회현실을 개혁하고 전진시키는 데 있어 우리 젊은이들의 그 순수성과 철저함, 또는 그 열화 같은 의욕과 정열의 발동이 없어서도 안 되고 지난날 우리사회 혁신에 큰 역할을 해 온 것도 소박히 인정하는 바다.

그러나 그 반면 저 젊은이들의 래디컬리즘이 바로 그 순수성 때문에 현실과 사물을 편협하게 단순화하고 일면적으로 포착해서 필경 그것이 전체주의적 사상(공산주의나 김일성 주체사상)에 접합하여 다원적이고 복합적일 수밖에 없는 민주주의 사회를 이룩하는 데 저해와 지장을 가져오기에 이르렀다면 이것은 젊은이들의 당초의 목적과 동기인 민주화 운동에서의 이반(離反)과 역행이 아닐 수 없다.

그래서 오늘의 젊은 세대들이 한시바삐 깨우쳐야 할 것은 먼저 민주주의 사회란 다원적 가치가 존중되고 확보되어야 한다는 점이요, 한편 어떤 사회현실이나 그 문제의식 속에는 그것을 직접 체험하지 않고선 헤아리지 못하는 복합적 요소가 있다는 점이다.

가령 언뜻 부정적으로 보이는 것들 속에도 미경험의 젊은이들이 모르는 여러 가지 속사정이 있기도 하고 또는 자신들이 바라는 바 적극적 가치가 포함되어 있거나 자기들도 그 처지에 놓이면 별 도리가 없을 불가피한 사정이 깔려 있기도 한다.

흔히 우리가 현실 사회의 부정부패를 쉽사리 입에 담지만 이 사회악 속에도 여러 가지 복합적인 요소가 함께 엉켜 있어서 크게 나누면 빈곤에서 오는 것, 무지에서 오는 것, 역사적 악순환에서 오는 것 등인데 이보다도 인간의 유한성이나 성악적(性惡的)인 면에서 오는 것이 그것을 부추기고 있어 어떤 개인이나 일부 집단의 능력이나 일시적 노력을 가지고서는 도저히 대번에 해결할 수 있는 성질의 것이 못 되는 것이다.

즉 빈곤에서 오는 사회악은 온 국민의 의식주가 족해야 해결되는 것이고, 무지(無知)에서 오는 것은 참다운 교육의 힘으로 타파해 나가야 하며, 역사적인 악순환은 새롭고 올바른 역사의 창조 속에서 서서히 아물어 가는 것이요, 인간의 본성에서 오는 카인적 요소 (기독교의 성악에 대한 표현)는 아무리 물질이 풍요하고 민도가 높고 순탄한 역사를 지녔어도 어쩌면 인위적인 것만으론 영원히 해결할 수 없는 종교적 영역인 것이다.

우리는 오늘날 일부 종교가들까지도 자유민주화의 사회복지만 이뤄지면 한국은 금시 지상낙원이 되는 줄 착각하는 이들이 있지만 그러면 왜 고도의 민주화와 사회복지제도가 잘 되어 있는 미국의 대도시들은 밤에 보행을 못할 정도로 폭력과 범죄가 난무하는가? 그래서 위의 어느 하나만 해결된다고 사회악 전체가 일시에 불식되는 것은 결코 아니고 또 어떤 정치 체제의 변혁이나 그 권력의 교체 하나만으로 모든 사회악이 제거되고 이상사회가 실현되리라고 믿는 소박한 생각은 몽상이나 환상에 불과하다 하겠다.

저렇듯 여러 가지 문제의식들을 냉정하게 살필 때 오늘의 젊은 세대들은 자기들의 결심이나 행동의 순수한 목적과 동기만을 절대화하는 우를 범하지 말고, 그 에너지를 아나키즘적인 눈먼 정열에 허비하지 말며 그대들이 이룩할 그대들의 내일을 위해 오늘은 묵묵히 슬기를 닦고 솜씨를 갈아 주기를 간절히 바란다. 그래서 저 20세기 문학의 큰 봉우리인 프란츠 카프카가 현대인의 가장 큰 죄악으로 지적한 '성급(조급함)과 나태(게으름)'에 나아가지 말기를 당부하고 또 당부하고 싶다.

한 푼 벌고 열 푼 쓰는 삶

얼마 전 미국 뉴욕에서 대학 강단의 교편을 잡고 있는 친구가 와서 조선호텔에 들어 있길래 그 앞 건너 골목에 있는 일식집 '미조리'엘 데리고 가서 목로에 앉아 정종대포를 마시는데 그 친구 한다는 소리가,

"이번 서울에 와서 손님 대접 이렇게 허술한 것 처음일세."

하고 농반진반(弄半眞半)이었다. 그래서 나도,

"흥, 이 사람아, 내가 뉴욕엘 가면 이 정도 푸짐한 대접인들 당신이 해내겠나."

하고 응수하였더니 그는 금세 내 말에 수긍하며,

"아닌 게 아니라 이번 귀국해서 머무는 동안 어찌나 여러 사람에게서 어마어마한 대접을 받았던지 앞으로 그분들이 뉴욕엘 와서 나를 찾아 주면 어떻게 맞아야 할지 은근히 겁이 난단 말이야."

라고 실토했다. 그리고 그는 덧붙이기를,

"나는 도저히 한국에 와서는 그 소비 수준에 발을 맞출 길이 없어 못 살 것 같아. 당신도 아다시피 나는 중소기업체를 가지고 있는 처남이 있는데 그 집 생활을 잠시 보기만 해도 놀라서 눈알이 나올 지경이야. 친척 비방 같네만 당신도 잘 아니까 얘긴데, 아무리 사업을 해서 수입이 많다손 식구 다섯에 가정부와 잡역부, 운전기사 둘, 그리고 가정교사까지 이렇게 고용인이 다섯이니 그 외의 살림의 호화 사치스러움이야 말 더해서 무엇 하나. 또 그 집이야

돈이나 잘 버니까 그렇다지만 우리 친구들 대학 훈장들도 말일세. 가정부 두고 애들 과외공부시키고 글쎄 100달러, 200달러씩 드는 음식점이나 술집에 드나드는 것을 예사로 아니 나처럼 봉급밖에는 재간을 부릴 줄 모르는 사람이야 어찌 국내에 와서 어떻게 어울리며 살겠나."
하면서 자못 침통한 표정을 지었다.

우리는 그날 저녁 우리생활과 미국생활의 소비 수준 비교를 화제로 삼았는데, 둘 다 인문계 종사자라 계수야 못 냈지만 그 수입에 비한다면 미국에서는 열 푼 벌어 한 푼 쓸 때 우리는 한 푼 벌고 열 푼 쓰는 격이라는 결론을 지었다.

그리고서 친구에게 들은 이야기로는 뉴욕에서 자기는 날마다 출근길에 미 국무장관을 지낸 키신저 씨 집 앞을 지나치는데, 그 부인이 언제나 쓰레기통을 들고 나와서 쓰레기 수거차를 기다리고 섰는 것을 목격한다는 것이다. 이어서 그는,

"우리 집은 당신도 알다시피 아내도 벌써 25년을 금은 세공점에서 일할 뿐 아니라 학교에 다니는 세 아이가 모두 신문 배달·식당·도서관 등에서 아르바이트를 하며 공부를 마쳤거나 또 현재도 하고 있는데, 귀국하면 그들도 여기 생활대로 일은 다 걷어치울테니 어찌 나 혼자 벌어서 그들의 전 생활을 부담해 낼 수가 있겠는가. 그래서 귀국이 망설여진다."
는 통정이었다.

그 말에 나는 우선,
"그래도 귀국하면 여기는 여기대로 다 사는 수가 있지."
하고 그의 귀국을 권하는 편에 섰지만 실상 나도 그 '사는 수'가 무엇인지 스스로도 모른다는 것이 정직한 고백이 될 것이다.

하기는 나도 70년대 하와이 대학에 가서 교편을 잡을 때 막 중학

을 졸업한 딸애를 데리고 갔다가 그곳에서 고등학교를 마치고 대학에 진학한 그애를 퇴직적금 탄 것만을 물려주고 거기 떨어뜨려 놓고 왔는데, 졸업할 때까지 그 애도 누가 시켜서가 아니라 쭉 1주 20시간씩 방과 후 도서관이나 식당에서 일을 하고 지냈다.

만약 그애가 한국에서라면 아마 첫째 가족들부터가 망측하다고 식당엘 나가 일을 하게 놓아두지도 않았을 것이고 또 그애 자신도 가족들이 시킨다손 좀처럼 그런 용단을 내리지 않았을 것이다.

이야기는 좀 다르지만 내가 아는 사람 중에 행세깨나 하던 친구 하나는 사업의 실패와 현실적 활로가 여의치 않아 자기 동생이 가 있는 미국에 이민을 가려고 서두르고 있는데, 그는 미국에 가서 생활의 방편으로 냉동기술을 습득하여 면허까지 따 놓고는 국내에서는 현재도 비슬비슬 놀고 있다.

고국에 있으면 생념도 안 낼 식당 일을 미국에서는 자진해서 아주 자연스럽게 해낸 나의 딸애나, 미국 가서는 냉동기술자로 일할 각오와 그 준비를 갖추고 있으면서 고국에서는 실업자의 온갖 곡경(曲境) 속에서도 이를 활용할 생각을 않는 그 친구의 처지나 그 심리를 너무나 잘 알 것 같으면서도 또한 몰라지기도 한다.

예를 들자면 한이 없지만 극단적인 이야기로는 젖먹이 어린애들마저 미국에서는 울지도 보채지도 않았었는데 한국에 돌아오니 응석이 늘어서 기르기가 힘들어졌다는 젊은 부부의 술회도 있다.

그러면 어째서 우리보다 부유한 나라, 안정된 사회에서는 모두가 자기 분수껏 어려서부터 저렇듯 자립적이고 근검질소하게 삶을 영위하는데, 또한 우리도 그 속에 들면 그런 각오와 실천을 하면서, 아직도 사회 전반이 빈곤하고 견고치 못한 제 나라 제 사회에서는 그렇듯 허영·허욕·허세 등 가랑이 찢어지는 삶을 살아야 하고 살려고 든단 말인가. 참으로 알다가도 모를 일이라 하겠다.

내 더 이상 '50만원짜리 팬티 타령'부터 늘어놓는 것을 피하거니와 제발 우리 국민 각자가 자신의 삶을, 또한 가족의 삶을, 한 걸음 더 나아가서는 공동체의 삶이나 나라 살림을 성찰하고 재점검해 주기를 바라는 바다.

인격적 성인사회

우리 한국인들의 오늘날 친교모임의 화제라는 것이 그 대부분 남의 흉보기가 일쑤다. 아무개는 이래저래서 나쁘고 그 누구는 이렇게 저렇게 못됐고 그 녀석, 그놈은 아주 죽일 놈이라는 것이다.

이렇게 서로가 나쁘고 못되고 죽일 놈이기 때문에 누구 하나 믿지 못할 세상이고 죽일 놈 천지가 되어 있는 것이 이 사회요, 이 땅이다. 이것은 말할 것도 없이 제 자(尺)로만 남을 재고 세상을 바라보기 때문에 성서의 말씀대로 서로가 "제 눈의 대들보는 못 보고 남의 눈의 티끌만 보는" 격이다.

그런데 사람이 진정한 뜻에서 어른(독립된 인격)이 된다는 것은 첫째 남이 자기와 다르고 틀리다는 것을 인정하는 데서 비롯된다. 즉 남의 생각이나 행동을 자신의 이해 범주 내에서 해석하려 들지 않는 데 있다.

똑같은 사물을 보아도 남은 자기와 생각이나 느낌이 똑같을 수가 없을 뿐 아니라 같은 일을 함께해도 그 동기나 목적이 서로 다를 수가 있다는 것을 이해해야 한다.

이렇듯 남이 자기와 다르고 틀리다는 것을 인정하는 것은 타인의 자유를 인정하는 것이 되며 그것은 또한 자기의 개성과 자유를 주장하고 획득하는 것이 되기도 한다. 같은 길을 함께 가면서도 그 동기나 목적이 서로 다르다는 것이 이해되고 인정될 때 자기의 자유와 타인의 자유가 비로소 공존하게 된다.

이와 반대로 어른이 못 된 사람, 즉 인격적으로 독립을 못한 사람들은 흔히 자기의 생각이나 행동을 일방적으로 남에게 강요하거나, 이것이 뜻대로 안 되는 상대방에 대해서는 역정을 내고 노여워하고 원망하면서 '그자는 아주 몹쓸 놈'으로 치부하고 비난한다. 이런 생각이 극단화되면 자기를 알아주는 사람은 좋은 사람이고 자기를 몰라주는 사람은 나쁜 놈이라는 고정관념에까지 사로잡힌다.

그러한 즉 정신적·인격적 자립을 이루지 못한 사람이 그렇게 되는 것은 자기나 자기가 하는 일 자체에 자신이 없고 불안하기 때문이다. 그래서 남이 자기를 이해해 주고 자기가 하는 일을 찬성해 주어야지 그렇지 못하면 더욱 불안하고 초조해져서 그 상대를 비난하게 될 뿐 아니라 나아가서는 그 상대를 이 사회에서 제거하고 말살하려고까지 든다.

거듭 말하지만 인간은 한 사람 한 사람 그 모습이 다를 뿐 아니라 그 생장 과정이나 형성의 역정(歷程)이 다르고 설령 똑같은 환경 속에서 자라고 그런 현실 속에 함께 있더라도 그 대응의 자세가 틀리고 희로애락의 감응력도 판이하며 그 희망이나 이상도 각인각색인 것이다.

이렇게 다르고 틀리는 사람들로 이루어진 사회 속에서 모든 사람이 자기와 같고 자기 마음에 맞기만 바라는 것은 얼마나 무리한 주문이며 무모한 요구인가? 우리 국민도 이제는 모두가 인격적으로 어른이 되어 자기와 남의 다름과 틀림을 서로 받아들이고 또 그것을 소중히 여길 줄 아는 성인사회를 이뤄야 하지 않겠는가?

우리의 시비(是非)와 대화

1

우리 대한민국 정부가 수립되던 1948년의 일이다. 그때 이를 지원하기 위하여 유엔 한국위원단이 파견되었고 그 의장엔 인도 대표 메논이란 분이 임명되었다. 이분이 유엔 본부에 보내는 제1차 보고서에 적기를 "일본에 진주한 맥아더 장군은 그 이튿날부터 천황과 대체되어 일본 국민의 숭앙의 표상이 되었지만 한국에 진주한 하지 중장은 그 다음날부터 한국민의 아동주졸(兒童走卒)에 이르기까지 시비의 대상이 되었다. 이것만을 보더라도 한국민은 민주주의적 국민성을 지니고 있고 나아가서는 일본보다 한국은 민주주의적으로 앞섰다고 말할 수 있다"라고 하였다.

이 국제적 정치가의 함축이 있는 말을 액면 그대로 받아들이기에는 저어되는 바지만 하여간 내가 주목하고 싶은 것은 그의 말이 우리 한국민의 특성을 썩 잘 드러냈다는 사실이다.

즉 나에게도 우리 한국민의 가장 뚜렷한 특성을 들라면 '시비에 밝다'는 것을 먼저 쳐들겠다. 실로 우리 국민은 사물과 사리의 좋고 나쁨과 옳고 그름에 아주 예민하다. 그 특성이 잘못 발휘된 예이긴 하지만 저 조선의 사색당쟁(四色黨爭)만을 상기해도 당시 우리의 선조들은 철학적·윤리적 이념이나 정치적 방법의 논쟁뿐 아니라 나아가서는 의례준칙을 가지고도 생명을 거는 시비를 벌였던 것이다.

그러면 당시 이웃 나라 일본은 어떠했는고 하니 소위 무단정치, 즉 군부독재시대인데 우리는 저렇듯 좋건 궂건, 아니 그것 때문에 국가가 쇠망하는 지경에 이르기까지 했지만 어떤 의미에서 정당정치를 했던 것이고 그 이념과 공론의 경합이 있었다 하겠다.

개인에게 있어서도 그 특성을 잘 쓰고 잘 발휘하면 그것이 장점이나 미덕이 되는 것이고, 그것을 잘못 쓰고 잘 발휘하지 못하면 단점과 결함이 되듯이 이것은 집단에 있어서도 마찬가지로 우리 겨레가 우리의 특성인 시비의식을 잘못 쓰고 또 잘못 발휘해서 '남의 눈의 티끌만 보고 자기 눈의 대들보는 못 보는 격'이 되었기 때문에 그러한 조선시대의 고도한 정치의식도 당화(黨禍)만을 빚어 냈던 것이다. 실상 오늘날에도 우리의 수많은 시비를 객관적으로 냉정하게 따져 보면 옳고 바른 것은 남에게만 요구하는 성향이 짙다. 그래서 서로가 상대방이나 그 주장에 대해선 전면 부정적이요, 자기나 자기편의 주장은 절대화하기가 일쑤다.

그런데 일반적으로 시비라는 것은 그 발단이나 진전의 과정 속에는 상대방의 오류나 과실만이 아니라 자기나 자기편의 과오와 실책이 함께 들어 있기 마련인데, 이렇듯 전면 부정과 전면 긍정, 즉 흑백으로 단순화한다는 것은 우리의 시비의식이 지니는 큰 지장인(支障因)이라 하겠다.

그리고 우리가 시비를 가림에 있어 또 한 가지 병폐는 소의(小義)에 머물러서 대의(大義)를 저버리고, 소아(小我)에 빠져서 대아(大我)를 잊고, 소리(小利)만을 탐해서 대리(大利)에 어둡고, 소국(小局)에 집착하여 대국(大局)을 그르치는 경우가 허다하다. 그래서 우리 겨레의 훌륭한 특성인 시비의식의 부정적인 현상이 오늘날에도 크게 나타나고 있는 것이다.

그러나 구경적(究竟的)으로 말하면 저러한 민족의 특성이 그야말로 지정학적인 악조건 속에서도 오늘날까지 우리 겨레와 나라의 명맥을 보존케 하고 또 지금도 우리가 민주주의를 선택하고 있는 원동력이라고 하겠다.

2

대화가 민주주의의 요체임은 말할 나위도 없다. 그래서 민주화의 세찬 바람이 일고 있는 우리 사회에 오늘날 대화가 소리 높이 외쳐지고 또 흥성하고 있는 것은 너무나 당연한 일이다. 그런데 바로 이 대화가 치레적인 것이 아니고는 거의가 파탄 상태를 거듭하고 있다는 데 문제의 심각성이 있다.

즉 여야 간의 정치적 대화를 비롯해 노사 간, 세대 간(특히 교수와 학생), 나아가서는 남북 간의 대화 등이 우리에게 실망을 안겨 주고 있을 뿐 아니라 가장 승화된 대화를 모범적으로 보여 줘야 할 종교 내분에 있어서의 저 실태와 추태들만 보아도 우리의 대화 능력이 얼마나 빈곤한가를 알 수가 있다.

대화란 그리스어의 원의로 '로고스의 교환(dialogos)'을 뜻한다. 즉 만물의 변화와 유전 속에 있는 통일된 이성법칙의 발견이나 그 조화를 말한다.

좀더 풀어서 말하면 서로가 상대방의 의견이나 주장 속에서 참된 것을 찾아내어 자기 안에 살리고 또 자기의 의견이나 주장 속의 참된 것을 다른 사람 안에 살리려는 노력인 것이다. 이렇듯 서로가 '참'을 교환하려면 무엇보다도 먼저 대화자 스스로가 감정적(파토스)이 아니라 이성적(로고스)이 되어야 한다.

그런데 우리는 의견이나 이해가 상반되는 상대를 만나면 감정부터 앞서서 상대방의 주장을 듣고 어쩌고 할 것도 없이 서로가 거친 말씨로 제 말만 하다가 또 다른 소동을 일으키곤 한다.

그래서 앞에서도 말했듯이 대화를 하려는 사람은 먼저 이성적이 되어서 상대방의 인격을 존중하는 것으로부터 비롯함으로써 상대방의 의견이나 주장을 성실하게 듣고 그것을 소화하려는 자기노력을 기울여야 한다. 이때 상대방의 외면적이고 단편적인 표현보다 그 의견이나 주장의 배후에 있는 상대방의 현실적 입장이나 또는 상대방의 과거와 그 역정, 그리고 그 지향하는 바나 이상에 대한 선의의 수용과 애정이 수반되어야 한다. 결국 이러한 자세가 성실하면 성실할수록 상대방에게서 자기의 심각한 요구를 서로가 최대한 충족시킬 수 있는 해답을 끌어낼 수가 있다.

또한 대화자들이 특히 명심할 것은 대화를 결코 이해의 절충이나 승부의 판가름이 아니라 어디까지나 그 구심점은 '진리(또는 진실)에의 승복'을 의미하여야 한다. 그래서 지고 이김이 상대방에게가 아니라 진리 또는 진실에 대한 순응이 되어야 한다는 것이다.

경제인들의 정신적 자세

일본에 '이데미츠[出光]'라는 손꼽히는 상사가 있다. 이 재벌에서는 일본 미술계에 공헌이 큰 것으로도 널리 알려졌거니와 그 산하 회사에는 출근부가 없기로 너무나 유명하다. 말하자면 모든 업무를 그 회사 종업원들의 인격적 자율성에 일임하고 있는 것이다.

이 이데미츠가 연전에 영국의 석학인 허버드 리드 박사를 초빙한 적이 있다. 그래서 '이데미츠 콘체른'을 비롯해 일본의 산업계를 두루 시찰하고 난 리드 박사는,

"일본이 전후 단시일 내에 오늘의 부흥을 이룩한 것은 산업의 주체가 되는 인간의 직능과 노동력 속에 일본의 고유의 생활철학, 즉 직인근성(職人根性)과 같은 것이 작용했기 때문이다. 앞으로도 일본의 기업가나 경영자는 서구식 산업구조나 그 경영방식을 모방, 채택할 것이 아니라 일본인의 독창적인 근로와 경영철학을 발전시켜 나가야 할 것이다."

라고 피력하였다.

당시 일본에 체재 중이던 필자는 이 리드 박사의 혜안에 몹시 감복하고 감동하였다. 그리고 일본의 저러한 산업과 그 경영의 근대화, 즉 과학적 합리화, 능률화가 이런 정신적 차원의 특성을 수반하고 있다는 사실은 누구나가 수긍이 가는 바다.

한편 일본에 비하면 우리는 소위 산업의 근대화가 겨우 이뤄지는 단계이지만 여하간 리드 박사가 말한 바와 같은 정신적 차원의

고유의 특성이 우리의 기업과 경영에서도 발견되고 또 활용되고 있는지에 나는 의문을 갖는다.

이런 의미에서 나는 현재 우리나라의 기업 경영자들에게 가장 빈곤한 면을 들자면 정신면의 혜안의 부재를 들겠다. 이것은 그들의 일반적 지식의 부족도 부족이려니와 그들의 사업과 경험에서 우러난 생활철학, 즉 사업관이나 인생관의 높이와 깊이와 넓이를 말한다. 아니 현재의 부실을 탓하려는 게 아니라 그러한 지향의 노력이 보이지 않음을 탄(嘆)하는 것이다.

전기한 '이데미츠' 상사의 실례를 들어 보면 그 회사의 중역과 지점장 급 이상의 간부들은 일 년에 한두 번 사장이 앞장을 서서 참선의 기간을 갖는다는 이야기다. 이러한 정신적 수련이 그들에게 출근부 없는 헌신을 하게 한 것이리라.

오늘날 우리 국민 일반의 '이미지'인 사장이라면 모리배요, 재벌이라면 부정축재자시하는 경향의 근원을 찾아보면 저러한 사업가들의 정신, 인격 면의 빈곤을 지탄하는 것이라 하겠다. 물론 우리의 기업가나 재벌 중에도 공익사업이나 자선사업에 적지 않게 투자를 하고 크게 기여하는 분들이 꽤 많다. 그러면서도 일반은 그들에게서 자기 사업의 영리적인 비호나 그렇지 않으면 체면치레의 인상밖에 받지 못하고 있다. 즉 사업가에게서 돈[富]만의 추구자라는 인식밖에 안 갖는 것이다.

이것은 그 자본의 축적 과정에서 온 비리적 인상이 짙어서이기도 하지만 오늘의 그 기업 경영에 있어서의 전근대적 요소나, 몰인간적인 요소나, 비인격적인 자세 때문이라 하겠다. 말하자면 우리 기업가들 자체가 경제활동을 정신적인 것이나 인격적인 것과의 대립이요, 또 그 가치의 포기를 의미한다고 생각한다면 그들이 돈[富]을 얻는 방법이나 그것을 얻은 후의 행세도 뻔하지 않겠는가?

얻어들은 풍월이지만 저 유명한 알프리드 마샬은 "경제학이란 그 일면에 있어서 부의 연구지만 한편 더욱 중요한 것은 인간 연구다"라고 말했다고 하고 또 그의 영향을 받은 현대 경제학의 태두인 존 케인즈 박사는 "경제학의 대가는 좀처럼 볼 수 없는 여러 가지 천분을 구비하여야 한다. 그는 어느 정도의 수학자, 정치가, 철학자가 되어야 하며 또한 그는 예술가처럼 고답적이고 청렴해야 한다"고 갈파하고 있다.

　이러한 경제학자들에게 향한 요청을 나는 기업가나 운영자들에게도 어느 정도 적용되어야 한다고 생각한다.

　거듭 말하지만 오늘날의 경제인에게 향한 일반 국민의 인식이 돈만 아는 극도의 이기적 인간으로 보는 데는 그들의 경제에 대한 인식의 부족에서도 연유하지만, 경제인 자신들의 사업관이나 세계관이나 인생관의 부실에서 온다고 하겠다. 그래서 오늘의 우리나라의 기업들이 거의가 고식적 가족회사의 범주를 벗어나지 못하고, 돈을 벌어서는 호의호식의 범주를 벗어나지 못하고 있다는 평판을 자아내게 하는 것이다.

　그러면 이러한 오늘의 우리 기업경영가들의 정신적 빈곤을 보완하는 첩경은 어떤 것일까? 나는 한마디로 독서라 하겠고 그것도 아전인수격으로 들리겠지만 문학작품을 권하고 싶다. 왜냐하면 문학은 다른 분야의 지식처럼 사물의 이치만을 깨우쳐 준다든지, 사물의 현상만을 살피게 한다든지, 감성이나 감각의 어느 면만을 세련시켜 주는 것이 아니라 모든 지식을 전반적으로 흡수케 하고 인간의 감정이나 심리도 아주 다양하고 심층적으로 음미케 하며 이것도 조미와 조리를 하여 누구나의 구미에 맞도록 제공하고 있다.

　그래서 문학은 어느 누구를 막론하고 일상적으로 가까이함으로써 광범한 지식을 확충·강화하고 개성적 또는 직업적 편견에서 벗어나고 메마른 정서를 윤택케 하여 진정 보람된 삶을 누리게 하는 마치 육신생활에 있어 밥이나 빵과 같이 우리 정신생활에 있어서의 주식물이요, 또한 종합 비타민과 같이 여러 가지 영양소를 함유한 정신의 활력소인 것이다.

물론 위에서 말한 것은 나의 우리 산업 경제인들에게 향한 요청론으로서 오늘날 아직도 초창기에 있는 우리의 산업경제를 이끌고 나가기 위해 눈코 뜰 새 없는 활동을 하기에 독서할 안온한 시간이 없는 줄도 알고 있다. 그러나 선구적 소임과 역할을 맡은 그분들이기에 나는 그들에게 자각적, 인격적 도야를 더욱 요망하고 기대하는 것이다.

왜냐하면 그들의 정신적 풍성과 인격적 자세는 우리 산업경제의 국제적·국내적 위신과 신용에 즉 '신용경제'에 직결되는 것이며, 우리의 선진조국의 달성이라는 목표에도 불가분의 것이기 때문이다.

참된 '자유' 교육

 나의 일반적인 생각이지만 교육이란 어떤 인간을 인격적 존재로 만들어 가는 과정이라 하겠다. 그래서 한낱 인간에게는 남녀의 성별이 있지만 인격에는 그 성의 차별을 초월한다.
 프랑스의 20세기 철학자 가브리엘 마르셀은 "사람은 모두가 인격이 있다고 여기지만 진정한 인격자가 되려면 모든 사물을 스스로가 생각해서 판단해야 하고 또 판단에 의해서 행동해야 하며, 그리고 그 결단과 행동에 책임을 져야 한다. 그저 세상살이에 부화뇌동해서 사는 사람은 인간이긴 하지만 인격은 아니다"라고 갈파한다. 이렇듯 인격은 이성과 자유의지를 구비한 책임의 주체를 가리킨다.
 그런데 바로 그 자유의지가 문제다. 즉, 그 자유의지는 항상 자기에게 선(善)하고 이로운 것을 택한다. 이렇게 말하면 오늘날 수많은 사람들이 악하고 해로운 것을 행하고 있지 않느냐고 반문하겠지만 실은 그 악과 해로운 행동에 나아가는 장본인에게 있어서는 그 악이나 해로운 것이 그때, 그 당장에는 자기에게 선이요, 이롭다고 믿거나 여기고 그런 행동에 나아간다 하겠다.
 가령 어린이를 유괴하는 것이 나쁘다고 알면서도 남에게 진 빚을 갚기 위해서 어쩔 수 없이 했다거나, 유괴한 어린이를 살해하는 것은 흉악한 일인 줄 알면서도 도피하면서 어린것을 데리고 다니면 발각되기 쉬우니까 자기 신변의 안전 때문에 할 수 없이 죽였다

제4부 뿌리의 공덕 377

는 것과 같은 것이다.

그래서 학교는 오직 지식의 주입이 아니라 그 지식을 소재로 해서 다음 세대들에게 바르게 생각하고, 바르게 판단하고, 바르게 행동하는 것을 가르치는 도장이라 하겠다. 즉, 학생들에게 인간의 자유의지란 '제멋대로가 아니라 바르게 생각하고 판단해서 보다 선에 나아가는 것'이라는 점을 깨우치게 하며 찰나적 선이 아니라 항구적 선, 이기적 선이 아니라 공동적 선을 위해서 자기억제나 자기극복을 할 줄 아는 인격의 틀을 만들어 주어야 한다.

흔히 우리는 학부모들이나 교사들에게서 '아이들의 자유를 존중해서 제 좋다는 대로 하게 합니다'라는 방임주의를 자랑스럽게 얘기하는 것을 듣지만 언뜻 그럴듯하게 들릴지 모르지만 거기에는 그 자유가 지니는 선택의 좋고 나쁨이나 선택의 결과와 그 책임에 대한 생각이 결여되어 있다 하겠다. 특히 자유의 행사에는 그 선택의 책임이 뒤따른다는 점을 학생들에게 깊이 심어 주어야 한다.

내가 미국에 있을 때 경험한 바로는 가령 어린이가 돌을 던져서 이웃집 유리창을 깼을 때 '잘못했습니다. 죄송합니다'라는 당사자나 그 어버이들의 사과로는 결코 해결되지 않고, 어디까지나 그 아이가 돈을 마련해서 유리를 본래대로 갈아 끼워야 그 일이 수습되는 것이었다.

오늘날 어린이 과보호 시대에 가장 두려운 것은 저렇듯 자유 행사의 냉엄한 책임을 경험하지 않은 아이들이 자라서 벌일 우리의 세상살이다. 즉, 자신이 지금 하려고 하는 일에 그 결과를 예측하고 그 책임과 각오 속에서 그 일을 선택하지 않고 오직 본능과 충동으로 자유를 행사할 때 그 결과는 악이요, 이기적일 수밖에 없다.

그러므로 교육의 목적이나 목표는 지식의 전달이나 주입에 있지 않음은 물론 그 지식이 자유의지의 올바른 행사를 위한 판단 자료가 되어 한 인간이 인격과 지혜에 나아가는 데 있음을 특히 국민교육 일선에 계신 여러분께 중언부언하는 바이다.

사회악을 퇴치하려면

오늘날 우리 사회의 범죄 창궐은 막연한 시대적 인성(人性)의 악화가 아니라 이 사회가 내포하고 있는 여러 가지 모순과 결함 속에서 발생한다. 즉 이 사회가 지니고 있는 갖가지 모순과 그 결함의 심화가 인간의 성악적(性惡的)인 면을 북돋우고 충동질하여서 온갖 흉악을 저지르게 하는 것이다.

흔히 사회악이라고 한마디로 부르고, 그 요인도 일방적으로 판단하고 퇴치나 치유 방안도 단순화하지만 그래 가지고서는 범죄와의 전쟁을 아무리 선포하고 치러 보았자, 소탕도 되지 않을 뿐 아니라 그 근절은커녕 오히려 또 하나의 역작용만 유발한다 하겠다.

여기서 사회악의 요인과 요소를 대별해 보면, 가난에서 오는 것·무지에서 오는 것·역사적 악순환에서 오는 것 등을 들 수 있다.

첫째 '목구멍이 포도청' 또는 '사흘 굶고 남의 집 담 안 뛰어넘는 사람 없다'는 속담대로 절대빈곤은 범죄의 가장 중요한 요인임은 누구나 잘 아는 바다. 물론 한국에는 저러한 극한적 상태가 없다고는 하지만 생활보호대상자가 기백만이요, 더구나 상대적 빈곤이나 그 욕구불만에서 오는 빈곤감은 오늘의 우리 사회악의 가장 큰 유발 요소라 하겠다.

그래서 한마디로 하면 사회보장제도의 조속한 확립이 요청된다. 나는 60년대 초반 경향신문의 동경지국장으로 가서 일본에 체재했었는데 그때 일본의 1인당 국민소득은 350달러 정도에 불과했다. 그러면서도 그들은 이미 국민의 의료보장은 물론이려니와 노약자나 실업자에 대한 생계보장이 완성됨으로써 그들도 치르고 있던 노사분규, 학생소요, 전교조 문제 등이 점차 고개를 숙이는 것을 직접 목격하고 체험하였다. 그러한 사회보장제도의 완비는 노사 간의 인격적 관계를 성립시킬 뿐 아니라 정당 간에도 적대와 반감을 누그러지게 하고 대화로 나아가게 하였다.

그런데 우리는 국민소득 5천 달러를 내세우면서 아직도 의료보장도 부실한 상태다. 물론 나도 이것이 남북의 무력적 대치로 인한 군사비 지출 때문이라는 정도는 알고 있지만 그러나 우리 정부의 행정적 미숙, 즉 정부 투자의 우선 순위가 어딘가 잘못되어 있지 않은가 하는 의구심을 갖고 있다.

둘째 무지에서 오는 것, 즉 선악의 가치판단의 무분별인데 이렇게 말하면 한국처럼 문맹이 거의 없고 교육열이 높은 사회에서 야만인이나 미개족들처럼 자기 행동의 좋고 나쁨을 범죄자라도 분별 못할까 보냐고 반문하겠지만, 며칠 전 신문 보도에서 본 사실만 하여도 여고생들이 작당하여 자기들 모교인 중학교엘 때마다 찾아가서 후배들에게 금품을 상습적으로 강탈하고서도, 이것은 우리 자신이 선배들에게서 당한 관행이라면서 양심의 가책을 못 느낀다고 하더라니 더 말해서 무엇하랴.

이러한 몰양심 무감각의 비리와 불법은 아주 고위층에 이를수록 그 질과 양이 더 크고 더 많으면 많았지 저 여고생에게 비할 바가 아님은 다 아는 바다. 또 살인·상해·강도·절도 등 범죄자들의 술회를 들으면 그 순간 생각도 없이 저질렀다는 것이 보통인데, 결국 그들은 본능적 충동을 제어할 양심이나 이성을 갖추지 않았다는 얘기다. 한 인간이 동물적인 존재에서 벗어나서 인격적 존재가 되기에는 그 선악의 선택에서 양심과 이성으로 자기억제, 즉 자율로 나아가야 하는데 오늘날 우리 국민은 문자는 깨치고 지식에는 눈떴으나 양심과 그 도덕규범에는 무지몽매하다 하겠다.

저 20세기 프랑스의 철학자 가브리엘 마르셀은 인간은 '어떤 종류?'에 대한 대답이지만 인격은 '누구라는 인물?'에 대한 응답이라고 전제하고서 "사람은 누구나 인격체라고 말하지만 진정으로 인격이라고 불리기에는 스스로 생각해서 판단하고, 그 판단에 의해서 행동하고, 그 행동과 결과에는 어디까지나 책임을 지는 이에게만 한해서다. 그저 부화뇌동하는 존재는 사람이긴 해도 인격이라고는 말할 수 없다"라고 갈파한다.

그래서 진정한 교육이란 삶의 지식이나 그 기능만의 전수가 아니라 인간이 그 지식을 재료로 해서 바르게 판단하고 옳게 선택하고 그 행동에 책임을 정확히 지는 인격화의 과정이라 하겠다.

오늘의 우리 식자들은, 아니 온 국민은 우리의 주입식 입시 위주의 교육에 입을 모아 비판한다. 그런데도 우리 정부는 고식적 정책으로 현상 미봉에만 급급하다. 이것도 역시 무지의 소치랄까. 사회악과 전쟁하는 그 용기로 이 범죄의 근원을 뜯어고치라.

다음 셋째는 역사적 악순환인데 이야말로 불교에서 말하는 업보처럼 사회악의 고질적 요소다. 전세기는 덮어 두고라도 금세기만 해도 일제의 지배에서, 8·15 후 국토의 분단에서 6·25의 동족상잔에서, 이승만 전제정권에서, 군사독재 체제에서 야기되고 파생된 역사적 악순환은 이루 헤아릴 수 없이 많고 우리 사회악의 뿌리 깊은 독소들이 되어 있다.

가령 오늘날 우리 국민의 윤리적 타락과 규범의식의 마비의 근인(近因)을 살피면, 물질주의와 기능주의를 내세워 국민의 정신문제를 '제2경제'라고까지 소홀히 여긴 바로 그 결과라고 누구나 말한다. 그러나 이것은 그런 정치적 시책만의 문제가 아니라 그 정책을 수립하고 집행하고 또 이를 수용한 세대의 문제도 우리는 살펴야 한다.

즉 오늘의 이 사회를 이끌고 가는 중추세력이나 그 역군들의 평균 연령을 50세로 잡으면 실은 이들의 생장기는 가정이나 학교나 사회교육이 가장 조악하고 부실한 상태요, 특히나 인륜교육의 진공상태로 국민윤리라면 반공과 정권적 차원의 안보교육이 고작이었다. 그리고 그중 엘리트란 사람들이 해외 유학, 특히 미국을 다녀와서 정책의 주요 입안자나 집행자로 참가했는데, 그들 자체가 인륜이나 인문적 지식에는 일반적으로 어두울 뿐 아니라 그들이 습득한 지식 자체가 실용주의와 계량주의적이니 이러한 국민의 정신적 절름발이 현상에 맹목할 수밖에 없었다고 하겠다. 이런 이들의 두뇌에서 사회악을 퇴치하는 방안이 물리적 방법밖에 더 있겠는가.

이상 살펴본 바 사회악의 제요인과 요소는 하나하나가 분리되어 표출되는 것이 아니라 그것이 한데 엉키고 헝클어져서 나타나고 뒹구는 것이요, 또 이것은 내면적 의식의 문제라 그 외면적 행위처럼 물리적 힘, 즉 대범죄 전쟁과 같은 것으로 퇴치나 치유가 불가능하고 그 요인과 요소 하나하나의 대응과 대비와 대처를 필요로 한다.

특히나 역사적 악순환은 이제부터의 선(善)순환에 나아갈 때 조금씩 장구한 세월을 두고 아물어 가는 것이다. 그러므로 한마디 덧붙일 이야기는 제발 정부가 이러한 사회악의 내인(內因)을 각성해서 물리적 범죄 소탕과 함께 국민의식의 개변과 국민정신의 쇄신을 위한 과감한 인륜과 인문정책으로 나아가 주기를 요청하는 바이다.

TV 방송 질적 향상 있어야

먼저 상식적인 얘기로 오늘날 TV 방송을 포함한 매스컴이 지니는 일반적 문제성을 지적해 본다면, 첫째 매스미디어 자체가 정권의 인가를 받거나 거대한 자본을 필요로 하기 때문에 누구나가 손을 댈 수가 없으므로 그것을 관장하고 있는 정치권력이나 자본주에 의하여 그 언론의 자유 행사가 제약을 받게 된다는 점이다. 둘째는 매스컴 자체의 정보의 대량화로 그것이 상품화되어서 이윤의 극대화를 추구하므로 언론의 본래 사명의 하나인 비판정신이 희박해지고 오직 대중추종이나 선동선전, 즉 센세이셔널리즘에 타락하는 현상을 들 수 있겠다.

그러나 첫째의 문제점은 우리가 다 알다시피 제5공화국의 독재언론 청산을 위한 국회 청문회와 같은 국민적 규탄이나, 이번 KBS의 장기 제작 거부와 같은 방송·신문 종사자들이 때마다 벌이는 파업 항의가 관리자나 경영주의 전횡에 제동과 방지의 역할을 한다. 하지만 두 번째 문제, 즉 어쩌면 종사자 스스로의 문제라고나 할 매스컴 자체의 타락현상에 대해서는 이제까지 자타력간(自他力間)에 방심과 방치 상태에 놓여 있는 게 오늘의 현상이다.

그런데 이번 KBS 사태에 있어 그리 높은 소리는 아니었지만 일부 국민여론 중 소위 방송의 어용화를 방지한다는 그 명분에는 동의하면서도 그 기간의 절름발이 방송을 시청하면서 '오히려 방송 내용이 나아졌다'는 등의 냉소적 반응이 나온 것은 저러한 방송의 질적 문제에 대한 지적이요, 제기인 것이다.

 저러한 여론에 공감하면서 내가 우리 TV 방송에 갖고 있는 불만과 요망을 합쳐서 솔직히 토로하면 첫째 그 연예, 특히 극작물들의 불건전성이다.

 소위 시청률이 높다는 인기물일수록 더욱 그런데 삶의 참된 보람과 기쁨을 추구하여 국민의 이성과 감성을 순화하고 배양하며 삶의 참된 보람과 기쁨을 안겨주기는커녕 그 인성부터가 이그러지고 삐뚤어지고 비정상적인 성격의 인물들을 등장시켜 그 생활 자체가 기형적이요, 거기 전개되는 갈등이나 사건도 기경적(奇驚的)이고 퇴폐적이어서 막말로 선량한 시민이나 그 가정에 광기나 난동의 독소를 뿜어내고 있다고나 하겠다.

 이렇게 말하면 내가 드라마의 주제나 문제에 대해 간섭하는 것처럼 들릴지도 모르고 또 극적 구성이나 그 효과에 대한 몰이해로 여길지 모르나, 내가 얘기하고 싶은 것은 그런 작품을 쓰고 만들고 내보내는 작가나 연출가나 TV 방송이 지니는 공공성에 대한 인식의 결여를 환기하고 싶은 것이다. 바람직하기로는 이런 사회적 격동과 혼란 속에서도 시대에 부응하는 인격적 인간상을, 또한 새로운 모범적 가정상을 창조해서 보여 주어야만 국민도 오늘의 혼미 속에서 벗어나지 않겠는가. 물론 극적 효과와 흥미와 예술성을 살려가면서임은 말할 것도 없다.

 저러한 극작물의 저속성이 코미디에 이르면 언어도단의 상태다. 그 인물들의 저능 저열은 말할 것도 없고 그들 행동의 비굴, 비열은 추악을 넘어 아연실색을 금치 못한다.

 장편(掌篇)의 풍자이지만 〈달빛 소나타〉인가 하는 것은 도둑 부부의 행색을 낭만화하는가 하면 아무리 전제권력에 대한 풍자라 하여도 〈네로 25시〉인가를 보면 모든 권력이나 그 주변은 저능이나 백치 취급을 해 놓으니, 그렇지 않아도 정치불신에서 앞이 어두운 우리에게 절망을 안겨 준다. 심지어 오늘의 청소년 범죄는 수사극에서 그 수법을 습득한다는 평판마저 있음도 유념할 일이다.

여기다가 한술 더 뜨는 것은 무대장치나 의상도구 등이다. 한마디로 말해 드라마의 주역들이 아무리 생활이 유족해도 그렇듯 모두 다 백만장자를 만들어 그 주택에서부터 실내장식과 정원 등을 최고의 호화와 사치로 치장할 것은 무엇인가. 또 그들의 외부활동도 자가용, 고층빌딩의 사무실, 툭하면 명승지 여행에다 호텔과 별장이니 아직도 70객 내외가 명색나는 대학교수, 아내는 개업의(開業醫)로서 한국의 중류 가정을 자처하는 우리도 거기다 비기면 극빈자의 생활로 여겨질 정도니 말해 뭘 하랴.

그리고 다음은 TV의 광고방송인데 한마디로 말해 사람들의 이목을 끌기 위해 서로가 다투어 성(性)의 자극을 앞세운다. 청바지에서 속옷, 화장품이나 약 광고, 심지어는 빙과류에 이르기까지 선정적인 분위기를 조작한다. 속살이 보일 듯한 엷은 옷차림의 여성이 침대에 누워 있는 장면으로부터 젖가슴이 들여다보이는 수영복을 입은 여성들이 등장하는 데다 으레 고급 승용차나 사이드카, 수상스키, 보트, 고급 산장, 목장 지대, 수영장, 바다이니 30평짜리 서민 아파트지만 제 집 쓰고 삼시 세 끼 배를 불리고 사는 나에게도 눈이 찌푸려지는데 헐벗고 못 먹고 제 집 없고 고된 일로 나날을 채우는 이들 눈에 왜 반감과 적개심의 핏발이 서지 않겠는가. 또 이것이 과소비와 사치풍조의 원흉이라면 과언일까.

이것은 비단 TV뿐 아니라 매스미디어 전체가 저지르고 있는 현상으로서 모든 월간지 특히나 여성지들은 내가 정확히 그 페이지 수효는 안 세어 보았지만 저런 광고가 그 책의 절반을 차지한다. 이런 형태가 소위 언론의 비평적 기능을 가장 중시해야 할 신문기관의 월간지마저도 거기에 동조할 뿐 아니라 기사라는 것도 정치 스캔들, 섹스 스캔들을 주요 목표로 삼고 있으니 어찌 민주국가의 제4부(第四府) 구실을 하랴.

 실상 TV는 저러한 신문보다도 그 공공성이 더욱 중요시되어야 한다. 왜냐하면 그 정보 전달의 영향이 지대할 뿐 아니라 그 시청 자체가 순간적이고 수동적이어서 인간의 능동적 지각의 발동을 이완시키기 때문이다. 얻어들은 바에 의하면 저러한 방송의 공공성을 수호하기 위하여 일본의 방송법은 '의견의 대립이 있는 문제에 대하여는 여러 각도에서 그 논점만을 명백히 할 뿐이지 정치적 주장을 행하는 것을 금지한다'라고까지 되어 있다고 한다.

 바로 저러한 방송 내용의 정치권력이나 자본주의 개입을 막기 위해 방송의 자율성이 주창되는 것이고 또 우리도 오늘날 KBS 사태의 명분을 거기에서 찾는다. 그런데 또한 바로 그 자율성에는 방송의 공공성에 대한 자주적 사명의 자각과 그 실천이 수반되어야 한다. 구체적으로 말해 방송 프로그램의 질적 향상과 더불어 과도한 상업화나 저속화를 자체적으로 탈피하여 국민생활의 건전화에 이바지해야 할 책무가 따른다는 말이다.

나의 인문적 치세 방안

 구체적으로 입에 담기도 민망스러울 만큼 날이 가고 달이 갈수록 우리의 세상살이는 끔찍한 인륜적 범죄와 엄청난 사회적 부정이 속출되고 있고 우리 모두는 이 사회가 치닫는 타락현상에 속수무책과 같은 체념 속에 빠져 있다.
 정부는 이런 현상을 물리적 힘, 즉 법률이나 제도로 다스리고 바로잡으려 들지만 아무리 강력한 힘을 가지고도 인간의 외적인 행동은 어느 정도 제어할 수 있으나 인간의 내면적 의식이 저지르는 범죄와 부정과 비리를 방지하거나 이를 근본적으로 퇴치할 수는 없다. 그렇다고 이렇듯 나날이 심각해 가는 우리 사회의 타락을 실망이나 체념으로 방관만 할 수도 없지 않은가.
 그래서 오늘은 이런 측면의 문제의식을 가지고 내 나름의 처방을 제시해 볼까 하는데 물론 나라고 오늘의 우리 사회의 병리현상을 대번에 치유할 묘방이나 묘책이 있을 턱이 없다. 오직 인문적 측면에서 가장 절실하고 가능한 나의 연래(年來)의 주장을 여기다 다시 펼쳐 보일까 한다.
 그런데 아무리 돌팔이지만 그 처방에 앞서 먼저 밝혀야 할 것은 우리 사회의 병리 진단이다. 이 역시 인문적 입장의 판단이지만 오늘날 우리 사회의 타락현상을 한마디로 말해 물질주의에서 오는 국민의 윤리적 규범의식의 마비와 기능주의에서 오는 국민정서의 고갈과 황폐.

그렇다면 끊임없이 지속되어야 할 우리의 물질적 추구인 경제발전과 병행해서 어떻게 국민의 윤리적 규범의식을 회복시키고 그 정서를 순화시킬 수 있을 것인가. 물론 오늘날에도 종교나 교육이 이런 소임을 맡고 있고 또 이런 역할을 해야 한다. 그러나 좀 극단적인 추궁이지만 오늘날 한국의 불교와 기독교를 비롯한 각 종파의 신도 수효는 2천만 명을 헤아린다고 하는데 가령 그들이 자기네 교리가 가르치는 대로 어느 정도의 실천행(實踐行)이 있다면 우리 세상은 금세 밝아질 것이다.

또한 교육 역시 그 정책 자체부터 도덕적 규범에서 현상을 어거해 나가려 들기보다 현상의 효용성이나 수습이나 미봉으로 시종(始終)하기 때문에 국민의 규범의식 자체를 항상 흔들리게 한다면 과언일까. 말하자면 우리 교육부터가 물질주의·기능주의에서 오는 능률주의와 실용주의·계량주의에서 오는 현실주의에 빠져 있다고 하겠다. 그리고 국민정서의 면에 있어서 특히 결정적 영향을 지닌 TV나 라디오의 연예프로와 신문·잡지 등의 기사나 광고들이 흥미 본위, 그것도 아주 저속하고 찰나주의적인 쾌락만으로 채우고 있는 형편이니 어떻게 국민정서의 순화와 함양이 될 것인가.

이제 이로(理路)를 줄이고 나의 소위 방안을 내놓으면, 첫째 국민의 윤리적 규범의식의 회복과 그 앙양을 위하여는 동서 인문고전(人文古典) 읽기와, 둘째 국민정서의 그 순화와 함양을 위하여는 시조 짓기를 범국민적 운동으로 벌이자는 것이다. 단적으로 말해 오늘의 우리 국민 일반은 정신의 기본적 영양이라고 할 동서 인문고전에 막말로 캄캄하다. 이것은 일반뿐 아니라 상당한 지식층, 나아가서는 인문 분야를 제외한 사회 각 분야의 지도층이나 중진·중견층에도 매일반이다.

가령 동서 인문고전에 있어 동양의 사서삼경(四書三經)을 비롯해

도가나 법가, 또는 불교 경전에 전혀 어둡고, 서양의 것에 있어도 기독교 성서를 비롯하여 철학이나 윤리적 고전에 무식할 정도로 더구나 우리 국학고전도 심지어 《삼국유사》나 《목민심서》도 못 읽은, 아니 안 읽은 사람이 지식층에도 대부분이니 이러고서야 어찌 이 사회가 도덕적으로 바로 서기를 바라랴.

옛날 우리 선조들은 글을 읽는다면, 즉 학문에 나아간다면 먼저 인간의 윤리적 규범을 익히기에 반드시 읽어야 할 일정한 인문고전이 선정되어 있어 이것을 암기하다시피 아니하고는 지식인으로 행세를 할 수가 없었을 뿐 아니라 더구나 현실의 참여가 불가능했다.

그렇기 때문에 그 가르침이 심신에 아주 배어 있어서 삶의 자세를 스스로 통제 자율화할 수가 있었다. 그런데 오늘날 일반은, 가령 교과서나 귀동냥으로 논어의 한 구절, 불경이나 성서의 몇 마디를 알고 있을지 모르지만 그래가지고는 그 가르침이 실제 삶에 반영될 수가 없다.

다음 시조란 다 알다시피 조선조 때 한글이 창제되면서 발전된 우리 겨레 고유의 정형시로서 궁중에서는 임금님으로부터 화류계의 기생에 이르기까지 즐겨 부른 민중의 시다.

일제 통치하에 그만 쇠퇴했었으나 해방 후 전문가들에 의해서 부활, 발전되어 왔고 이즈막에 와서는 작가나 동호자의 수효도 늘어났을 뿐 아니라 뜻있는 신문과 잡지들이 자발적으로 국민정서의 순화라는 목표에서 시조 보급에 나서고 있는 것은 몹시 다행하고 고마운 일이다.

이 시조는 그저 일상적인 말에다 글자 수효만 맞추면 그 우열은 고사하고 우선 작품이 되는 것이니 누구나 지을 수가 있어서 혼자서는 물론이려니와 가족끼리, 또는 이웃과의 모임 같은 데서 취미나 여흥 삼아 짓기를 한다면 그 친목에도 아취(雅趣)가 있을 것이요, 우리 정서 자체를 은연중에 윤택하게 하고 또 우리 삶 자체를 진선미에 나아가게 할 것이다.

그래서 이러한 나의 제안을 좀더 적극화해서 말한다면 인문고전 읽기나 시조 짓기를 각급 학교 교과과정에 넣어야 할 뿐 아니라 바람직하기론 각급 학교 진학시험이나 각종 국가고시, 각 직장의 취업시험에도 삽입하는 것이 가장 효과적이라고 나는 생각한다. 이러한 제안이 독자에게 어쩌면 괴상하게 들릴지 모르나 우리나라는 옛 고려 때부터 근세에 이르기까지 바로 그 인문고전과 시문으로 국가고시를 실시하였다는 사실을 상기해 주기 바란다.

물론 이러한 고전 읽기와 시조 짓기의 치세 처방은 앞에서도 말한 대로 오늘의 우리 사회의 병리현상을 대번에 치유하지는 못할 게 사실이다. 그러나 만일 오늘의 우리 정책 담당자들이 예산도 별로 들 것 없는 이 방안에 마음만 굳혀 준다면 10년 후, 20년 후는 그야말로 우리 겨레와 나라는 세계의 모범이 되어서 동방예의지국의 명예를 회복할 것으로 나는 확신한다.

남북 겨레가 어울려 살려면

오늘날 모든 국민의 의식내용이나 사물에 대한 시각이 물질적이고 물리적이요, 전략적 가치에 기울어져 있어서 인간 삶의 근본인 정신 현상이나 그 기능에 대해서는 눈멀어 있다고 하겠다. 어느 정도인가 하니 지난 6·29선언 3주년에 행한 노태우 대통령의 '국민과의 대화'에 있어서까지도 국정의 모든 문제를 그야말로 물질적·물리적 차원에서만 해결하겠다고 했을 뿐이지 국민의식의 개혁이나 국민정신의 쇄신을 도모해 보려는 의욕이나 방안은 전혀 보여 주지 않았다.

한마디로 말해 저 공산주의 통치체제가 오늘에 와서 붕괴되어 가고 있는 그 근본적 원인도 어디에 있는가 하면, 그들이 신봉하는 유물사관으로 말미암아 그 이념의 실천을 오직 물리력이나 물질력만으로 추구해 왔기 때문인 것이다. 그와 마찬가지로 오늘날 물질적 발전을 어느 정도 이룩한 우리 국민생활이 이처럼 뒤틀리고 거친 것은 국민의 정신문제를 '제2경제'라고까지 경시하고 오직 물질과 물리력에만 의존하려 들었고 또 들고 있기 때문이다.

이런 내정(內情) 문제는 이즈음 식자(識者)나 언론매체에서도 국민의식의 개혁이나 국민윤리의 회복이 논의되고 있고 또 여러 종교나 사회단체에서도 자생 운동이 일어나고 있어서 정부도 그 어떤 정치적 차원의 대책을 강구하려 들리라고 믿는다.

그러나 한편 눈앞에 벌여 놓고 또 벌이고 있는 통일문제에 있어서 역시 정계는 물론 사회과학 분야의 지도계층으로부터 학생들에 이르기까지 그저 물리적(정치적) 통합에만 도달하면 분단 45년 동안 완전히 상반된 이념과 그 문화체제 속에서 살아온 이질화될 대로 된 남북 겨레들의 내면적 의식의 상극과 상충이 하루아침에 해소될 것처럼 여기는 그 통념과 자세에 나는 우려와 개탄을 금치 못하는 사람이다.

흔히 통일의 미래를 상정할 때 소위 자유민주주의자를 자처하는 계층들은 남북이 정치적 통합만 이루면 김일성 체제는 자연히 붕괴되고 또한 현재 북한 동포들에게 강요되고 있는 공산주의 사상도 하루아침에 무소(霧消)되리라는 낙관론을 펴고, 그 논거로 8·15 해방 때 일본 제국주의의 소멸이나 9·28북진 때 북한 동포들의 일제 귀순 등을 쳐든다.

하지만 지금 우리가 추구하고 추진하는 통일이란 어느 한쪽의 무력적 패망이 아니라 엄연한 쌍방의 군사력의 존재 속에서 모색되어야 하고 그 이데올로기에 있어서도 일제의 황도주의(皇道主義)는 이민족(異民族)에게 감염될 성질의 것이 아니었지만, 오늘의 북한 공산주의란 설사 김일성을 비켜 놓고서라도 북한을 지배하는 중심세력에게서 신념화된 이데올로기의 탈피를 무조건 기대할 수는 없다. 더구나 그 공산주의 문화체제 속에서 45년이나 살면서 개조되고 변질된 북한 동포들의 의식내용이나 그 잠재의식이 하루아침에 개변되고 청산될 수는 없다고 단정할 수마저 있다.

그리고 좀더 근원적으로 말하면, 공산주의란 그 사상 자체는 '인류의 행복'과 '인간의 해방'을 위한 순수한 관념 체계로 그 실천의 방법이 문제지 그렇듯 간단히 세상에서 말소될 사상이 아니고, 한편 우리가 남한에서 신봉하고 추종하는 자본주의나 민주주의란 것이 모순이 없는 절대적인 사상인가 하면 그렇지도 못하다는 것을 다 아는 바가 아닌가.

여기에서 우리가 자본주의나 민주주의의 여러 가지 모순을 끄집어 내보이지 않더라도 우리가 지난 45년간 체험한 바로서 자유와 평등, 자유경쟁과 평준화, 개성과 타협, 다수결과 소수 등의 자체 모순이 지니는 상충과 갈등을 만끽하였다고나 하겠다.

이렇게 볼 때 우리의 민족통일을 성취하고 구현하기 위해 이념의 상반 속에 있는 남북 겨레가 그 상극(相剋)을 해소하고 함께 어울려 살아 나갈 중화적이고 중도적(中道的)인 삶의 원리가 창출되어야 하며 이 원리에 의해서 정치적·경제적·사회적 통합을 이뤄 나가야 한다. 이러한 사상적 등질화(等質化)의 공동합의가 없이는 실질적인 남북문제의 개선이나 통합은 바랄 수가 없고, 가령 외세나 내정 때문에 일시적 긴장이 해소되고 분단 장벽이 열리고 정치기구의 통합을 보았다 해도 그것은 사상누각(沙上樓閣)에 불과하다 하겠다.

그렇다면 남북 겨레가 그 이념적 상극을 극복하고 이질화된 의식을 등질화할 중화적 새 삶의 원리란 어떤 것일까. 물론 나는 그 원리를 구상화(具象化)할 능력이 없다. 그러나 이러한 중화적 사상을 창출할 우리 고유의 문화적 바탕으로 그 '사고(思考) 씨앗'과 '정서의 표상'이 될, 평소 내가 주장하는 바 다음 두 가지만을 제시한다.

①사고의 씨앗 – 중화의 사상의 인식론으로는 원효(元曉)의 화쟁(和諍)논리다. 즉 "같음은 다름이 있으므로 같음이고, 다름도 같음이 있으므로 다름이 형성될 수 있다"고 보고, 같지도 다르지도 않은 비동비이(非同非異)의 고차원적 차원에서 둘이 융화되어 하나가 아닌 원융이불이(圓融而不二)의 인식논리인 것이다.

이 화쟁논리는 원효대사가 순수한 인식론적 욕구에서 이뤘다기보다 당시 선교 양파 간(禪敎兩派間)에 벌어진 분쟁을 지양 해소시키려는 실천적 동기에서 이를 정립했으며, 이 논리는 통일신라 3국민 간의 정신적 대립과 분열을 극복하는 데 있어 구심력이 된 것은 널리 알려진 바다.

②정서의 표상-한국민에게 옛날로부터 내려오는 심미적(審美的) 정서 표상으로서 '멋'과 '한(恨)'이 있다.

이에 대하여는 이 낱말이 지니는 일반적 개념은 '멋'은 흥취나 운치, 또는 세련된 미를 뜻하고 '한'은 원한이나 한탄, 또는 표현 못할 억울 등으로 이해되지만 앞서 말한 심미적 정서 표상으로 쓰일 때는 '멋'이란 사물에 대한 고차원적 인식에서 오는 초연이요, '한'이란 사물에 대한 심층적 인식에서 오는 달관인 것이다. 우리 겨레는 저와 같은 높은 정서의 경지를 전통적으로 숭상하고 존중해 오며 그 심성을 순화하고 승화시켰던 것이다.

이상 살펴본 바 민족 고유의 문화적 바탕은 현실적으로는 퇴화하고 상실되고 있지만 우리 혈맥 속에는 멸하지 않고 잠재되어 계승되는 자질임에는 틀림없다. 그래서 남북 겨레의 새로운 삶의 원리, 즉 중화사상을 창출하는 데 그 바탕이 되고 또한 지침이 될 것이다. 그리고 이러한 겨레의 새로운 삶의 원리를 창출해 내야 한다는 문제는 비단 남북통일이라는 과제를 놓고서만이 아니라 오늘의 대한민국을 자구(自救)하는 면에서도 불가피한 과제일 뿐 아니라 나아가서는 새로운 세계의 질서와 인류평화에도 기여할 것이다.

전 북한 고관의 술회 음미

6·25 발발 40주년에 즈음하여 MBC의 초청으로 내한한 전 북한 고관을 지낸 소련 교포들의 TV 대담은 실로 이색적이요, 감동적이었다. 그런데 그 대담 중 언뜻 스쳐가는 이야기 같으면서도 공산주의자의 6·25관과 또한 오늘날 소련 공산주의자가 보는 김일성 체제에 대한 인식 등 두어 마디 발언은 나에게 여러 가지 생각을 안겨 주었기에 여기서 다시 함께 음미해 보고자 한다.

그 첫째는 당시 북한 내무성 차관이었다는 강상호(姜尙昊) 씨에게 "6·25 같은 동족상잔에 가담한 뉘우침은 없느냐"는 청중의 질문에 그는 소박히 사과하면서 덧붙인 말로 "우리는 그 당시 미제가 전 한반도를 강점하려 든다고 그렇게 알고 그렇게 믿고서 싸웠지요"라는 대목이다. 즉 6·25가 미국과 그 앞잡이 국군의 소위 북침이라는 김일성 일당의 허위 주장은 놓아두고라도 북한의 모든 선량한 일꾼들이나 백성들의 전쟁 목표나 신념은 미제를 축출하고 통일을 이룩하는 데 있었음은 의심할 바가 없다 하겠다.

그래서 김일성의 전쟁 구호는 조국해방이요, 오늘날까지도 주한 미군의 철수가 그들 대남 정책의 제1목표가 되고 있는 것이다. 그러면 이 점 남한은 어떠했던가. 물론 자유 수호라는 세계사적 표지(標識)가 있었지만 그 전쟁 목표나 그 신념은 저들과 대동소이하다.

저 고대 부족국가 이후 통일이 되어 1천여 년을 단일민족 국가로 살다가 1945년 미소 양군의 분단 진주로 말미암아 나뉜 지 불과 5

년, 그 동족의 형제들이 소련제 따발총과 소련제 탱크를 몰고 강도 떼처럼 몰려왔을 때 아무리 김일성 도당의 만행이 명백하지만, 동족인 그들만의 의지나 행위로 여기거나 그렇게 이해하려는 사람은 이 남한에 한 사람도 없었다 해도 과언이 아니다.

여기에 남한 국민이 그동안 입버릇처럼 부르던 '공산괴뢰'니 '크레믈린의 앞잡이'니 하는 까닭이 있다. 그래서 항전의 목적을 북한 공산괴뢰 집단의 괴멸, 그리고 그 목표를 두만강·압록강까지의 진군, 즉 통일에다 두었던 것이다.

저렇듯 전쟁에서 총을 손수 쥐는 남북한의 젊은이들은 그 이데올로기나 자기 죽음에 대한 회의를 느끼면서도 남북통일이라는 순수한 민족의 비원 속에서만은 스스로가 그것을 쟁취하는 주인공이 되고 싶다는 욕망과 자기 희생의 보람을 그 전쟁 속에서 찾으려 들었던 것이다.

그래서 어쩌면 자기를 지배하는 외세나 그 이데올로기를 빌려서 상대방이 지배하는 외세나 그 이데올로기를 축출하고 국토의 분단을 해소해 보려는 염원이 남북한 겨레의 전쟁을 지탱하는 원동력이었던 것이다. 그리고 이러한 외세와 그 이데올로기를 북한은 소련과 중국에 '청부(請負)'해서, 남한은 미국과 자유세계를 '대리(代理)'해서 싸웠다고나 하겠다.

그 증거로는 북한군의 손에 쥐어진 무기가 완전히 소련제요, 남한군에 쥐어진 무기가 완전히 미국제였다는 것만으로도 명확하다.

다음은 전 북한 문화선전성 차관이었던 정상진(일명 정율) 씨의 발언인데, 이 사람은 8·15 때 나의 고향 원산에 소련 해병대원으로 진주하여 곧 문화예술 분야의 일을 하며 시를 쓰고 해서 내가 46년 말, 소위 시집《응향(凝香)》필화사건으로 탈출, 월남할 때까지 사귀었던 분이라 이번 44년 만에 그야말로 극적인 해후 상봉을 하였다.

그런 나의 개인적 감회는 줄이거니와 그는 젊어서도 공산주의자로서는 이단적이리만큼 낭만주의자였는데, 이번 TV 대담에서도 김일성 통치체제를 비판하면서 말하기를, "공산주의나 공산주의자일수록 더욱 도덕적이고 더욱 인간적이어야 하는데 김일성의 통치체제는 비인도적이고 비인간적인 데 근본적인 오류가 있다"고 술회하였다. 이러한 발언에 대해서 공산주의는 비윤리적이요, 공산주의자는 비인간적이라는 체험적 고정관념에 젖어 있는 우리 6·25세대들에겐 어쩌면 의아하게까지 들릴 것이다.

그러나 실상 본질적으로 살피면 마르크스주의란 어디까지나 '인류의 행복'과 '인간의 해방'이라는 윤리적 발상에서 이뤄진 일관된 관념의 체계인 것이다. 그래서 그것은 나치즘이나 파시즘, 또는 제국주의처럼 어떤 체제나 상황의 산물이 아니라 하나의 이상적 순수이론일 뿐이다.

이러한 이상적 윤리적 사상이 그 실천자 스탈린에게 와서는 지배의 논리나 도구로 타락하고 변질되어 본디의 이상이나 윤리성이 상실되고 만다. 그것은 한마디로 말하면 유물사관에 입각해서 치세(治世)의 방법을 오직 물질과 물리력에 의존하기 때문이다. 다 아다시피 마르크스 사상에 근거를 둔 스탈리니즘은 1인 독재로 당과 국가의 권력을 한 손에 쥐고 비밀경찰에 의한 반대파의 무자비한 숙청과 탄압을 자행하였으며, 경제제도에 있어서는 철저한 계획통제를 감행했고 교육과 문화에 있어서는 주입과 획일화로 나아갔던 것이다.

그래서 우리 북한의 김일성 주체사상이나 그 통치 방식이란 바로 저 스탈리니즘의 직수입 모방 외에 별것이 아니다. 그런데 나보고 말하라면 김일성은 그 스탈리니즘에다 한 술 더 가미한 것이 있으니 곧 우리 한국의 샤머니즘(무속신앙[巫俗信仰])이다.

즉 영도자 자체를 영능(靈能)의 소유자로 신격화함으로써, 가령 그가 생산공장을 시찰하면 돌연 생산능률이 150퍼센트로 상승하고, 그가 농촌을 찾으면 전답의 모종이나 새싹이 몇 센티미터씩 자라기 때문에 그의 발걸음이 이르는 곳마다 성지로 기념되고, 심지어는 종교패처럼 그의 초상 배지를 오늘날도 모든 백성들이 가슴에 달고 다니는 것이며 그는 그의 추종자들에게 이 땅의 메시아로 군림하고 있다. 그래서 우리가 오늘날 소련 공산당의 개방화나, 동서독의 통일이나, 동구 공산정권의 붕괴에서 보는 해빙과 같은 현상을 북한에 성급히 기대함은 금물이다. 이것은 오늘날 남한에서 번지고 있는 신흥 종교의 샤머니즘적 현상을 떠올리면 북한의 맹신과 광신 현상에 이해가 갈 것이다.

이상 살펴본 바 전 북한 고관들의 표백(表白)은 우리가 기대를 거는 북한 내 반김일성 세력의 의식내용이라고 해도 무방할 것이다. 그래서 설사 김일성을 비켜 놓고서라도 북한을 지배하는 중심세력에게서 신념화된 공산주의의 탈피를 싸잡아 기대할 수 없다는 점을 명확히 인식하여 국제적 조류나 민족의 비원만으로 자유민주통일 성취에 나아가려는 낙관론을 경계하여야 할 것이다.

재소(在蘇) 한인 교수를 만나 보고

 이리저리 알려진 대로 나는 지난 1월부터 하와이 대학에 초빙교수로 가 있는데 방학을 이용, 교재 자료 등을 수집하러 와 있는 길이라 시국 이야기 같은 것은 삼가려 하며 어쩌면 이 시론란(時論欄)에는 덜 적합할지 모르지만 내가 그곳에서 만난 소련의 한인 교수 미하일 N. 박 박사(우리 이름 박준호)와 나눈 대화 중 몇 가지를 간추려서 우리 한국의 문제에 또 하나 큰 영향력을 지니고 있는 소련의 대한관(對韓觀) 같은 것을 탐색하는 데 조그마한 힌트나마 제공해 보고자 한다.
 즉 박 교수는 모스크바 주립대학교 아시아·아프리카연구소 역사학과장으로서 지난 3월 초 하와이 대학 역사학과의 초빙으로 와서 약 20일간 여러 차례의 강의·강연·간담회 등을 마치고 돌아갔는데, 그가 체류 중 나와는 한 캠퍼스 내의 숙소에서 지내게 된지라 자연히 식당에서 식사도 같이하게 되고 저녁 때 서로가 바깥 출입을 안 하면 함께 산책도 하곤 하여 마치 '타관서 만난 고향 사람'의 사이가 되었던 것이다.
 더욱이 그도 60대라 연령에서 오는 친근감도 있는 데다 소련의 한인 3세라는데 한국사를 전공한 때문인지 모국어를 하나도 어색하지 않게 구사하고 있었으며 퍽 그 사언행위(思言行爲)가 유연하여 인간적인 면에서는 저항은커녕 존경이 가는 정도였다. 내가 그에게 직접 술회한 바도 있지만, 그는 마치 해방 전 우리 공산주의

자를 만나서 사귀는 느낌이 들었는데 이것은 역시 그와는 북한의 공산당들처럼 직접적인 대결의 대상이 아니기 때문이리라.

그와의 수많은 대화 중에서 역시 먼저 쳐들어야 할 것은 북한의 지배자인 김일성과 그 일파들에게 향한 정통 '마르키스트'로서의 부정적 자세로서 "그(김일성)는 샤머니즘적인 통치를 하고 있다"고 까지 서슴없이 말하고 "김정일의 봉건적 세습 획책은 넌센스"로서 소련의 당로자(當路者)들도 "골치를 앓고 있다"고까지 쾌쾌히 말하고 있었다. 이것은 국제적으로 거의 상식화된 이야기지만 그래도 공산세계의 맹주국인 소련에서도 손꼽히는 한인의 발언이라 매우 핍진성(逼眞性)이 있었다.

둘째 소련의 우리 민족의 이민 역사는 120년이나 되는데 현재 약 40만 내지 50만 명이 중앙아시아 카자흐 지역의 화태(樺太) 남부에 흩어져 살고 있으며, 대체적으로 한교들은 중류 이상의 생활을 영위하고 사회진출률에 있어서도 동양인 중에선 가장 두각을 나타내고 있다는 얘기였다. 그리고 카자흐 지역에는 한인들의 교육문화관을 비롯해 한글 신문이 두 개나 있으며 남한의 소식도 KBS 국제방송을 통해 그 발전상을 잘 알고들 있다는 것이었다. 이것 역시 자유세계에 퍼져 있는 우리 해외교포들의 오늘의 활약상으로 미루어 보아 그리 놀라운 소식은 아니며, 또한 중공에서 KBS로 날아드는 청취자들의 편지로 보아 소련 내 교포들의 망향의 열도도 짐작이 가는 바지만, 여하간 공산세계에서도 우리 겨레의 우수성이 발휘된다는 그 사실이 흥겨웠다.

셋째 그와의 대화 중 자기는 유물사관을 종교처럼 신봉한다는 전제가 있기는 하지만 세계를 멸망에서 구출하기 위해서는 소련과 미국이 절대적으로 평화를 유지해야 하며 이와 마찬가지로 남북한도 무력적 충돌을 피해야 한다는 것을 역설하고 있었다. 그러면서 그는 "자본주의 사회뿐 아니라 공산주의 사회에서도 일단 권력을 잡으면 인간이 변질되는 느낌이다"라고 말하고 "인류는 아직 먼 것 같다"고 덧붙여 술회했다. 저런 말을 할 때 나는 그에게서 '마르키스트'라는 느낌보다 인생의 달관자와 만나고 있는 느낌이었다.

넷째 어떤 날 내가 얘기 끝에 "그래도 당신은 소련의 대한정책(對韓政策)에 영향을 미칠 수 있을 것이니 우리가 공통적으로 불원(不願)하는 북한의 무력통일 야욕만은 억제하도록 노력해 달라"고 부탁하면서 "남북 서로가 군비 경쟁에서 벗어나 국민 경제 생활의 향상을 이루고 가령 중공의 현대화에 있어서도 남북이 다 함께 벌어먹도록 되어 각기 최고 수준의 현대화를 이룸으로써 평화적이고 문화적인 통일을 이룩하는 방향으로 나아가야 되지 않겠느냐"고 하였더니 "구 선생과 나라면야 통일이 되고도 남았지만……" 하면서 정면으론 답변을 피하고 "어쨌거나 세상은 옳은 방향으로 진보하고 있으니 희망을 갖고 최선의 노력을 해 보자"는 것이었다. 그는 이렇듯 능란한 화술의 소유자이기도 하였다.

다섯째 그의 얘기 중에서 자기의 신상에 관한 것을 들은 것만 적으면 그의 조부가 개항(開港) 이전 대원군 시대에 함북 경원군에서 소위 해삼위(海蔘威)로 이민을 하여서 그는 거기서 태어났는데 어렸을 때 단재 신채호 선생이 그곳에 망명 중 발간하던 〈가정생활〉을 애독하며 자랐다는 것이었고, 그의 부인은 유태계로서 희랍정교의 신자이며 자제는 둘인데 모두가 '이란' 전공의 교수들이요, 그 자신은 우리 《삼국사기》의 노어 번역을 비롯해 한국사에 대한 논고가 150여 편이나 된다는 것이다. 내가 그의 가정 얘기를 듣고 "전쟁 중에 고생이 많았겠다"고 하였더니 "그래도 이렇게 살아남지 않았느냐"고 역시 재치 있게 대답하는 것이었다.

이상이 그와의 대화 중에서 간추린 것이라고 하나 앞서도 말했듯이 이 이야기들은 함께 식사를 하거나 산책을 하면서 극히 사적으로, 또 영감쟁이들끼리 심회를 앞세워 한 말들로서 그의 공적 언동과는 거의 무관한 것이라 그 문책은 전적으로 나에게 있다고 하겠다. 왜냐하면 가령 이 문면(文面)이 모스크바에 가서 그의 공인적인 입장에 지장을 주는 것은 나의 본의가 아니기 때문이다.

그리고 박 교수는 공개강연에서도 "기회가 주어지면 한국을 방문하고 싶다"고 말했으며 나에게는 유네스코 같은 국제기구를 통해 초청을 해 주면 가능성이 현재도 있지 않겠느냐는 의견이어서 당해 기관들의 검토를 바라는 바이다. 또한 하나 더 붙일 것은 그는 "88년 서울올림픽에 소련이 참가하는 것을 확신한다"는 견해였다.

여하간 나는 그와의 만남에서 통감한 것은 북한의 공산당들도 저 정도의 수준은 되어야 대화고 무엇이고가 이루어지지 않겠느냐는 것이었고 또 그의 말마따나 샤머니즘적인 통치로 변질된 북한의 현재 집권층들은 공산주의의 본바닥 모스크바에서도 골치를 앓고 있다는 데야 그들과 말을 해 보았자 도로(徒勞)일 것이라는 고약한 심정이었다. (동아일보, 1982년 6월 28일)

6·25의 현실적 인식

얼마 전 나는 어느 신문에다 요즘 대학생들의 급진주의에 대한 자숙을 요망하는 글을 쓴 일이 있는데 몇몇 미지의 학생들로부터 항의 전화를 받았다. 거의가 어불성설의 비난이었고 그중 S대학생을 자칭하는 한 사람과는 꽤 이야기를 끌어갔는데 다음과 같은 것이었다.

"그러시다면 교수님은 오늘의 정권이나 현실을 긍정적으로 보신다는 말씀입니까."

"그렇게 단순화해서 흑백을 가르려 드는 게 자네들 병폐야! 나도 오늘의 정권이나 현실에 불만과 개혁의 욕구를 누구보다도 강렬하게 가지고 있는 사람이지만 그 개선의 노력을 비폭력적인 방법에 의해 점진적으로 해 나가자는 게야."

"점진적으로요? 그런 미온적인 생각과 행동으로는 언제나 칼자루 쥔 사람들에게 굴종의 생활밖에 못한다는 말이에요."

"그러면 자네들은 현실적으로 어쩌자는 것인가. 한번 솔직히 말해 보게나."

"그야 민중혁명을 해야지요."

"민중혁명? 그 실체는?"

"사회민주주의(그는 이렇게 말했다) 정권을 수립해야지요."

"내가 생각하기론 그것은 국내외적인 정치 여건으로 보아 가능하지도 않지만 만일 그렇게 된다면 남한도 북한 공산집단에 먹히는 날이지!"

"교수님! 설사 일시적으로 이 땅이 공산주의 지배체제 아래 놓인다 해도 최소한 우리의 국토통일은 이뤄지고 민족자결은 성취되지 않습니까? 그때 우리 젊은이들이 다시 일어나서 이상적인 정권을 세우면 되지 않습니까?"

"자네들이 다시 일어나서? 이상적인 정권을? 자네들은 공산당 특히 북한의 공산집단을 몰라서 하는 소리야! 오죽하면 북한의 모든 백성들이 가슴에 김일성 배지를 달고 다니겠나, 그것만 보더라도 짐작이 안 가나?"

이외에도 얘기는 더 오고 갔지만 줄이기로 하고 한마디로 말해 6·25를 체험하지 않은 새 세대들의 오늘의 우리 정치현실이나 민족적 문제의식 속에는 저만큼 북한 공산집단에 대한 명확한 인식의 결여가 있다는 사실을 이 대화만으로도 엿볼 수가 있다.

그야 6·25 현장 체험 세대인 나에게 있어서도 오늘의 세계사적 정치현실이 탈이데올로기 상황 속에 있는 줄 모르지 않으며 또 우리 자체도 현실적으로 중공을 비롯해 모든 공산국가와도 문호개방 정책에 따라 나아가고 있는 이 현상 속에서 하필이면 우리 동족의 집단인 북한 공산정권만은 왜 증오와 반감과 적개심을 갖고 인정도 수용도 안 하려 드느냐고 젊은 세대들은 반문하고 나설지 모른다. 그러나 오늘이라도 저 김일성 집단이 그 이데올로기적 망령에서 벗어나고 민족적 죄과를 사과하고 나선다면 모를까, 그렇지 않고선 도저히 그들을 믿을 수도 없고 받아들일 수도 없고 또 믿어서도 받아들여서도 안 되는 집단임을 명백히 인지해야 한다.

저 고대 부족국가 이후 통일이 되어 1천여 년이나 한 영토 속에 단일민족국가로 살다가 1945년 미소 양군의 분단진주로 말미암아 나뉜 지 불과 5년, 그 동족의 형제들이 소련제 탱크를 몰고 강도 떼처럼 처들어와 동족의 가슴에 소련제 따발총을 쏘고 겨룬 그 장본인이 바로 김일성 집단인 것이요, 그래서 가뜩이나 가난한 한반도 안의 일체의 것을 재로 만들고 피아(彼我) 250만의 죽음을 낸 그 원흉이 바로 김일성 집단인 것이다. 그리고 아직도 그 이데올로기의 탈피는커녕 공산주의 세계 속에서도 가장 악명 높은 변태적 전제집단이라는 것도 우리는 한 귀로 흘려듣지 말아야 하며, 국제적 추세에서 고립을 면하려고 민족의 당위성을 앞세운 우리들의 평화협상에 전략적으로 대응하고는 있지만 호시탐탐 무력적 재침략을 노리고 있다는 사실을 한시도 우리는 잊어서는 안 되는 것이다.

 그렇다고 나 역시 통일의 미래상을 놓고 자본주의나 소위 자유민주주의를 절대화하는 그런 발상의 소유자가 아니라 양대 이념을 극복할 민족의 자생철학을 창출하여야 한다고 주창하고 있는 사람이지만, 거듭 말하거니와 북한 자신의 공산주의, 아니 김일성주의라는 변태적 이데올로기에서 벗어나지 않고는 도저히 우리 민족의 실존적 욕구를 함께 추구할 수도 성취할 수도 없다는 사실을 6·25 이날 다시 한 번 되새기면서 새 세대들도 저 김일성 집단에 대한 너무나 소박하고 낭만적인 인식에 일대 각성이 있기를 요망하는 바이다.

일제 낙인 총독부 청사를 헐자

지난달 29일은 경술국치일이었다. 이날 파고다 공원에서는 '대일 역사왜곡 시정투쟁 범국민회의'가 일본 자위대 해외파병을 규탄하는 집회를 가졌고, 또 바로 얼마 전에는 일본 오사카[大阪]에서 교포 여성 300여 명이 2차대전 중 일본 전쟁터에 강제로 끌려가 극단적 수모를 겪었던 한반도 출신 여자정신대(종군위안부)의 실태조사와 그 보상을 일본 정부에 촉구하는 모임이 있었다는 보도다.

일제 36년간의 저러한 만행과 죄상을 따지고 쳐들추고 쳐들자면 한량이 없거니와 그래서 우리 민족 생리의 저 깊숙이는 아직도 그 치하에서 입은 상처와 상흔이 멍든 채 그대로 남아 있어서 때마다 그 통증과 역정이 꿈틀대고 폭발한다.

그런데 바로 그 일제 통치의 총본산이요, 우리 겨레의 그야말로 원부(怨府)인 조선총독부 건물이 광복 46년이나 되는 오늘까지 오직 그 이용가치 하나만으로 보존되고 있으며, 또 자기모독에도 불구하고 사용되고 있다는 사실은 이 나라의 첫째가는 괴이사(怪異事)요, 불상사라 하겠다. 이러한 겨레의 숙원의 과제를 그나마 제6공화국이 눈을 떠서 노태우 대통령이 그 철거 의사를 밝힌 것은 그래도 천만다행이요, 온 국민의 찬양과 박수를 받으며 그 철거작업이 조속히 착수 진행되어야 마땅하거늘 이 또한 무슨 변괴인가. 이의(異議)와 이론(異論), 즉 그 건물은 그대로 보존해야 한다는 주장이 공공연히 나올 뿐 아니라 한국갤럽조사연구소가 전국 20세 이상 남녀 1천 500명을 대상으로 한 여론조사에 의하면 응답자의 56.4퍼센트가 그 건물의 철거를 반대했다는 소식이다.

그리고 그들이 내세운 철거 반대 이유가 무엇인고 하니, 첫째는 그 건물을 보존함으로써 일제 침략의 역사를 잊지 않기 위해서요, 둘째는 철거에 많은 비용이 들기 때문에 헐 필요가 없다는 소견이다. 그러나 나는 이 보도를 보고 우리의 민족혼이 오늘날 이렇게까지 물질주의와 실용주의에 침식되어 썩고 흐려졌나 하고 아연실색을 금할 바 없었다.

그러나 제 나라 제 겨레 일을 앞에 놓고 실망과 탄식만을 일삼을 수가 없어 이렇듯 붓을 드는 바이거니와 내가 접한 철거 반대 주장이나 저 여론의 이유란 것을 한마디로 하면 '이미 있는 웅대한 건물을 헐기도 아깝고 철거 비용도 막대하다니 그대로 두고서도 일제를 자연히 상기시키면 되지 않느냐'는 이야기인데, 일제치하를 직접 체험한 구세대들(50대 이상)에게는 그 건물이 치가 떨릴 정도의 원한과 치욕의 대상물이지만 솔직히 말해 신세대들에게 있어서는 그 건물은 단순히 웅장하고 미려한 건물이요, 또 우리의 역사적 고미술품을 진열해 놓은 단순한 박물관일 뿐이다.

아무리 그 건물의 유래나 연혁을 배우고 익혔다 해도 그 건물을 보고 일본의 야만적 통치나 그 잔학상을 떠올리지 못할 뿐 아니라 오히려 어떤 느낌을 지닌다 해도 그것은 지배자 일본을 향한 외포심(畏怖心)이나 콤플렉스, 그리고 조상들을 향한 능멸심(凌蔑心)이 고작일 것이다. 저러한 신세대들의 의식내용의 맹점이 여론조사에도 작용했을 것이라고 나는 본다.

이런 말을 하면 독일은 제2차대전 중 자기네의 가장 큰 치부인 유태인 학살의 아우슈비츠 수용소를 그대로 보존하고 있지 않느냐고 반문할지 모르지만, 우리의 저 건물은 일본 침략통치의 내용물은 하나도 없고 오직 전당으로서의 외형만 남아 있다는 사실을 상기해 주기 바란다. 그래서 일부에서 그 건물을 아주 없애기는 아까우니 어느 딴 장소로 이전 복원하자는 주장도 있는데, 나는 아까워서가 아니라 아우슈비츠 같은 뜻에서의 복원이라면 저 서대문형무소의 터나 독립기념관 영역에다 옮겨다 일제의 그 잔학상이나 자료들을 재현, 진열한다면 대찬성이다.

그리고 외국인, 특히 일본인들에게는 저 건물이 우리 국민을 향한 경시와 모멸감을 유발케 하고 있다는 사실이다. 즉 외국 관광객이 한국에 오면 누구나가 으레 찾는 곳이 중앙박물관인데, 그들은 이 건물이 서울이란 도시의 이마빼기에 자리하고 있음에 감탄할 뿐 아니라 그것이 바로 일본 식민지 통치의 최상의 유물임에 경탄한다. 또한 다른 외국인들에게는 몰라도 일본인들에게는 자기 민족 에너지의 우월성과 긍지를 갖게 한다. 그래서 일본인들은 거의가 이 건물을 멀리서 가까이서 필름에 넣어 가지고 돌아간다. 실제 나에게도 가끔 들르는 일본인 친구들 중 독립기념관에 가 본 이들은, "참으로 일본이 많은 죄를 저질렀군요" 하지만 중앙박물관을 가 보고 일본이 부당했다는 느낌을 토로한 사람은 한 사람도 없고 앞으로도 없을 것이다.

이 역시 얼마 전 신문의 토막소식인데 일본의 건축가들이 한국에 왔다가 그들 중심의 아시아건축협회 명의론가 총독부 청사가 우수한 근대건축미술품이라고 우리 당국에 그 보전 건의서를 냈다던가 어쨌다던가. 이것이 다 그들이 우리들을 향한 경시와 경홀이 아니고 무엇이랴. 이렇듯 우리는 우리의 이마빼기에 찍힌 '일제 식민지의 백성'이라는 낙인을 그 언제까지나 벗지 않고 있다는 말인가.

더욱이나 우리가 똑똑히 기억하고 명념할 것은 일제는 그 총독부 건물의 위치 선정에 있어 당시 서울의 하고많은 대지 중에서 조선 500년의 궁궐인 경복궁의 주요 건물을 헐고 거기에다 이 건물을 세웠다는 점이다. 이는 널리 알려지다시피 소위 풍수지리에 의한 민족정기의 말살정책으로 궁터와 명산, 지맥 등의 혈과 맥을 끊기 위한 실로 간악한 처사였던 것이다.

  이러한 민족적 굴욕과 수치의 현장을 오늘날까지도 역대 정부의 우유부단과 실용주의적 풍조에 의해 보전하고 있다는 것은 아무리 생각해도 해괴한 일이 아닐 수 없다. 더구나 국민의 흐려지고 풀어진 여론에 의해 모처럼 역사에 찬양받을 정부의 결심이 무산되지 말기를 당부하면서 그 여론도 공청회 등으로 바르게 계발, 선도해 주기 바란다. (한국경제신문, 1991년 9월 7일)

저작 연보

1946 북한 원산에서 시집 《응향》에 작품이 수록되어 필화를 입음.
1951 시집 《구상》 펴냄.
1953 사회평론집 《민주고발》 펴냄.
1956 시집 《초토의 시》 펴냄.
1961 수상집 《침언부어(沈言浮語)》 펴냄.
1975 《구상 문학선》, 수상집 《영원 속의 오늘》 펴냄.
1977 수필집 《우주인과 하모니카》, 신앙 에세이 《그리스도 폴의 강(江)》 펴냄.
1979 묵상집 《나자렛 예수》 펴냄.
1980 시집 《말씀의 실상》 펴냄.
1981 시집 《까마귀》, 시문집 《그분이 홀로서 가듯》 펴냄.
1982 수상집 《실존적 확신을 위하여》 펴냄.
1984 자전 시집 《모과 옹두리에도 사연이》, 시선집 《드레퓌스의 벤취에서》 펴냄.
1985 수상집 《한 촛불이라도 켜는 것이》, 서간집 《딸 자명에게 보낸 글발》, 《구상 연작시집》 펴냄.
1986 《구상 시전집》, 수상집 《삶의 보람과 기쁨》 펴냄. 파리에서 불역(佛譯) 시집 《타버린 땅》 펴냄.
1987 시집 《개똥밭》 펴냄.
1988 수상집 《시와 삶의 노트》, 시집 《다시 한번 기회를 주신다면》, 시론집 《현대시창작입문》, 이야기 시집 《저런 죽일 놈》 펴냄.
1989 시화집 《유치찬란》 펴냄.
1990 한영대역(韓英對譯) 시집 《신령한 새싹》, 영역(英譯) 시화집 《유치찬란》 펴냄, 런던에서 영역(英譯) 시집 《타버린 땅》 펴냄.
1991 런던에서 영역(英譯) 연작시집 《강과 밭》 펴냄. 시선집 《조화(造化) 속에서》 펴냄.
1993 자전 시문집 《예술가의 삶》 펴냄.
1994 독일 아흔에서 독역(獨譯) 시집 《드레퓌스의 벤치에서》 펴냄. 희곡·

시나리오집 《황진이(黃眞伊)》 펴냄.
1995 수필집 《우리 삶, 마음의 눈이 떠야》 펴냄.
1996 연작시선집 《오늘 속의 영원, 영원 속의 오늘》 펴냄.
1997 프랑스 라 디페랑스 출판사로부터 세계 명시선의 하나로 선정되어, 한불대역(韓佛對譯) 시집 《오늘·영원》 펴냄. 스톡홀름에서 스웨덴어역(譯) 시집 《영원한 삶》 펴냄. 영국 옥스퍼드 대학 출판부에서 출간한 《신성한 영감-예수의 삶을 그린 세계의 시》에 신앙시 4편이 수록됨.
1998 도쿄에서 일역(日譯) 《한국 3인 시집-구상·김남조·김광림》 펴냄. 시집 《인류의 맹점에서》 펴냄.
2000 한국문학영역총서 《초토의 시》 펴냄. 이탈리아 시에나 대학교 비교문학연구소에서 《구상 시선》 펴냄.
2001 신앙시집 《두이레 강아지만큼이라도 마음의 눈을 뜨게 하소서》 펴냄.
2002 시선집 《홀로와 더불어》, 《구상》 펴냄. 구상문학총서 제1권 자전시문집 《모과 옹두리에도 사연이》 펴냄. 이탈리아 시에나 대학교 비교문학연구소에서 《초토의 시》 펴냄.
2004 구상문학총서 제2권 시집 《오늘 속의 영원, 영원 속의 오늘》 펴냄. 제3권 연작시집 《개똥밭》 펴냄.
2005 구상문학총서 제4권 희곡·TV드라마·시나리오 전집 《황진이》 펴냄. 국내에서 영역(英譯) 시집 《영원 속의 오늘》 펴냄. 이탈리아에서 이탈리아어역 시집 《그리스도 폴의 강》 펴냄.
2006 구상문학총서 제5권 시론집 《현대시창작입문》 펴냄.
2007 구상문학총서 제6권 에세이집 《시와 삶의 노트》 펴냄.

일반 경력

학력
  1938 덕원 성 베네딕도 수도원 부설 신학교 중등과 수료
  1941 일본대학 전문부 종교과 졸업

경력
  언론계
  1942-1945 북선매일신문 기자
  1948-1950 연합신문 문화부장
  1950-1953 국방부 기관지 승리일보 주간
  1953-1957 영남일보 주필 겸 편집국장
  1961-1965 경향신문 논설위원 겸 동경지국장

  교육계
  1949-1953 서라벌예술학원 강사(서라벌예술대학 전신)
  1952-1956 효성여자대학교 문리과대학 부교수
  1956-1957 서울대학교 문리과대학 강사
  1960-1961 서강대학교 문리과대학 강사
  1970-1974 하와이 대학교 극동어문학과 조교수
  1982-1983 동 대학교 부교수
  1985-1986 동 대학교 부설 동서문화연구소 예우작가
  1973-1975 가톨릭대학 신학부 대학원 강사
  1976-2000 중앙대학교 예술대학 및 대학원 대우교수
            (전임교수가 되지 않은 것은 2차의 폐수술로 정규 강의를 못 하고
            1주 4시간만 하였기 때문임.)

공직
  1986 제2차 아시아시인회의 서울대회장

1991 세계시인대회 명예대회장
1993 제5차 아시아시인회의 서울대회장

그 외
한국 최초 민권수호연맹 문화부장, 국방부 정책자문위원, 독립기념관 이사, 문예진흥원 이사, 대한민국 예술원 회원, 국제펜클럽 한국본부 고문, 한국문인협회 고문, 성천아카데미 명예원장 등 역임

상훈
1955 금성화랑 무공훈장
1957 서울시 문화상
1970 국민훈장 동백장
1980 대한민국 문학상 본상
1993 대한민국 예술원상
2004 금관 문화훈장